Wolfgang Stegmüller

Probleme und Resultate der Wissenschaftstheorie
und Analytischen Philosophie, Band II
Theorie und Erfahrung

Studienausgabe, Teil H

Realismus und Strukturalismus.
Anwendungen: Literaturtheorie. Tauschwirtschaft.
Entscheidungstheorie. Neurosentheorie.
Kapital- und Mehrwerttheorie

Springer-Verlag
Berlin Heidelberg New York Tokyo

Professor Dr. Dr. Wolfgang Stegmüller
Hügelstraße 4
D-8032 Gräfelfing

Dieser Band enthält die Kapitel 11 bis 14 der unter dem Titel „Probleme und Resultate der Wissenschaftstheorie und Analytischen Philosophie, Band II, Theorie und Erfahrung, Dritter Teilband" erschienenen gebundenen Gesamtausgbe

ISBN-13: 978-3-540-15745-8 broschierte Studienausgabe Teil H
Springer-Verlag Berlin Heidelberg New York Tokyo
ISBN-13: 978-3-540-15745-8 soft cover (Student edition) Part H
Springer Verlag New York Heidelberg Berlin Tokyo
ISBN 3-540-15707-7 gebundene Gesamtausgabe
Springer-Verlag Berlin Heidelberg New York Tokyo
ISBN-13: 978-3-540-15745-8 hard cover
Springer-Verlag New York Heidelberg Berlin Tokyo

CIP-Kurztitelaufnahme der Deutschen Bibliothek
Stegmüller, Wolfgang: Probleme und Resultate der Wissenschaftstheorie und analytischen Philosophie / Wolfgang Stegmüller. – Studienausg. – Berlin; Heidelberg; New York; Tokyo: Springer
Teilw. verf. von Wolfgang Stegmüller; Matthias Varga von Kibéd. –
Teilw. mit den Erscheinungsorten Berlin, Heidelberg, New York
NE: Varga von Kibéd, Matthias:
Bd. 2. Theorie und Erfahrung. Teil H. Realismus und Strukturalismus, Anwendungen: Literaturtheorie, Tauschwirtschaft, Entscheidungstheorie, Neurosentheorie, Kapital- und Mehrwerttheorie. – 1986
ISBN-13: 978-3-540-15745-8   e-ISBN-13: 978-3-642-61620-4
DOI: 10.1007/978-3-642-61620-4

Das Werk ist urheberrechtlich geschützt. Die dadurch begründeten Rechte, insbesondere die der Übersetzung, des Nachdruckes, der Entnahme von Abbildungen, der Funksendung, der Wiedergabe auf photomechanischem oder ähnlichem Wege und der Speicherung in Datenverarbeitungsanlagen bleiben, auch bei nur auszugsweiser Verwertung, vorbehalten. Die Vergütungsansprüche des §54, Abs. 2 UrhG werden durch die „Verwertungsgesellschaft Wort", München, wahrgenommen.
© Springer-Verlag Berlin Heidelberg 1986

Herstellung: Brühlsche Universitätsdruckerei, Gießen
2142/3140-543210

Inhaltsverzeichnis

Kapitel 11. Wissenschaftlicher Realismus und Strukturalismus 311

11.1 Was hier nicht zur Diskussion stehen soll: Der ‚metaphysische Realismus' im Sinn von H. Putnam 311
11.2 Eine Sackgasse: Der Strukturalismus als angeblicher ‚Instrumentalismus' 314
11.3 Sneeds Analyse zum Thema „Strukturalismus und wissenschaftlicher Realismus" 316
    (I) Wissenschaftlicher Realismus 316
    (II) Strukturalismus 320
11.4 Echter oder scheinbarer Konflikt? 327
11.5 Theoretische Individuen und theoretische Eigenschaften 329
Literatur 331

Kapitel 12. Überlegungsgleichgewicht (reflective equilibrium). Reflexionen über das Verhältnis von Kuhns Ideen über Paradigmen und Paradigmenwechsel und dem Theorienkonzept von J. D. Sneed 333

12.1 Bemühungen um ein Überlegungsgleichgewicht in Ethik, Logik, Philosophie der Mathematik, Theorie des induktiven Räsonierens und Methodologie der empirischen Wissenschaften 333
12.2 Überlegungsgleichgewicht zwischen historischen und systematischen Betrachtungen der Wissenschaften, illustriert am Beispiel von T. S. Kuhn und J. D. Sneed 339
Literatur 346

Kapitel 13. Kuhns dritte epistemologische Herausforderung 347

Literatur 358

Kapitel 14. Anwendungsbeispiele außerhalb der Physik 360

14.1 Die Literaturtheorie nach R. Jakobson 362
14.1.0 Der inhaltliche Rahmen 362
14.1.1 Potentielle Modelle und Modelle von LT 364
14.1.2 Theoretizität und partielle Modelle von LT 367
14.1.3 Querverbindungen, Kerne und intendierte Anwendungen 369
14.1.4 Die empirische Behauptung 373
14.1.5 Spezialisierungen und empirischer Gehalt 374
Literatur 376
14.2 Die Theorie der Tauschwirtschaft 376
14.2.0 Das Thema 376
14.2.1 Potentielle Modelle und Modelle von ÖKO 377
14.2.2 Erste Form der Spezialisierung: Die Markträumungsforderung . . 384
14.2.3 Markträumung und Gleichgewicht 385
14.2.4 Grenznutzen und Formen der Nutzenfunktion 388
14.2.5 Theoretizität, partielle Tauschwirtschaften, Querverbindungen und Kerne 391
14.2.6 Intendierte Anwendungen und empirische Behauptung 393
Literatur 395
14.3 Die Bayessche Entscheidungstheorie nach R. Jeffrey 395
14.3.0 Das Thema 395
14.3.1 Die nicht-theoretischen Strukturen und intendierten Anwendungen 396
14.3.2 Potentielle Modelle als Wahrscheinlichkeits-Nutzen-Strukturen . 399
14.3.3 Fundamentalgesetze, Modelle und zugeordnete Behauptung . . 400
14.3.4 Querverbindungen 402
14.3.5 Kern und Basiselement 404
14.3.6 Das Eindeutigkeitsproblem. Gödel-Bolker- Transformationen . . 404
14.3.7 Spezialisierungen 406
14.3.8 Die Theoretizität der Funktionen P und Nu 409
14.3.9 Übergang zur Tauschwirtschaft 412
Literatur 413
14.4 Die Theorie der Neurose von S. Freud. Eine Skizze 413
14.4.0 Die Aufgabenstellung 413
14.4.1 Inhaltliche und terminologische Vorbemerkungen 415
14.4.2 Die Grundbegriffe 419
14.4.3 Potentielle Modelle und Modelle 421
14.4.4 Spezialisierungen. Neurose und Sublimierung 424
14.4.5 Theoretizität 425
14.4.6 Zur Frage der Querverbindungen 427
14.4.7 Intendierte Anwendungen, empirischer Gehalt und empirische Behauptung 429
Literatur 432
14.5 Die Kapital- und Mehrwerttheorie von K. Marx. Ein Schema . . 432
14.5.0 Vorbemerkungen zur Problemstellung 432

14.5.1 Die Grundbegriffe 434
14.5.2 Potentielle Modelle, partielle Modelle und Modelle 436
14.5.3 Querverbindungen 438
14.5.4 Intendierte Anwendungen und empirische Behauptung 439
14.5.5 Erste Spezialisierung: Einführung der Ware Geld 440
14.5.6 Zweite Spezialisierung: Einführung der Ware Arbeitskraft ... 441
14.5.7 Grundzüge der Kapital- und Mehrwerttheorie 442
14.5.8 Zur kritischen Diskussion der Kapital- und Mehrwerttheorie ... 444
14.5.9 Zur Frage der prognostischen Leistungsfähigkeit der Theorie von Marx 446
14.5.10 Rekonstruktionsalternativen 448
Literatur 449

Autorenregister 451

Sachverzeichnis 453

Kapitel 11
Wissenschaftlicher Realismus und Strukturalismus

11.1 Was hier nicht zur Diskussion stehen soll: Der ‚metaphysische Realismus' im Sinn von H. Putnam

In 9.9 haben wir den sog. metaphysischen Realismus sowie die Argumente gegen ihn kurz zu Wort kommen lassen. Dies geschah bloß nebenher und aus einem gewissen Bestreben, die verschiedenen dort erwähnten Standpunkte einigermaßen vollständig aufzulisten. Wenn wir hier nochmals kurz auf dieses Thema zu sprechen kommen, so allein aus dem negativen Grund, um zu erläutern, daß und warum es hier nicht diskutiert werden soll.

Was in 9.9 nur erwähnt blieb, war die Tatsache, daß einige metaphysische Realisten der Gegenwart davon überzeugt sind, zugunsten ihrer Auffassung ein besonders schweres Geschütz auffahren lassen zu können, nämlich die Autorität des Logikers A. TARSKI. Wie wir gesehen haben, ist diese Form des Realismus unlöslich verkettet mit einer bestimmten Wahrheitsauffassung, nämlich mit der Korrespondenztheorie der Wahrheit. Wenn man von dieser Theorie spricht, so wird argumentiert, dürfe man nicht einfach an überkommene Vorstellungen anknüpfen, sondern müsse diese Theorie in ihrer modernsten Variante präsentieren. Und diese Variante stamme von TARSKI. Wer in der Korrespondenztheorie einen überholten Aristotelismus erblicke, dem sei entgegenzuhalten, daß ARISTOTELES zwar der Begründer der Korrespondenztheorie gewesen sei, daß man als einzig philosophisch haltbare Variante der Theorie aber die ihr von TARSKI gegebene anzusehen habe und daß erst dieser als der Vollender der Korrespondenztheorie zu bezeichnen sei.

Diese Auffassung ist nicht *vollkommen* unrichtig. Es ist in der Tat ein intuitiv plausibles Vorgehen, mit einer Beschreibung des aristotelischen Konzeptes zu beginnen und zu zeigen, wie TARSKI, unter Beibehaltung der Grundidee dieses Konzeptes, die Schwierigkeiten überwand, die jenem anhafteten. (Unter diesem Gesichtspunkt wurde die Tarskische Theorie auch vom gegenwärtigen Autor in [Wahrheitsproblem] dargestellt. Vom heutigen Standpunkt wäre allerdings hinzuzufügen, daß die beiden Theorien dort insofern *zu nahe* aneinandergerückt werden, als die weiter unten zu skizzierende epistemologische Umdeutung durch PUTNAM noch nicht Berücksichtigung finden konnte.) Die Grundschwierigkeiten jener Theorie bestanden bekanntlich darin, zu explizieren, was unter der

‚Übereinstimmung' zwischen einer Aussage und der durch sie beschriebenen Tatsache verstanden werden solle und wie das Kriterium für die Überprüfung dieser Übereinstimmung lautet. Die von TARSKI gegebene ‚Lösung' bestand, wie so häufig bei der Lösung anscheinend unbehebbarer Schwierigkeiten, darin, daß er diese Schwierigkeiten als Pseudoprobleme entlarvte, die nur durch die überflüssige Verwendung des zu Konfusionen führenden Wortes „Übereinstimmung" entstehen. TARSKI splittert, woran kurz erinnert sei, die Aufgabe der Explikation des Begriffs „wahr in S" für eine vorgegebene, gewissen Präzisionsstandards genügende Sprache S in zwei Teilprobleme auf. Erstens das Problem, diese Definition zu liefern (was eine rein technische Angelegenheit der modernen Logik ist) und zweitens, ein Kriterium zu formulieren, welches es gestattet, über eine vorgelegte Definition ein Urteil über die Korrektheit und Adäquatheit dieser Definition zu fällen. Der Gedanke der ‚Übereinstimmung' kommt *nur* in diesem Kriterium zur Geltung, welches verlangt, daß aus der Definition alle Aussagen von einer bestimmten Art zu folgern sein müssen, nämlich sämtliche Aussagen, die aus Einsetzungen in ein bestimmtes Schema hervorgehen. (Für Details vgl. z.B. die Konvention A in [Wahrheitsproblem], S. 44.) Dabei wird vom Gedanken der Übereinstimmung allein mittels der nicht zu bestreitenden These Gebrauch gemacht, daß eine Aussage p zu behaupten vom intuitiven Standpunkt vollkommen gehaltgleich damit ist, die metatheoretische Aussage *über p* zu behaupten: „p ist wahr".

Soweit, so gut. Die Kehrseite der Medaille liegt jedoch darin, daß die Theorie TARSKIS nicht nur, wie bereits kurz nach ihrem Erscheinen von CARNAP und vielen anderen anerkannt wurde, ‚metaphysisch harmlos' ist, sondern daß sie auch in einem genau präzisierbaren Sinn *metaphysisch neutral* ist. Diesen präzisierbaren Sinn angegeben zu haben, ist das Verdienst von H. PUTNAM. (Vgl. für das Folgende auch die etwas ausführlichere Darstellung in STEGMÜLLER [Gegenwartsphilosophie II], S. 525ff.) TARSKIS Methode der Einführung des Begriffs der wahren Aussage erfaßt, so läßt sich behaupten, nur einen *formalen Aspekt* der Korrespondenzauffassung. Dies läßt sich in der Weise zeigen, daß man die Vereinbarkeit der Tarskischen Methode mit einer Theorie nachweist, die verschieden ist von der Korrespondenzauffassung. PUTNAM benützt für den Nachweis eine Verallgemeinerung der auf GÖDEL zurückgehenden intuitionistischen Interpretation der klassischen Logik. In der Gödelschen Überlegung werden die klassischen Junktoren teilweise neu definiert; als grundlegende Bedeutung wird jedoch die intuitionistische benützt, die begründungssemantischer Natur ist. Während nach herkömmlicher Lehrmeinung die intuitionistische Logik einen reduzierten Teil der klassischen ausmacht, werden durch dieses Verfahren die Lehrsätze der klassischen Logik in Lehrsätze der intuitionistischen verwandelt. PUTNAM verallgemeinert diesen Gedanken durch die Übertragung auf die empirischen Wissenschaften: „eine Aussage zu einer (historischen) Zeit t behaupten" bedeutet danach dasselbe wie „diese Aussage aus den Postulaten der zur Zeit t akzeptierten empirischen Wissenschaften herleiten". Der entscheidende Gedanke PUTNAMS ist dabei nicht, daß diese Verallgemeinerung möglich ist, sondern *daß das Resultat dieser Verallgemeinerung völlig verträglich ist mit der Tarskischen Methode, den Begriff der in einer Sprache wahren Aussage zu definieren.* Wahrheit erhält jedoch eine andere Bedeutung als sie für den Korrespondenztheoretiker besitzt; *sie wird identisch mit empirischer Beweisbarkeit.* Die oben behauptete Verschiedenheit der beiden Theorien beruht auf der Tatsache, daß selbst eine alle nur erdenklichen epistemologischen Optimalitätsmerkmale besitzende Theorie nach korrespondenztheoretischer Auffassung nicht richtig zu sein braucht.

Dieses Resultat hat eine einschneidende Konsequenz: Nach korrespondenztheoretischer (realistischer) Auffassung sind die Begriffe der Wahrheit und der rationalen Akzeptierbarkeit voneinander vollkommen unabhängig; eine noch so gut begründete Theorie kann nach dieser Auffassung falsch sein. Nach antirealistischer Auffassung – „realistisch" hier natürlich wieder im Sinn des metaphysischen Realismus verstanden – ist dies zu verwerfen: Wahrheit ist danach seiner Natur nach ein epistemischer Begriff. Sie ist gleichzusetzen mit rationaler Annehmbarkeit oder begründeter Behauptbarkeit (‚warranted assertability'), allerdings nicht durch eine beliebige Theorie, sondern eine ‚ideale Theorie', etwa im Sinne von PEIRCE. Die Begründung für diese Auffassung wurde in 9.9 bereits angedeutet: Unter der *Welt* oder der *Realität* können wir vernünftigerweise nichts anderes verstehen als die *durch eine ideale Theorie beschriebene Realität.* (Wenn jemand seine Zuflucht nimmt zu dem Bild, daß die Realität die Welt sei, wie sie ein unendlicher Geist, also Gott, ‚sieht', so unterstellt er dabei stillschweigend, daß dieses Wesen über die ideale Theorie verfügt und die Realität eben deshalb korrekt beschreibt bzw. ‚sieht'.) Die weitere Überlegung liegt dann auf der Hand: Wenn wir unter der Welt prinzipiell nichts anderes verstehen können als die *durch die wahre Theorie beschriebene* Welt, dann können wir den Wahrheitsbegriff seinerseits nicht dadurch zu erläutern versuchen, daß wir ihn auf die Entsprechung mit einer unabhängig existierenden Welt zurückführen. Vielmehr muß dann der Begriff der Wahrheit in ‚realitätsunabhängiger' Weise durch wünschbare Eigenschaften oder ‚interne' Optimalitätsmerkmale von Theorien charakterisiert werden. Und das Reden von *der Realität* wird erst dann zulässig, nachdem dieser Begriff geklärt ist. Damit ist zweierlei gezeigt worden: *Erstens,* daß der Tarskische Wahrheitsbegriff vollkommen neutral ist gegenüber diesen beiden Deutungsmöglichkeiten und daß er daher in keiner Weise zur Stützung der realistischen Auffassung herangezogen werden kann. *Zweitens,* daß es zumindest sehr ernstzunehmende Argumente dafür gibt, die epistemologische Interpretation der Wahrheit und damit den begründungssemantischen Antirealismus zu akzeptieren. Tut man dies, so ist es nur folgerichtig, noch einen Schritt weiterzugehen und wie N. GOODMAN in [World Making] für einen *Pluralismus von Welten* einzutreten. GOODMAN bringt zahlreiche verblüffende Beispiele und Argumente, die alle zeigen sollen, daß es vernünftig wäre, endlich aufzuhören, von der *einen* Welt zu reden, und stattdessen zu beginnen, von einer *Vielzahl* von Welten zu sprechen, wobei wir gleichzeitig einsehen sollen, daß wir bei all diesen vielen Welten mehr oder weniger als Konstrukteure mitbeteiligt sind.

Wir kommen jetzt auf das strukturalistische Theorienkonzept zurück. Eines dürfte hoffentlich klar geworden sein, nämlich daß es in der skizzierten Auseinandersetzung um Fragen geht, die zu einer viel allgemeineren Stufe wissenschaftstheoretischer Auseinandersetzungen gehören als die von uns hier erörterten Probleme, etwa die Frage, wie der Begriff der *Theorie* zu explizieren sei bzw. in wie viele technische Spezialbegriffe er aufzufächern sei; die Frage nach der Natur *theoretischer Größen;* die Probleme der Unterscheidung von *allgemeinen Gesetzen* und *Spezialgesetzen* oder der Unterscheidung von *Gesetzen* und *Querverbindungen;* die Frage, ob die empirische Behauptung einer Theorie *Ramsey-Charakter* haben muß. Alle diese Spezialprobleme lassen sich unabhängig davon diskutieren, welche Position man in der Debatte über den metaphysischen Realismus oder über die Korrespondenztheorie der Wahrheit einnimmt. Diese Debatte bewegt sich auf einem so hohen Abstraktionsniveau, im Vergleich zu dem alle in diesem Buch erörterten Fragen als Detailprobleme erscheinen müssen, daß man die vollkommene Neutralität der Realismusdebatte *in diesem Sinn* gegenüber den hier vorgeschlagenen Antworten auf die genannten Detailprobleme kaum wird bestreiten können.

Anmerkung. PUTNAM vetritt neben dem begründungssemantischen Antirealismus eine Variante dessen, was unter der Bezeichnung „kausale Theorie der Referenz" in die Literatur eingegangen ist, wonach die Referenz eines Ausdrucks nicht allein durch das festgelegt wird, ‚was in den Köpfen der Sprachbenützer vorgeht', sondern außerdem von der Beschaffenheit der Außenwelt als solcher. Man sollte nicht übersehen, *daß diese beiden Theorien logisch voneinander vollkommen unabhängig sind* (abgesehen davon, daß die begründungssemantische Position PUTNAMs natürlich unter anderem auch eine Deutung von „Referenz" erzwingt, die von der des metaphysischen Realismus wesentlich verschieden ist). Leider hat PUTNAM in seinen letzten Veröffentlichungen diese beiden Theorien auf solche Weise miteinander verquickt, daß der Leser große Mühe hat, ihre wechselseitige Unabhängigkeit zu erkennen. So z. B. finden – was hier nur ganz dogmatisch behauptet werden soll – bereits in den beiden ersten Kapiteln von [Vernunft] in die Argumente, soweit diese gegen den metaphysischen Realismus gerichtet sind, Prämissen Eingang, welche der kausalen Referenzauffassung entnommen sind. Nun lassen sich gegen diese letztere Theorie, ungeachtet ihrer prima-facie-Plausibilität – insbesondere im Fall von Eigennamen, wie KRIPKE gezeigt hat – schwerwiegende Bedenken vortragen. Man muß sich daher darüber klar sein, daß diese Argumente *keine Argumente gegen den Antirealismus von PUTNAM* sind. Es ist daher zweckmäßig, daß sich der Leser über die vom metaphysischen Realismus abweichende Position anhand von Arbeiten informiert, in denen auch kein noch so indirekter Gebrauch von der kausalen Referenztheorie gemacht wird. Dazu gehört neben Veröffentlichungen von M. DUMMETT insbesondere PUTNAMs Aufsatz [Modell].

11.2 Eine Sackgasse: Der Strukturalismus als angeblicher ‚Instrumentalismus'

In letzter Zeit ist in der Literatur verschiedentlich behauptet worden – so z. B. von GLYMOUR in [Evidence] und jüngst auch von NIINILUOTO in [Theories] –, die strukturalistische Position sei eine Variante des sog. *Instrumentalismus*. Diese Auffassung dürfte durch gewisse unvorsichtige Formulierungen, möglicherweise auch des gegenwärtigen Autors, begünstigt, vielleicht sogar hervorgerufen worden sein. Betrachtet man etwa das Verhältnis zwischen einem Theorie-

Element $T=\langle K,I\rangle$ und der diesem Element entsprechenden empirischen Behauptung $I\in A(K)$, so liegt es nahe, zu sagen, ersteres bilde ein *Instrument* für die Formulierung des letzteren; denn im Erstglied von T ist bereits der gesamte für die Bildung der empirischen Behauptung erforderliche begriffliche Apparat (bestehend aus der theoretisch-nicht-theoretisch-Dichotomie, den Gesetzen sowie den Querverbindungen) enthalten und im Zweitglied wird der ‚Wirklichkeitsbezug' der empirischen Behauptung explizit festgelegt.

Bereits diese kurze Überlegung sollte eigentlich genügen, um klarzustellen, daß diese Verwendung des *Wortes* „Instrument" nichts mit dem zu tun haben *kann*, was in der herkömmlichen Wissenschaftsphilosophie als Instrumentalismus bezeichnet wird. Denn die Beziehung zwischen dem, was im gegenwärtigen Fall „Instrument" genannt wird, und dem, *wofür* es Instrument ist, stellt eine Relation zwischen einer der empirischen Hypothese vorgelagerten Entität, *zu der es in der herkömmlichen Wissenschaftsphilosophie überhaupt keine Entsprechung gibt*, und dieser Hypothese selbst dar. Will man einen Zusammenhang mit herkömmlichen Auffassungen herstellen, so muß man in einem ersten Schritt eine Beziehung zwischen einander entsprechenden Entitäten konstruieren. Nun ist es aber klar, daß dem, was herkömmlicherweise „Theorie" genannt wird, genau die empirische Behauptung (eines Theorie-Elementes, Theorie-Komplexes oder Theoriennetzes) entspricht. Der Vorwurf des Instrumentalismus wäre daher nur dann berechtigt, sofern die strukturalistische Auffassung eine bestimmte, als ‚instrumentalistisch' charakterisierbare Deutung von empirischen Behauptungen erzwingen würde. Davon kann jedoch keine Rede sein. Der einem Theorie-Element oder Theorie-Komplex zugeordnete Ramsey-Satz ist *‚eine ganz normale empirische Behauptung'*. Insbesondere ist sie, wie u.a. die Fallstudie von Kap. 7 gezeigt hat, *empirisch nachprüfbar* und (potentiell) *empirisch widerlegbar*.

Selbstverständlich kann ein ‚Instrumentalist' die empirischen Behauptungen in unserem Sinn auch so interpretieren, wie ihm dies seine instrumentalistische Ideologie vorschreibt. Aber dann deutet er die empirischen Behauptungen in *unserem* Sinn nur so, wie er auch empirische Hypothesen im Rahmen *anderer* Wissenschaftsphilosophien interpretieren würde. Der Strukturalismus hätte jedenfalls keinen Anteil am Zustandekommen seiner Ideologie, sondern wäre nur einer unter vielen Kandidaten für dessen Anwendung.

Das Wort „Ideologie" soll hier nicht abwertend verstanden werden. Wir haben es nur benützt, um die grundsätzliche Verschiedenheit zwischen Realismus und Instrumentalismus zu betonen. Der Gegensatz zwischen diesen beiden Positionen ist nämlich sogar stärker, als der in 11.1 behandelte. Denn metaphysische Realisten wie semantische Antirealisten teilen die Auffassung, daß die Wissenschaften deskriptive Aussagen über die Welt machen. Sie unterscheiden sich erst in der Auffassung über Wahrheit und Realität: Während für die einen Wahrheit eine von allen epistemischen Begriffen unabhängige Entsprechungsrelation ist, bildet sie für die anderen einen epistemischen Begriff.

Demgegenüber sind sich Realisten und Instrumentalisten nicht einmal über die Aufgaben der Wissenschaft einig. Nach den ersteren geht es darum, *deskriptive Aussagen* zu formulieren, nach den letzteren darum, *Instrumente* zu entwickeln, ‚mit denen man etwas *machen* kann'. Dieser Gegensatz liegt somit auf einer noch höheren Allgemeinheitsstufe als der zwischen metaphysischen Realisten und Antirealisten. In 11.3 soll demgegenüber ein viel speziellerer Gegensatz – der sich bei genauerer Analyse möglicherweise als Pseudogegensatz erweist – beschrieben werden, da sich erstens die Opponenten von vornherein darüber einig sind, daß ihr Ziel die Aufstellung wahrer deskriptiver Aussagen ist, zweitens aber auch darüber, daß sie die Frage der korrekten Deutung des Wahrheitsbegriffs ausklammern wollen.

11.3 Sneeds Analyse zum Thema „Strukturalismus und wissenschaftlicher Realismus"

Der wissenschaftliche Realismus, der hier zur Sprache kommen soll, entspricht weitgehend dem ‚internen Realismus', den PUTNAM innerhalb seiner Gegenposition zum metaphysischen Realismus vertritt. Was man gewöhnlich als *wissenschaftlichen Realismus* bezeichnet, betrifft sowohl das Selbstverständnis der Erfahrungswissenschaftler als auch das Bild, welches sich die Wissenschaftsphilosophen von der Tätigkeit dieser Wissenschaftler machen. Für unsere Zwecke ist eine genauere Begriffserklärung aus zwei Gründen wichtig: Erstens dient sie wegen ihres Abgrenzungseffektes der zusätzlichen Klärung des strukturalistischen Standpunktes. Und zweitens kann sie dazu beitragen, einige psychologische Wurzeln dafür aufzudecken, daß die strukturalistische Auffassung bei vielen Philosophen noch nicht Anklang findet.

SNEED hat in [Scientific Realism] auf der Grundlage einer sorgfältigen Analyse dessen, was man unter naturwissenschaftlichem Realismus versteht, die beiden Positionen Realismus und Strukturalismus miteinander verglichen, scheinbare Konflikte geschildert und Wege zu ihrer Behebung aufgezeigt. Im folgenden knüpfen wir an diese Untersuchung an.

I. Wissenschaftlicher Realismus

Da die Proponenten des wissenschaftlichen Realismus nicht eine einzige, genau angebbare Auffassung vertreten, geht es zunächst darum, den wissenschaftlichen Realismus in einer *Minimalgestalt* zu präsentieren und davon abzusehen, daß viele Vertreter dieser Auffassung geneigt sein dürften, zusätzliche Annahmen in das Realismus-Konzept mit einzubeziehen.

Die grundlegendste Überzeugung des Realisten dürfte darin bestehen, daß bezüglich der Interpretation dessen, was die Erfahrungswissenschaftler sagen, wenn sie über ihren Forschungsgegenstand sprechen, keine Meinungsverschiedenheiten auftreten können. Sicherlich: In vielen Fällen ist für dieses Verständnis eine mehr oder weniger aufwendige Vorbildung erforderlich, insbesondere, wenn sich die Wissenschaftler mathematischer Methoden bedienen. Hat man sich aber einmal dieses Rüstzeug angeeignet, so ist alles klar; denn ‚*die*

Wissenschaftler meinen genau das, was sie sagen'. Was die Richtigkeit ihrer Aussagen betrifft, so besteht heute zwar Einmütigkeit darüber, daß die Wissenschaftler nicht unfehlbar sind und daß sie ihre Annahmen nicht nur nicht beweisen können, sondern daß sie immer wieder Neues entdeckt zu haben glauben, was sich später als Irrtum erweist. Doch haben wir meist gute Gründe dafür, anzunehmen, daß die Objekte und Eigenschaften, über welche die Wissenschaftler sprechen, ‚wirklich vorhanden sind', und zwar in eben demselben Sinn, in dem alltägliche Dinge für uns existieren, wie grüne Wiesen und rote Hausdächer.

Der Bestand an bekannten Dingen und Eigenschaften wird durch die Wissenschaften um bislang unbekannte Objekte und deren Merkmale ständig erweitert; und entsprechend wächst auch unser empirisch-hypothetisches Wissen. Zu den Dingen des Alltags kommen sukzessive neue und neue Objekte und Eigenschaften hinzu, wie Gene, DNS, Viren, Moleküle, Elektronen, Quarks, Kraftfelder, Spins, Seltsamkeit und Charm. Realisten anerkennen zwar, daß es sinnvoll ist, zu fragen, *was* in den empirischen Wissenschaften über die Welt ausgesagt wird, und daß zur Beantwortung dieser Frage ‚eine gewisse philosophische Interpretation' der erfahrungswissenschaftlichen Behauptungen erforderlich ist. Doch sind sie zugleich davon überzeugt, daß diese Interpretation relativ einfach ist. Für denjenigen, der sich in den einschlägigen Begriffsapparat einer Fachwissenschaft eingearbeitet hat, ist eine solche Interpretation in der Regel sogar überflüssig. Insbesondere haben diejenigen, welche die wissenschaftlichen Texte verstehen, *keinen Bedarf an einer ‚logischen Rekonstruktion'*.

Den Grund dafür kann man in einer etwas präziseren logischen Sprechweise formulieren. Wir setzen dazu voraus, daß zwischen den logischen und deskriptiven Ausdrücken einer Sprache eine exakte Grenze gezogen werden kann. Einfachheitshalber nehmen wir überdies an, daß die deskriptiven Zeichen nur aus Prädikaten und singulären Termen bestehen. Dann bestimmen die logischen Zeichen und die für sie geltenden Regeln, zusammen mit den Stellenzahlen und Typen der Prädikate, die Struktur der Sätze, die wir deren *logische Form* nennen. Nach realistischer Auffassung muß jede logische Rekonstruktion einer wissenschaftlichen Theorie genau dieselben Prädikate und singulären Terme verwenden, die in der verfügbaren, noch nicht ‚rekonstruierten' Literatur vorzufinden sind, und muß diese zu Sätzen von derselben logischen Form wie dort zusammenfügen. Über diese logische Form selbst kann es keinen Streit geben.

Damit können wir die erste realistische These, welche ganz allgemein *die logische Form der empirischen Aussagen* in den Naturwissenschaften betrifft, so formulieren:

> **R1** *Die Fachliteratur, die mit empirischen Theorien verbunden ist, enthält (ausdrücklich oder implizit) deskriptive Aussagen über die von den Theorien behandelten Gegenstände. Die logische Form dieser Aussagen liegt auf der Hand.*

Dieses ‚Auf-der-Hand-liegen' ist im Sinn der vorangehenden Erläuterung zu verstehen: Was immer auch eine philosophische Interpretation leisten soll und leisten mag, sie darf die logische Form der wissenschaftlichen Aussagen im Prinzip nicht antasten, und zwar deshalb nicht, weil die ‚korrekte logische Form' von derjenigen, die man in der Fachliteratur antrifft, nicht oder nicht ernsthaft abweicht. Will jemand z. B. wissen, was in der Newtonschen Partikelmechanik für empirische Annahmen stecken, so muß er die Fachliteratur befragen, wo er, sofern er diese mit Verständnis zu lesen vermag, auch eine relativ einfache Antwort finden wird. Es kann zwar durchaus der Fall sein, daß er sich trotzdem plagen muß, um die korrekte Antwort zu finden. Aber dies liegt dann allein darin, daß er bei seinem Bemühen um eine korrekte Deutung immer wieder etwas explizit formulieren muß, was vom Fachmann als selbstverständlich oder ‚implizit vorausgesetzt' angenommen worden ist.

Das Adjektiv „deskriptiv" ist oben eingeschoben worden, um diese Form des wissenschaftlichen Realismus klar abzugrenzen von gewissen Varianten des Instrumentalismus. Nach deren Auffassungen gibt es, wie in 11.2 angedeutet, keinen Sinn, in den Naturwissenschaften nach ‚deskriptiven Aussagen über die Welt' zu suchen, da es hier vielmehr darauf ankomme, Aussagen darüber zu formulieren, ‚wie man gewisse Dinge *tun* könne'. **R1** schließt solche Interpretationen eindeutig aus.

Die zweite realistische These betrifft das, was heute gewöhnlich der *ontologische Bezug* (engl. „ontological commitment") einer Theorie genannt wird. Diese zweite These hängt unmittelbar mit der ersten zusammen; denn danach kann aus den empirischen Behauptungen, sofern diese in hinreichend präziser Fassung formuliert worden sind, der ontologische Bezug entnommen werden. Man kann ihn sozusagen ‚aus der logischen Form der empirischen Aussagen ablesen'.

Auf jeden Fall muß eine Theorie die Existenz dessen voraussetzen, was ihre singulären Terme denotieren oder was ihre Referenz ausmacht. Hinzukommt die Annahme der Existenz der Denotate der in der Theorie vorkommenden Prädikate. (Falls der Realist ein Nominalist ist, würde er dies selbstverständlich anders formulieren. Aber da die Platonismus-Nominalismus-Kontroverse im gegenwärtigen Zusammenhang nicht zur Debatte steht, können wir uns hier einfachheitshalber der ‚platonistischen' Sprechweise bedienen, und es einem etwaigen Nominalisten anheimstellen, unsere Formulierungen als stenographische Abkürzungen korrekterer, aber längerer Fassungen zu deuten, die mit seinen Auffassungen darüber, was sinnvollerweise real sein kann, im Einklang steht.) Wenn die rekonstruierte empirische Aussage sich auf elliptische Galaxien oder auf u-Quarks bezieht, so wird darin die Existenz dieser beiden Arten von Individuen vorausgesetzt. Sofern diese Aussage komparative Prädikate enthält, wie „ist länger als" oder „hat eine größere Ruhemasse als", dann haben auch Länge und Ruhemasse denselben ontologischen Status.

Wir können *die realistische Auffassung über den ontologischen Bezug empirischer Behauptungen* so zusammenfassen:

R2 *Alle in präzise formulierten deskriptiven Aussagen empirischer Theorien erwähnten Individuen und Eigenschaften haben denselben ontologischen Status.*

Unter diesen ‚präzise formulierten' Aussagen sind diejenigen zu verstehen, die der Fachliteratur entnommen und mit dem für den Realisten annehmbaren, im Zusammenhang mit der These **R1** diskutierten Minimum an Rekonstruktion versehen wurden.

Bisher kamen *logische Form* und *Ontologie* zur Sprache, nicht jedoch *Wahrheit*. Da die meisten Realisten die Auffassung vertreten, daß gewisse empirische Behauptungen von Theorien *wahr* oder ‚approximativ wahr' sind, scheint es, daß man diesen Punkt zur Sprache bringen müsse. Doch der Schein trügt. Insoweit als die Betonung auf dem approximativen Aspekt liegt, ist die Problematik unter den Themenkreis von Kap. 8 zu subsumieren. Und sofern man keine weiteren Untersuchungen über den Wahrheitsbegriff anstellt, dürfte die Frage bereits durch **R2** abgedeckt sein. Denn es ist, wie SNEED betont, nicht klar, was der mit einer empirischen Aussage verbundene Anspruch, daß sich die in dieser Aussage vorkommenden denotierenden Terme auf *existierende* Entitäten beziehen, zu dem Anspruch wahr zu sein, hinzufügt. Zwar könnte man diese Feststellung zum Anlaß nehmen, um über das vom wissenschaftlichen Realisten vorausgesetzte Wahrheitsverständnis zu diskutieren. Doch damit würde man sich unweigerlich auf die viel höhere, in 11.1 angesprochene Abstraktionsebene begeben. Wir hatten aus den dort angegebenen Zweckmäßigkeitsgründen den Beschluß gefaßt, bei der Gegenüberstellung von realistischer und strukturalistischer Auffassung auf eine Erörterung der schwierigen und über die uns gegenwärtig interessierende Problematik weit hinausführende Frage zu verzichten, ob einem ‚korrespondenztheoretischen' oder einem ‚begründungssemantischen' Wahrheitskonzept der Vorzug gegeben werden solle. Und an diesen Beschluß wollen wir uns halten.

SNEED vermutet allerdings, daß hinter der ‚Existenzforderung' in bezug auf diejenigen Entitäten, welche die Denotate von referierenden Termen in empirischen Aussagen bilden, tatsächlich eine *zusätzliche Annahme* steckt, daß diese aber nicht die Wahrheit betrifft, sondern etwas ganz anderes, nämlich die *historische Entwicklung* empirischer Theorien. Was der Realist bezüglich der Entitäten, über welche die empirischen Behauptungen sprechen, sagen möchte, ist nicht nur, daß sie ‚wirklich existieren', sondern daß sie auch dann weiter existieren, wenn wir auf wissenschaftlichem Wege mehr und mehr über sie erfahren. Unter ausdrücklicher Bezugnahme auf H. PUTNAM drückt SNEED dies etwa folgendermaßen aus: Die Denotate des deskriptiven Vokabulars einer Theorie ändern sich nicht, während sich das, was wir über die Denotate dieses Vokabulars aussagen, mit der historischen Entwicklung der Theorie ändert. Wir machen immer mehr neue Aussagen über dieselben alten Dinge.

Man könnte die *realistische Auffassung über Referenz bzw. Extension* daher in der folgenden dritten These festhalten:

R3 *Die Referenz bestimmter Terme, die in empirischen Wissenschaften verwendet werden, bleibt unverändert, während sich die Behauptungen, die empirische Theorien mit Hilfe dieser Terme formulieren, ständig ändern.*

Diese drei Thesen bilden zusammen die *Minimalfassung* des wissenschaftlichen Realismus. Eine stärkere Version würde man mittels folgender Überlegung erhalten: Jemand könnte in diesem Minimalsinn ein Realist sein – also ein Realist in bezug auf die logische Form, die Ontologie und die Bedeutung – und dennoch *kein* Realist in bezug auf die empirischen Gesetzmäßigkeiten. Eine solche Auffassung hat J. HACKING in [Experimentation] geschildert: Danach wäre es denkbar, daß mehrere extensional verschiedene Gesetze, die mittels desselben Vokabulars formuliert wurden, in gleicher Weise mit allen empirischen Befunden verträglich sind. Die *realistische Auffassung in bezug auf empirische Gesetzmäßigkeit* bestünde in der *Leugnung* dieser Möglichkeit und wäre daher so zu formulieren:

R4 *Es wird stets empirische Befunde geben, welche es gestatten, zwischen extensional verschiedenen Gesetzen, die in demselben Vokabular formuliert sind, zu unterscheiden.*

Die dieser Auffassung zugrundeliegende ‚intuitiv-metaphysische Vorstellung' ist die folgende: Wenn Vokabular und Ontologie einer Theorie gegeben sind, dann gibt es einen eindeutig festliegenden Bestand an empirischen Gesetzen, ‚die darauf warten, entdeckt zu werden'. Nach der um diese These **R4** verstärkten realistischen Ansicht haben die empirischen Gesetzmäßigkeiten ebenso wie die Dinge, von denen diese Gesetze handeln, eine platonische Existenz, die vollkommen unabhängig ist vom Einfallsreichtum und Glück der Naturwissenschaftler.

Die durch die vier metawissenschaftlichen Annahmen **R1** bis **R4** festgelegte Auffassung soll *das um die These* **R4** *verstärkte (Minimal-) Konzept* des wissenschaftlichen Realismus heißen.

II. Strukturalismus

Wir brauchen hier die neuen Aspekte, die durch die strukturalistische Theorienauffassung eingeführt worden sind, nicht nochmals zu wiederholen. Vielmehr beschränken wir uns darauf, vier strukturalistische Parallelthesen zu **R1** bis **R4** zu formulieren und sie jeweils mit kurzen Kommentaren zu versehen.

S1 *Die Fachliteratur, die mit empirischen Theorien verbunden ist, enthält (ausdrücklich oder implizit) deskriptive Aussagen über die von den Theorien behandelten Gegenstände. Die logische Form dieser Aussagen liegt jedoch **keineswegs** auf der Hand.*

Die erste Hälfte wurde wörtlich von **R1** übernommen. Die strukturalistische Auffassung grenzt sich danach ebenso klar gegen die früher erwähnte Variante des Instrumentalismus ab wie das der Realismus tut. Dies bedeutet insbesondere: Auch nach strukturalistischer Auffassung werden mit Hilfe von empirischen Theorien falsifizierbare Aussagen über den Gegenstandsbereich dieser Theorien gemacht. Der Strukturalismus darf also, wie SNEED sagt, nicht als eine neue Version des Instrumentalismus angesehen werden, ‚die sich hinter einer Wolke von mengentheoretischen Bezeichnungen und Formeln verbirgt'. Der entscheidende Unterschied tritt im zweiten Satz von S1 zutage.

Die zwei Hauptgründe für das Auseinanderklaffen der Auffassungen sind die folgenden: Erstens legt der wissenschaftliche Realismus kein sonderliches Gewicht auf den Unterschied zwischen dem von einer Theorie benützten mathematischen Apparat und den empirischen Aussagen, die unter Verwendung dieses Apparates zustande kommen. Und da sowohl die Prüfungen als auch die Anwendungen (z. B. Erklärungen und Prognosen) über die empirischen Aussagen zustande kommen, werden Theorien einfach mit empirischen Hypothesen oder mit Systemen solcher Hypothesen identifiziert. Demgegenüber legt der Strukturalismus nicht nur großen Wert auf die Unterscheidung zwischen den mit einer Theorie verbundenen mathematischen Strukturen und den empirischen Behauptungen, sondern erblickt in jenen Strukturen etwas, das in einem viel wesentlicheren Sinn zu einer Theorie gehört als die Behauptungen, welche man mit der Theorie aufstellt. Es sind nämlich jene Strukturen und *nicht* die empirischen Aussagen, die *als Kriterien für die Identifizierung von Theorien* verwendet werden. Dies wiederum lehrt die Betrachtung der historischen Entwicklung einer Theorie: Während dieser Entwicklung bleibt der mathematische Grundapparat derselbe, während sich die empirischen Behauptungen ständig ändern. In den letzteren spiegelt sich jede Veränderung ‚an der Peripherie der Wissenschaft' wider. Dies steht auch mit dem Sprachgebrauch im besten Einklang: Wir sprechen von der Entwicklung *der* Newtonschen Theorie, *der* Relativitätstheorie, *der* Quantenphysik.

Hinzu kommt, daß dieser mathematische Apparat *alle wichtigen Informationen* enthält, die wir bezüglich der Theorie benötigen: die theoretisch-nichttheoretisch-Dichotomie, die in der Theorie geltenden Fundamentalgesetze sowie die Unterscheidung zwischen Gesetzen und Constraints.

Zweitens besteht ein fundamentaler Unterschied in bezug auf die Interpretation der empirischen Behauptungen selbst. Während nach realistischer Auffassung zu jedem historischen Zeitpunkt mit einer Theorie *zahllose* empirische Hypothesen verknüpft sind, handelt es sich nach strukturalistischer Auffassung um *eine einzige, umfassende und unzerlegbare Behauptung*. (Sie ist zumindest dann unzerlegbar, wenn sich, wie in Kap. 7 angedeutet worden ist, die intendierten Anwendungen nicht in ‚beziehungslose Teile' aufsplittern lassen, was wir hier annehmen wollen; denn im Prinzip würde sich dadurch nichts ändern. Auch der dort erwähnte ‚auf eine Galaxie relativierte' Ramsey-Sneed-Satz würde ja noch eine riesige unzerlegbare Aussage bilden.)

Hierin dürfte eine Quelle, möglicherweise *die* Quelle für die Verständnislosigkeit zu erblicken sein, auf welche vorläufig die strukturalistische Auffassung immer wieder stößt. Es ist die vermeintliche ‚*rekonstruktive Arroganz' gegenüber den empirischen Wissenschaften und der wissenschaftlichen Literatur*, die man dem Strukturalismus zumindest implizit zum Vorwurf macht.

Da ist es zunächst vor allem wichtig, genau zu erkennen, *wo* die Meinungsdifferenz lokalisiert werden muß. Nach strukturalistischer Auffassung ist nämlich der eben geäußerte Vorwurf ganz unberechtigt. Beide, Realisten und Strukturalisten, sind der Überzeugung, daß in den empirischen Wissenschaften deskriptive Hypothesen aufgestellt werden. Sie sind jedoch ganz verschiedener Meinung in bezug darauf, ‚daß die Wissenschaftler das meinen, was sie sagen‘. Während die Realisten diese Aussage in einem mehr oder weniger wörtlichen Sinn für richtig halten, vertritt der Strukturalist die Auffassung, *daß die Wissenschaftler etwas anderes meinen als sie zu meinen vorgeben.*

Wie die Begründung dafür auszusehen hat, ist dem Leser längst klar: Es ist das Problem der *T*-theoretischen Terme und die Lösung dieses Problems der theorieabhängigen Messung durch Übergang zum modifizierten Ramsey-Satz oder Ramsey-Sneed-Satz, der diese Deutung erzwingt. Statt diesen bereits ausführlich geschilderten und diskutierten Sachverhalt nochmals zu wiederholen, sei hier zum besseren Verständnis die Vorgeschichte dazu kurz eingeblendet.[1]

SNEED wurde nach beendetem Physikstudium Schüler von SUPPES und hat dort die Methode der Axiomatisierung physikalischer Theorien durch Einführung mengentheoretischer Prädikate kennen gelernt. Er fand dies zwar alles höchst interessant und präzise; doch wurde ihm lange Zeit hindurch nicht klar, ‚auf welche Weise die *Physik* in diesen Apparat Eingang findet‘. SNEED machte die naheliegende Annahme, daß sich dies an den *empirischen Aussagen* zeigen müsse, die man mit Hilfe dieser Prädikate formulieren kann, wobei zweckmäßigerweise – nämlich zur Ausschaltung irrelevanter Details – möglichst einfache Aussagen gewählt werden sollen. Wenn als Suppes-Prädikat „*S*" das Prädikat „ist eine klassische Partikelmechanik" gewählt wird, so wäre eine elementare physikalische Aussage die folgende: „das Planetensystem ist eine klassische Partikelmechanik". Mit „*a*" als Bezeichnung für das Planetensystem ist dies eine Aussage von der Gestalt: „*a* ist ein *S*". Hier machte nun SNEED die entscheidende Beobachtung, die man in abgekürzter Form so wiedergeben kann: „Wenn dem so ist, *dann wird alles, was die Physiker sagen und tun, vollkommen unverständlich und unbegreiflich.*" Warum? Nun: „Die Physiker erheben doch den Anspruch, mit solchen Behauptungen *empirische Annahmen*, und zwar im Sinn von *empirisch nachprüfbaren* Annahmen, zu machen. Da die Physik mit *Größen* arbeitet, müßte die Nachprüfung in *Messungen* bestehen. In jeder wie immer gearteten Messung, die zur Nachprüfung von ‚*a* ist ein *S*' vorgenommen wird, stößt man auf eine Aussage von der Gestalt ‚*b* ist ein *S*' mit genau demselben Prädikat ‚*S*', wobei diese letztere Aussage *als richtig vorausgesetzt werden muß*, um die Nachprüfung der ersten zu Ende führen zu können."

Der Schluß erscheint als unausweichlich: *Diejenigen Sätze, welche die Physiker als elementare empirische Aussagen zu machen intendieren, sind*

---

[1] SNEED hat darüber anläßlich der Diskussion zu seinem Symposium-Vortrag beim internationalen wissenschaftstheoretischen Kongreß in Salzburg 1983 berichtet.

überhaupt keine empirischen Aussagen. Denn bei ihrer Nachprüfung gerät man entweder in einen Zirkel oder in einen unendlichen Regreß. Insbesondere ist der Satz „unser Planetensystem ist eine klassische Partikelmechanik" sicherlich keine empirische Aussage, *sofern* sie so wörtlich genommen wird, wie sie hier steht.

Einige Kritiker von SNEED haben gemeint, die Schwierigkeit entstehe nur dadurch, daß er an die empirische Nachprüfbarkeit zu hohe Ansprüche stellt. Doch davon kann keine Rede sein. Es spielt für seine Überlegungen *überhaupt keine* Rolle, welche speziellen Gedanken man sich über die empirische Nachprüfung macht. Entscheidend ist nur, daß als *notwendige Bedingung* dafür, um einen Meßprozeß als Teil einer empirischen Nachprüfung bezeichnen zu können, anerkannt wird, daß dieser Meßprozeß weder in einen unendlichen Regreß noch in einen Zirkel hineinführen darf.

Trotz allem ist natürlich der obige, als scheinbar unvermeidlich bezeichnete Schluß nach der Auffassung von SNEED *bloßer* Schein. Auch diesen Schritt zu vollziehen, ist keine Selbstverständlichkeit. Vertreter anderer philosophischer Richtungen, wie z. B. des deutschen Konstruktivismus der Erlanger Schule, würden hier vielleicht tatsächlich den Verdacht zu kultivieren suchen, ‚daß die Physiker Unsinniges sagen oder meinen'. So etwas auch nur in Erwägung zu ziehen, verbietet SNEED seine *grundsätzliche* Einstellung zur Naturwissenschaft (wodurch er sich übrigens weder von der Popper-Schule noch von den früheren Empiristen unterscheidet). Von vornherein wird, zumindest als ‚Arbeitshypothese', den Naturwissenschaften das *Rationalitätszugeständnis* gemacht, daß es sich bei ihnen um rationale Unternehmungen handelt, deren Annahmen mittels empirischer Daten überprüft werden können.

Wir müssen also nach einer positiven Lösung suchen, welche trotz gegenteiligen Anscheines den empirischen Charakter elementarer physikalischer Aussagen wiederherstellt. Dazu ist zunächst die Wurzel für die Schwierigkeit aufzudecken, welche zu diesem gegenteiligen Anschein den Anlaß gab. Diese Wurzel ist uns bekannt: Es ist das Problem der theoretischen Terme. Und auch die Behebung der Schwierigkeit ist uns bekannt: Es ist die Ramsey-Lösung.

Den früheren Überlegungen über diese Themen können wir allerdings jetzt eine wichtige Ergänzung hinzufügen: Dieses Problem und seine Lösung ist keine rein philosophische Angelegenheit. Der Ramsey-Sneed-Satz ist in dem grundlegenden Sinn *als Rekonstruktion* physikalischer Aussagen zu verstehen, *daß er allein dasjenige wiedergibt,* ‚*was die Physiker eigentlich meinen*'.

Der wissenschaftliche Realist, der diesem Gedankengang mit Verständnis folgte, wird zugeben müssen, daß sich das Bild völlig gewandelt hat. Was zunächst wie ‚rekonstruktive Arroganz' der Strukturalisten aussah, hat sich bei genauerem Zusehen als *hermeneutische Hartnäckigkeit in der Auslegung empirischer physikalischer Aussagen* erwiesen. Jetzt dürfte auch die enigmatische Erwiderung SNEEDS auf einen Philosophen, der Einwände gegen den Ramsey-Satz-Gedanken vorbrachte, verständlich werden, nämlich: Wer die Ramsey-Satz-Methode aus irgendwelchen Gründen für epistemologisch suspekt halte, müsse sich an die Physiker und nicht an ihn wenden!

Daß das Ziel praktisch nur über solche Hartnäckigkeit erreichbar ist, haben Diskussionen von SNEED mit philosophisch interessierten Physikern immer wieder gezeigt. Die Gespräche verlaufen häufig nach folgendem Schema: Die Methode der mengentheoretischen Prädikate kann relativ rasch erläutert werden. Das beschriebene Problem, daß die als empirische Aussagen intendierten Sätze keine empirischen Aussagen sein können, wird dagegen zunächst meist bestritten. Am Ende, nach langen und mühseligen Detailerläuterungen, wird es dann aber meist als ‚trivial‘ oder als ‚fast trivial‘ bezeichnet.

Zu den vielen vorgebrachten Einwendungen gehört auch die, daß der Physiker die fragliche Überprüfung an einem bestimmten Punkt *kraft Beschluß* abbrechen könne, also von irgendeinem von ihm gewählten *y* einfach sagen könne, daß *y* ein *S* sei. Ich kann mich entsinnen, daß ein diese Überlegungen vorbringender Opponent erst dann überzeugt wurde, als man ihm folgendes entgegenhielt: „Angenommen, Sie haben einen Freund, der Gemüsehändler ist. Sie wissen, daß er eine Kartoffelwaage besitzt. Sie fassen nun den Beschluß, diese Kartoffelwaage auszuborgen, um die Newtonsche Theorie zu überprüfen. Die erzielten Meßwerte entsprechen nicht den vorausgesagten. Also schließen Sie, daß die Newtonsche Theorie falsch sei. Dieses Ergebnis ist auch nicht etwa ‚zufällig‘; denn *mit dieser Kartoffelwaage* läßt es sich beliebig oft reproduzieren. Trotzdem wird natürlich kein vernünftiger Physiker diese Art von Widerlegung akzeptieren."

Ähnlich verhält es sich dann mit dem Ramsey-Satz. Daß die physikalischen Hypothesen einer Theorie diese Gestalt haben, wird zunächst häufig bestritten. Sobald jedoch zur Einsicht gebracht worden ist, daß diese Gestalt angenommen werden muß, um die fraglichen Hypothesen *als empirische Aussagen* deuten zu können, wird auch dies häufig für trivial erachtet. *Am Ende* wird nämlich zugestanden, daß dies genau dasjenige sei, ‚was der Physiker eigentlich sagen wollte‘.

Daß ein derartiges Zugeständnis einem Naturwissenschaftler am Anfang kaum möglich ist, liegt wegen der zahlreichen Gefahren von Mißverständnissen auf der Hand. Wenn ein Physiker gerade ein mehrere hundert Seiten umfassendes Lehrbuch über ein bestimmtes Teilgebiet der Physik verfaßt hat, wird er zunächst selbstverständlich davon überzeugt sein, tausende von Sätzen – zum Teil explizit, zum Teil nur implizit – angegeben zu haben, deren jeder eine mit dieser Theorie verknüpfte empirische Behauptung darstellt. Eine These wie die, daß er nur *eine einzige, unzerlegbare* empirische Behauptung gemeint haben könne, wird er zunächst nicht nur als absurd ablehnen, sondern überdies als eine wertmäßige Abqualifikation seiner wissenschaftlichen Arbeit empfinden. Es muß ihm auf einem der durch die systematische Problematik vorgezeichneten Wege klar gemacht werden, daß das erste dennoch zutrifft, daß seine Beunruhigung hingegen unbegründet ist. Es ist ja umgekehrt *eine außerordentliche wissenschaftliche Leistung*, auf einigen wenigen hunderten von Seiten alles gesagt zu haben, was bei präziser Rekonstruktion durch einen einzigen Satz wiederzugeben wäre, *den kein menschliches Wesen jemals aufschreiben könnte*. Denn selbst wenn wir, um ein letztes Mal auf die klassische Mechanik zurückzukommen, die früher erwähnte Fiktion machten, wir dürften uns mit diesem Satz allein auf unsere Galaxie beziehen, und wenn wir außerdem nur die Probleme der Himmelsmechanik im Rahmen dieser Theorie zur Sprache brächten, so würde der fragliche Ramsey-Sneed-Satz viele Trillionen Konjunktionsglieder enthalten.

Alle diese Überlegungen sollten im Grunde nur dazu dienen, nochmals die zweite Teilthese von S1 zu erhärten. Das Argument für die folgende ist darin bereits mit enthalten.

S2 *Um die logische Form der empirischen Behauptungen einer Theorie aufzuzeigen, kann es sich als notwendig erweisen, zwischen den* **theoretischen** *und den* **nicht-theoretischen** *Strukturen dieser Theorie zu unterscheiden.*

Auch zum Verhältnis von Referenz und Theorienwandel läßt sich ein strukturalistisches Analogon formulieren:

S3 *Die Bedeutungen derjenigen Terme einer Theorie, die sich auf theoretische Entitäten beziehen, hängen von den mit der Theorie verbundenen empirischen Behauptungen ab und* **können sich** *im Verlauf der (normalen) Entwicklung der Theorie* **ändern.**

Das „normal" ist hierbei im Sinne von KUHN zu verstehen. Es wurde eingeschoben, um klarzustellen, daß nicht erst für den Fall ‚revolutionärer Änderungen' referentielle Bedeutungsänderungen behauptet werden, sondern bereits bei normalwissenschaftlichem Verlauf. Dies ist nun allerdings eine ziemlich radikale Abweichung von herkömmlichen Denkweisen und zwar nicht nur von solchen, die mit dem Realismus assoziiert sind. Sie scheint auch über das Gebiet der Wissenschaftstheorie hinauszuführen. Denn die Frage der *Festlegung und der möglichen Änderung der Referenz* wird heute als ein grundlegendes sprachphilosophisches Problem angesehen. Es dürfte daher zweckmäßig sein, sich die Sache an einem als Beispiel gewählten theoretischen Term genauer anzusehen.

Dies sei der Term „Masse". Damit die Aufmerksamkeit nicht auf technische Nebensächlichkeiten abgelenkt wird, sollen zwei an anderer Stelle gebührend erörterte Fakten unberücksichtigt bleiben: erstens, daß die Zuordnung von Massenwerten zu Partikeln nur bis auf Skaleninvarianz eindeutig ist; und zweitens, daß die intendierten Anwendungen nur bis auf ‚äquivalente' kinematische Beschreibungen eindeutig sind. Dann kann die Denotation (=Extension =Referenz) von „Masse" am einfachsten in der Sprechweise der mengentheoretischen Charakterisierung von Funktionen angegeben werden: Es ist *eine Menge von geordneten Paaren*, mit Partikeln als Erstgliedern und reellen Zahlen als Zweitgliedern. Zu berücksichtigen sind dabei nicht nur die effektiv vorgenommenen Zuordnungen, sondern auch diejenigen, welche bislang nicht geprüfte Elemente der Menge der intendierten Anwendungen der Newtonschen Partikelmechanik betreffen. Hier wie auch im folgenden verwenden wir gelegentlich Ausdrücke, für deren genaue Explikation man an den strukturalistischen Gesamtkontext denken muß. Dies gilt insbesondere für die soeben benutzte Rede von den ‚Zordnungen'. Daß Massenwerte ‚zugeordnet' worden sind, heißt, grob gesprochen: „Es ist gezeigt worden, daß sie zusammen mit geeigneten

Kraftfunktionen die nicht-theoretischen, also kinematischen Strukturen zu ‚geeigneten' theoretischen Strukturen ergänzen, d. h. zu solchen, welche die entsprechenden Gesetze und Constraints erfüllen (unter Berücksichtigung der beiden eingangs gemachten Einschränkungen)."

Wir müssen uns jetzt von der in dieser Kurzschilderung stillschweigend vorausgesetzten Fiktion befreien, daß die Menge der intendierten Anwendungen der Newtonschen Partikelmechanik ein für allemal festgelegt ist und während der Entwicklung dieser Theorie unverändert bleibt. Dann ergibt sich sofort die *erste Feststellung über Bedeutungsänderung*: Mit jeder Änderung der Menge I der intendierten Anwendungen ändert sich die Extension des theoretischen Terms „Masse". Sie erweitert oder verkleinert sich, je nachdem, ob neue Anwendungen hinzugenommen oder bisherige Anwendungen ausgeschlossen werden. Und zwar gilt dies auch unter der von uns früher stets vorausgesetzten Annahme, daß die ‚paradigmatische Urmenge' I_0 der intendierten Anwendungen als Teilmenge von I festgehalten, hier also nichts weggenommen oder erweitert wird.

Eine *zweite Feststellung über Bedeutungsänderung* ergibt sich, wenn man die Querverbindungen mitberücksichtigt. Hinzufügung oder Preisgabe von Constraints ändert ebenfalls die Extension von „Masse". Und zwar betrifft *diese* Art von Referenzwandel sogar die paradigmatische Menge selbst. Die Hinzufügung eines Constraints ändert die Extension eines theoretischen Terms auch in dieser Menge. (Man verdeutliche sich dies etwa an dem einfachen Beispiel, daß der Extensivitätsconstraint erst nachträglich hinzugefügt wird. Mengen von geordneten Paaren ⟨Partikel, reelle Zahl⟩, die vorher als zulässig anerkannt waren und in der Extension lagen, werden jetzt für unzulässig erklärt, so daß die Extension entsprechend verkleinert wird.)

Am wichtigsten ist vielleicht die *dritte Feststellung über Bedeutungsänderung*: Mit dem Ausbau des Theoriennetzes, also mit der ständigen Hinzufügung neuer Spezialgesetze, werden ebenfalls ständig neue Anforderungen an die Massenfunktion hinzugefügt und damit sukzessive geordnete Paare ausgeschlossen, die ursprünglich zur Massenfunktion gehörten. Also wird auch aus diesem Grunde die Extension des theoretischen Terms „Masse" laufend geändert.

Der Leser, der dadurch verwirrt worden ist, daß wir teils von Änderung, teils von Verkleinerung der Extension sprachen, möge bedenken, daß wir bisweilen allgemeinere, bisweilen speziellere Beispiele benützten. Solange man nur von Theorien*wandel* in einer dieser drei Hinsichten spricht, kann auch nur allgemein von *Änderung* der Extension theoretischer Terme als Folge dieses Wandels die Rede sein. Wenn man dagegen, wie in den beiden letzten Beispielen, Fälle von ‚theoretischem Fortschritt', wie wir dies früher nannten, vor Augen hat, nämlich Hinzufügung neuer Querverbindungen und neuer Gesetze ohne die Wegnahme von alten, sind wir berechtigt, von einem Bedeutungswandel im spezielleren Sinn einer ständig fortschreitenden Einengung der Extension zu sprechen.

Wir haben den ‚normalwissenschaftlichen' Fall von Bedeutungsänderungen auch deshalb so stark hervorgekehrt, weil er zeigt, *daß die Gültigkeit der These S3 ganz unabhängig davon ist, ob man die Existenz von wissenschaftlichen*

Revolutionen im Sinne von KUHN *überhaupt anzunehmen bereit ist.* Insbesondere kann man FEYERABEND, der die Kuhnsche Unterscheidung in normale Wissenschaft und außerordentliche Forschung nicht akzeptiert, beipflichten, daß die herkömmliche Wissenschaftsphilosophie – wir können jetzt hinzufügen: die ihr zugrundeliegende realistische Denkweise – den tatsächlich stattfindenden Bedeutungswandel wissenschaftlicher Terme zu leugnen versucht. Wir dürfen ihm zumindest dann beipflichten, wenn wir den Bedeutungswandel auf die im Sneedschen Sinn T-theoretischen Terme beziehen.

Trotzdem sei jetzt noch ein Wort zu den ‚revolutionären Änderungen' im Sinne von KUHN hinzugefügt. Das strukturalistische Theorienkonzept als solches ist natürlich neutral in bezug auf die Frage, ob revolutionäre wissenschaftliche Änderungen stattgefunden haben. Es kann jedoch, falls solche Prozesse stattfanden, die durch eine Revolution getrennten wissenschaftlichen Theorien und die mit ihnen arbeitenden Traditionen zu rekonstruieren sowie den ‚Verdrängungsprozeß', wie er von KUHN beschrieben worden ist, zu ‚entirrationalisieren' helfen. Wissenschaftliche Revolutionen werden, wie SNEED sagt, ‚epistemologisch achtbar'. Sie bleiben zwar verschieden von normalwissenschaftlichen Änderungen; doch sind sie in keiner Weise irrationale Vorgänge.

Was uns im gegenwärtigen Zusammenhang wissenschaftstheoretisch interessiert, ist der spezielle Fall, wo zwei durch einen derartigen revolutionären Verdrängungsprozeß einander ablösende Theorien dieselben nicht-theoretischen Strukturen, jedoch ganz verschiedene theoretische Strukturen besitzen. Die hierfür geltende strukturalistische These kann unter gänzlicher Abstraktion vom Phänomen der Revolution formuliert werden. Sie lautet:

S4 *Im Verlauf der wissenschaftlichen Entwicklung können zwei aufeinanderfolgende Theorien hervorgebracht werden, welche* **dieselben nicht-theoretischen** *Strukturen aufweisen, jedoch ganz* **verschiedene theoretische** *Strukturen haben.*

Ein besonders drastischer Fall wäre der, wo zwar das theoretische Vokabular (d. h. die Klasse der potentiellen Modelle) identisch ist, jedoch in beiden Theorien verschiedene Grundgesetze angenommen würden. Auch dann müßten wir sagen, daß die theoretischen Terme in den beiden Theorien verschiedene Bedeutung (Referenz) haben. Zur Stützung dieser Behauptung sind keine neuen Überlegungen erforderlich. Was für den normalwissenschaftlichen Fall gesagt wurde, gilt hier genauso.

11.4 Echter oder scheinbarer Konflikt?

Die vorangehenden Überlegungen haben deutlich gemacht, daß sich die Meinungsdifferenz zwischen Realisten und Strukturalisten im wesentlichen auf den Unterschied in den jeweiligen zweiten Hälften der beiden Thesen **R1** und **S1** zurückführen läßt, also *auf unterschiedliche Auffassungen darüber, wie stark die Eingriffe sein müssen, um die empirischen Wissenschaften so zu rekonstruieren,* *daß sie sinnvoll und verständlich werden.* Dieser Gegensatz soll zunächst nicht heruntergespielt, sondern in der ersten der folgenden ‚Konfliktthesen' möglichst scharf akzentuiert werden.

K1 *Die strukturalistische Rekonstruktion empirischer Theorien ist so geartet, daß die empirischen Behauptungen dieser Theorien eine logische Form erhalten, die von der logischen Form der in der Fachliteratur anzutreffenden Behauptungen erheblich abweichen. Der Grad dieser Abweichung wird von den Realisten als so hoch empfunden, daß sie die strukturalistischen Rekonstruktionen als unannehmbar betrachten.*

Daraus allein kann man bereits entnehmen, daß diese Meinungsdifferenz einen ganz anderen Charakter hat als die beiden früher erörterten Gegensätze. Bei der Instrumentalismus-Debatte von 11.2 geht es darum, ‚wozu die Wissenschaft überhaupt da ist'. Bei dem Gegensatz zwischen metaphysischem Realismus und semantischem Antirealismus geht es um grundlegende Unterschiede in der Realitätsauffassung sowie in der Interpretation des Wahrheitsbegriffs. Im gegenwärtigen Streitfall handelt es sich dagegen um nichts anderes als um unterschiedliche Auffassungen in ‚technischen Detailfragen'.

Zur Begründung dieser Behauptung wollen wir die *hypothetische Annahme* machen, daß der Strukturalismus die zutreffende Auffassung verkörpert. Dann handelt es sich bei dem ‚Fehler' des wissenschaftlichen Realisten um nichts anderes, als daß er das Opfer eines falschen prima-facie-Eindrucks geworden ist: Da es den *Anschein* hat, als liege die logische Form empirischer Hypothesen von Theorien auf der Hand, schließt er, dies sei auch *tatsächlich* so. Der Strukturalist bringt Argumente gegen diesen ‚Schluß vom Anschein auf das Sein' vor. Um dessen Argumente zu entkräften, müßte der Realist entweder zeigen, daß in entwickelten empirischen Theorien keine T-theoretischen Terme vorkommen oder daß sie zwar vorkommen, daß sich aber das Problem der theoretischen Terme umgehen läßt. (Zu dem letzteren würde auch ein Nachweis dafür genügen, daß man dieses Problem, im Gegensatz zur Ramsey-Lösung, ohne Eingriff auf die logische Form der Aussagen bewältigen kann.) Die logische Form der in der Literatur anzutreffenden empirischen Behauptungen müßte dann nicht angetastet werden. Wie beim heutigen Stand der Dinge die strukturalistische Erwiderung aussieht, ist klar, nämlich: „Solche Argumente sind weit und breit nicht in Sicht. Der wissenschaftliche Realismus kann also bestenfalls als ein *Programm* betrachtet werden, allerdings als ein Programm, welches nach strukturalistischer Auffassung nicht nur bislang de facto nicht verwirklicht worden ist, sondern vermutlich überhaupt unrealisierbar ist."

Der ‚Detailcharakter' der Auseinandersetzung wird noch deutlicher, wenn man in Ergänzung zu **K1** die entsprechenden Konfliktthesen in bezug auf die theoretisch – nicht-theoretisch – Dichotomie sowie in bezug auf Bedeutungsänderung bei Theorienwandel formuliert.

K2 *Die strukturalistische Unterscheidung zwischen theoretischen und nicht-theoretischen Elementen (der Modelle einer Theorie) beinhaltet eine* ontologische Unterscheidung der Individuen oder der Eigenschaften (Größen), über welche die Theorie spricht. Der Realismus verwirft den Gedanken einer solchen Unterscheidung.

K3 *Nach strukturalistischer Auffassung kann sich die Bedeutung der theoretischen Terme sowohl bei der ‚normalen' als auch bei der ‚revolutionären' Entwicklung der Wissenschaft ändern. Der Realismus verwirft diese Auffassung.*

Die zweite Konfliktthese ist zugestandenermaßen unpräzise, da nicht expliziert worden ist, worin ein ontologischer Unterschied besteht. Die intuitive Basis für den Gegensatz ist aber doch relativ klar: Während für den Realisten theoretische Entitäten einfach ‚unbeobachtbare Realitäten' sind, handelt es sich bei den theoretischen Gebilden im Rahmen der strukturalistischen Rekonstruktion um ‚begriffliche Kunstgriffe', die dazu dienen, Aussagen über nichttheoretische Strukturen zu machen. Dies wird zusätzlich gestützt einerseits durch die Tatsache, daß im Fall der Ramsey-Eliminierbarkeit dasselbe *ohne* Hilfe solcher theoretischer Gebilde ausgesagt werden kann, sowie andererseits dadurch, daß man in gewissen Fällen, wie SNEED in [Conventionalism] nachgewiesen hat, genau dieselben Aussagen unter Benützung *verschiedener* theoretischer Strukturen gewinnen kann. In dieser zweiten Klasse von Fällen kommt somit eine *konventionelle Komponente* bei der Wahl theoretischer Strukturen zur Geltung, welche jede wörtlich genommene ‚Realitätsauffassung theoretischer Entitäten' erschüttern dürfte.

Den Inhalt der dritten Konfliktthese könnte man anschaulich so formulieren: Nach der Auffassung des Realisten wird die Referenz von Prädikaten sowie von singulären Termen bereits *zu Beginn* der Entwicklung einer Theorie, nachdem ein paar ‚Ausgangswahrheiten' über die Referenten gewonnen worden sind, festgelegt. Der Strukturalist findet diese Denkweise nicht recht verständlich. Die davon verschiedene Auffassung des Strukturalisten könnte man einen ‚auf den jeweiligen Status der Theorie bezogenen Kontextualismus' nennen, nach dem sich die Extension von Ausdrücken, die sich auf theoretische Elemente beziehen, so lange ändert, als sich die Theorie wandelt, im optimalen Fall also: solange die Theorie ‚fortschreitet' oder ‚wächst'. Festgelegt wird die Referenz erst *am Ende*, wenn die Forschung als im Prinzip abgeschlossen betrachtet wird, wie dies heute bei den etablierten physikalischen Teildisziplinen der Fall zu sein scheint.

11.5 Theoretische Individuen und theoretische Eigenschaften

Nach strukturalistischer Auffassung betrifft die theoretisch – nicht-theoretisch – Dichotomie nur Eigenschaften und Größen, also das, was wir in den mehr technischen früheren Teilen (z. B. in Kap. 5) als Relationen bezeichneten. Der Realist wird demgegenüber auf Standardbeispiele von ‚theoretischen Individuen' hinweisen, wie Moleküle, Elektronen, Quarks, Gene, und den Strukturalisten fragen, wie er mit diesen Beispielen fertig wird.

Zunächst wäre darauf zu erwidern, daß der Begriff des theoretischen Individuums nicht klar ist. Zweckmäßigerweise wird daher die Frage dahingehend präzisiert, *wie vom strukturalistischen Standpunkt aus solche Fälle zu interpretieren sind, bei denen es sich nach herkömmlicher Auffassung um theoretische Individuen handelt* (wobei man es zunächst offenläßt, ob „T-theoretisches Individuum" nur ein metaphorischer Ausdruck ist oder ob es einmal möglich sein wird, das Kriterium für T-Theoretizität auch auf Individuen auszudehnen).

Sneed hat zwei mögliche Behandlungsweisen dieser Fälle vorgeschlagen. Die erste Methode geht davon aus, daß die vorliegenden Darstellungen der fraglichen Theorie insofern irreführend sind, als darin die theoretischen Elemente *wie Individuen behandelt werden*. Natürlicher und problemloser ist nach dieser Methode eine solche Deutung der empirischen Behauptungen der Theorie, welche die theoretischen Elemente *als theoretische Eigenschaften nicht-theoretischer Individuen behandelt*. Der Vorteil dieser Methode liegt auf der Hand: Das angeblich theoretische Individuum wird als etwas interpretiert, von dem wir bereits wissen, wie man damit umzugehen hat, nämlich als eine theoretische Eigenschaft.

Der potentielle Einwand, daß hier schon wieder, ähnlich wie bei der Ramsey-Satz-Deutung, ein ‚radikaler rekonstruktiver strukturalistischer Eingriff' vorgenommen wird, wäre diesmal als von vornherein unberechtigt zurückzuweisen. Denn in der wissenschaftlichen Fachliteratur wird gewöhnlich kein Gebrauch von der theoretisch – nicht-theoretisch – Dichotomie gemacht. Wenn daher soeben davon die Rede war, daß in den vorliegenden Darstellungen die fraglichen theoretischen Elemente wie Individuen behandelt werden, so war dies eine zusammenfassende Formulierung, die etwa durch die folgende, ausführlichere zu ersetzen wäre: „Die fraglichen Elemente werden in den vorliegenden Darstellungen wie Individuen behandelt und *nach herkömmlicher wissenschaftsphilosophischer Interpretation* sind diese Individuen als theoretisch aufzufassen."

Als Beispiel führt Sneed die klassische Populationsgenetik an. Statt dort von Genen als theoretischen Individuen zu reden, erscheint es als natürlicher, Gene als theoretische Merkmale, nämlich ‚Genotypen', nicht-theoretischer ‚Populationen' aufzufassen. Für Details vgl. Sneed, [Scientific Realism], S. 359.

In anderen Fällen, z.B. bei Molekülen, Elektronen, Quarks, dürfte eine andere, etwas kompliziertere Methode besser funktionieren. Die ‚theoretischen' Individuen sind hier typischerweise ‚mikroskopische' Objekte, die als Individuen einer Theorie T eingeführt werden. Man behandelt dann zweckmäßigerweise die der Theorie T vorgelagerte Beschreibung der Anwendungen dieser Theorie als eine andere Theorie T', *welche nur von ‚nicht-theoretischen makroskopischen' Objekten spricht und die auf T reduzierbar ist*. Die etwas vage Wendung „die der Theorie T vorgelagerte Beschreibung der Anwendungen" wurde hierbei benützt, um zwei Klassen von Fällen zu decken: In einigen Fällen wird die fragliche Theorie T' als eine ausgearbeitete erfahrungswissenschaftliche Theorie bereits vorhanden sein, so daß die strukturalistische Rekonstruktionsmethode unmittelbar darauf angewendet werden kann. In anderen Fällen wird eine derartige *wissenschaftliche* Theorie überhaupt nicht vorliegen, so daß die strukturalistische Rekonstruktion bei vortheoretischen, alltagssprachlich formulierten Beschreibungen ansetzen muß.

Zum besseren Verständnis dieser Methode kann man ein relativ vertrautes Beispiel heranziehen, sofern man dieses mit einer irrealen Zusatzhypothese versieht. T sei die Newtonsche Partikelmechanik und T' die Mechanik der starren Körper. Die Zusatzannahme lautet, daß T' historisch vor T aufgebaut worden sei. T' ist hier auf T reduzierbar. Wenn ϱ die Reduktionsrelation ist, so entsprechen mittels ϱ^{-1} die starren Körper, also die Individuen von T', Mengen von Individuen der Theorie T, nämlich Mengen von Partikeln.

Dies ist zweifellos eine ganz unübliche Deutung des Verhältnisses von Newtonscher Mechanik und Mechanik der starren Körper; denn herkömmlicherweise werden die Newtonschen Partikel, ‚aus denen sich ein starrer Körper zusammensetzt', nicht als theoretische Individuen aufgefaßt. Nach SNEEDS Vermutung beruht dies aber nur darauf, daß wir das, was wir oben als ‚irreale Zusatzhypothese' bezeichneten, gewöhnlich nicht hinzudenken, da wir wissen, daß der historische Verlauf anders war. Sobald wir diese Zusatzannahme akzeptieren, hört diese Deutung auf, unnatürlich zu sein. Wäre die Geschichte so verlaufen, wie in dieser Annahme beschrieben, dann wäre die Newtonsche Partikelmechanik, zusammen mit der Reduktionsrelation ϱ, als eine die Mechanik der starren Körper ‚erklärende Theorie' anerkannt worden; denn die Newtonschen Partikel wären dann ernsthaft als neu entdeckte ‚Objekte' aufgefaßt worden, aus denen sich die starren Körper ‚zusammensetzen'.

Diese Form von ‚Neukonzeptualisierung' alter Dinge als neuer Objekte – in unserem fiktiven Beispiel: der starren Körper als bestimmter Arten von Newtonschen Partikelsystemen – kann man nach SNEED als Bild zugrunde legen, um andere, komplizierter gelagerte Fälle analog zu behandeln. Die sogenannten theoretischen Individuen sind auch in diesen anderen Fällen jeweils ‚mikroskopische' Individuen einer reduzierenden Theorie. SNEED hat in [Scientific Realism] für eine Reihe derartiger Fälle die technischen Details einer solchen Analogierekonstruktion skizziert. Der daran interessierte Leser findet sie in diesem Aufsatz auf S. 361–369.

Literatur

DUMMETT, M., "Realism", *Synthese*, Bd. 52 (1982), S. 55–112.
FEYERABEND, P. "Against Method", in: RADNER, N., und S. WINOKUR (Hrsg.), *Minnesota Studies in the Philosophy of Science*, Bd. 4 (1970), S. 17–130.
FEYERABEND, P. *Der wissenschaftstheoretische Realismus und die Autorität der Wissenschaften*, Braunschweig 1978.
FEYERABEND, P. *Erkenntnis für freie Menschen*, Frankfurt 1979.
FEYERABEND, P. *Probleme des Empirismus*, Braunschweig 1981.
GLYMOUR, C. [Evidence], *Theory and Evidence*, Princeton 1980.
GOODMAN, N. [Worldmaking], *Ways of Worldmaking*, Hassocks 1978.

HACKING, I. [Experimentation], "Experimentation and Scientific Realism", *Philosophical Topics*, Bd. 2, 1982.
NIINILUOTO, I. "The Growth of Theories: Comments on the Structuralist Approach", in HINTIKKA, J., D. GRUENDER und E. AGAZZI (Hrsg.) *Pisa Conference Proceedings 1980*, Dordrecht 1981, S. 4–47.
NIINILUOTO, I. [Theories], "Theories, Approximations, and Idealizations", erscheint in den Kongreßberichten zum 7. Internationalen Kongreß für Logik, Methodologie und Philosophie der Wissenschaften, Salzburg 1983.
PUTNAM, H. [Vernunft], *Vernunft, Wahrheit und Geschichte*, deutsche Übersetzung von *Reason, Truth and History* durch J. SCHULTE, Frankfurt 1982.
PUTNAM, H. [Modell], "Models and Reality", *The Journal of Symbolic Logic*, Bd. 45 (1980), S. 464–482; deutsche Übersetzung „Modell und Wirklichkeit" in: *Conceptus*, Bd. 16 (1982), S.9–30.
SNEED, J.D. [Scientific Realism], "Structuralism and Scientific Realism", *Erkenntnis*, Bd. 19 (1983), S. 345–370.
SNEED, J.D. [Conventionalism], "Conventionalism in Kinematic Theory", erscheint in: *Proceedings: Second Annual International Symposium in Philosophy*, Autonomous National University of Mexico, 1981.
STEGMÜLLER, W. [Wahrheitsproblem], *Das Wahrheitsproblem und die Idee der Semantik*, 2. Aufl. Wien 1968.
STEGMÜLLER, W. [Gegenwartsphilosophie II], *Hauptströmungen der Gegenwartsphilosophie*, Bd. II, 6. Aufl. Stuttgart 1979.

Kapitel 12

Überlegungsgleichgewicht („reflective equilibrium"). Reflexionen über das Verhältnis von Kuhns Ideen über Paradigmen und Paradigmenwechsel und dem Theorienkonzept von J. D. Sneed

12.1 Bemühungen um ein Überlegungsgleichgewicht in Ethik, Logik, Philosophie der Mathematik, Theorie des induktiven Räsonierens und Methodologie der empirischen Wissenschaften

Der Begriff des Überlegungs-Gleichgewichtes wurde vermutlich erstmals von J. RAWLS in seiner Theorie der Gerechtigkeit als Mittel zur Formulierung eines methodologischen Prinzips vorgeschlagen. Allerdings beruft er sich dabei auf ähnliche Gedanken bei N. GOODMAN in [Forecast], S. 62–66, die dort noch keine eigene zusammenfassende Bezeichnung erhalten hatten. GOODMAN war in diesem Buch bei der Diskussion der Frage, wie man induktive Schlüsse rechtfertigen könne, auf eine analoge Situation in der deduktiven Logik zu sprechen gekommen, nämlich: Wie rechtfertigt man deduktive Schlüsse? In einem ersten Schritt könnte man geneigt sein, die Antwort zu geben: Die Gültigkeit eines deduktiven Schlusses beruht darauf, daß er mit allgemeinen Regeln des deduktiven Schließens im Einklang steht. Hier kann man sofort nachbohren und weiterfragen: Und worin besteht die Gültigkeit dieser allgemeinen Regeln? Nach GOODMANS Auffassung liegt die korrekte Antwort hierauf – ganz im Widerspruch zur Auffassung von Philosophen, die eine solche durch tiefsinnige Spekulationen über die Natur des menschlichen Geistes zu geben versuchen – viel mehr ‚auf der Oberfläche', als es zunächst den Anschein hat, und zwar: Deduktive Schlußprinzipien werden dadurch gerechtfertigt, daß sie mit einer akzeptierten deduktiven Praxis im Einklang stehen. Prima facie klingt dies zirkulär. Doch handelt es sich nach GOODMAN nicht um einen fehlerhaften, sondern um einen *fruchtbaren Zirkel*. Tatsächlich verwendet er den Ausdruck „Zirkel" hier nur metaphorisch. Denn das, worum es sich handelt, ist eine wechselseitige Anpassung des einen an das andere: „Eine Regel wird verbessert, wenn sie einen Schluß liefert, den zu akzeptieren wir nicht bereit sind; und ein Schluß wird verworfen, wenn er eine Regel verletzt, die wir nicht zu ändern gewillt sind" (a.a.O. S. 64). Auch im Fall des induktiven Räsonierens nehmen wir wechselseitige Berichtigungen und Angleichungen zwischen Regeln und akzeptierten Schlüssen vor: „Voraussagen sind gerechtfertigt, wenn sie mit gültigen Prinzipien ('canons') der Induktion im Einklang stehen; und die Prinzipien sind gültig, wenn sie die akzeptierte induktive Praxis genau kodifizieren" (a.a.O. S. 64).

RAWLS überträgt in [Gerechtigkeit], S. 38 und S. 68–70, diese Betrachtungsweise auf das Problem der moralischen Rechtfertigung. Auch er beschreibt das methodische Vorgehen so, daß wir hin- und hergehen, um einmal die moralischen Einzelurteile den Grundsätzen anzupassen und das andere Mal die Grundsätze im Lichte konkreter Einzelurteile zu revidieren. Wenn dann am Ende dieses Prozesses Grundsätze und Einzelurteile übereinstimmen, so sagt RAWLS, daß ein Zustand des *Überlegungs-Gleichgewichtes* erreicht worden sei.

Zwischen den beiden Falltypen besteht allerdings der folgende Unterschied. Bei GOODMANS Überlegung bildet jeweils eine bestimmte Regel oder ein bestimmter Schluß den Ausgangspunkt. Insofern könnte man hier von einem Problem des *lokalen* und damit vorläufigen Überlegungsgleichgewichtes sprechen. Bei RAWLS hingegen bleibt es zu Beginn noch ganz offen, welche Grundsätze zur Diskussion stehen. Das ‚Hin- und Hergehen' soll bei seinem Vorgehen erst dazu dienen, das Verfahren zur Wahl der Prinzipien selbst zu präzisieren. Die Grundidee von RAWLS besteht bekanntlich darin, daß diese Prinzipien von rationalen, hinter einem ‚Schleier des Nichtwissens' stehenden und auf diese Weise zur Unparteilichkeit gezwungenen Personen in einem Urzustand in Gestalt einer vertraglichen Übereinkunft gewählt würden. Der Prozeß des Überlegens führt dabei zu einem zunächst nicht unbedingt stabilen Gleichgewicht. Doch die Intention geht dahin, schließlich zu einer solchen Konkretisierung des Urzustandes zu gelangen, daß die endgültigen Prinzipien des idealen Moralkodex gewählt werden. Man könnte dies so ausdrücken, daß es darum geht, ein *globales* und damit endgültiges Gleichgewicht zwischen den im Urzustand gewählten Grundsätzen und unseren ‚wohlüberlegten' Einzelurteilen herzustellen.

Das ungeachtet dieses Unterschiedes von lokaler und globaler Betrachtungsweise Gemeinsame in den Erörterungen von N. GOODMAN und J. RAWLS könnte man etwa so ausdrücken: Beim Vergleich von *Theorie* und *Praxis* soll keines von beiden ein Übergewicht erhalten; vielmehr sollen sich beide wechselseitig stützen.

Auch in anderen philosophischen Bereichen kann man versuchen, den philosophischen Klärungsprozeß mittels des Rawlsschen Bildes zu erfassen. Ein modernes und besonders aktuelles Beispiel betrifft den Zusammenhang von *intuitionistischer Mathematik* und *Bedeutungstheorie*. Die vor allem von M. DUMMETT sowie D. PRAWITZ angestellten Untersuchungen führten in einem ersten Schritt zu einer Infragestellung der traditionellen wahrheitsfunktionellen Semantik als Mittel zur Festlegung der Bedeutungen logischer Zeichen. Den Ausgangspunkt bildet das Wittgensteinsche Prinzip: „Die Bedeutung ist durch den Gebrauch bestimmt". Dieses wird von den beiden Autoren nicht als ein rudimentärer Ansatz zu einer Bedeutungstheorie aufgefaßt, sondern bloß als eine Rahmenbedingung für eine derartige Bedeutungstheorie, in der die These festgehalten wird, daß sich die Bedeutung eines Satzes in irgend einer Weise in seinem Gebrauch manifestieren müsse. Insbesondere folgt aus dieser These, daß zwei Sätze (oder allgemein: zwei Ausdrücke) dieselbe Bedeutung haben, wenn sie in genau derselben Weise gebraucht werden, und daß man daher, falls zwei Personen über den Gebrauch eines Ausdruckes völlig übereinstimmen, darauf schließen darf, daß sie auch in bezug auf die Bedeutung eines Ausdruckes übereinstimmen.

Vermutlich um die Behauptung zu erhärten, daß sich die Annahme dieser These nicht darauf stützt, daß bestimmte Besonderheiten der Wittgensteinschen Sprachphilosophie vorausgesetzt werden, bringt DUMMETT drei unabhängige Argumente zugunsten der These vor. Das erste könnte man als das *Kommunizierbarkeitsargument* bezeichnen. Es besagt, daß Bedeutungen stets auf empirisch nachweisbarem Wege mitteilbar sein müssen. Negativ formuliert: Wollte man annehmen, daß es Bestandteile in der Bedeutung eines Satzes gibt, die sich nicht in dem Gebrauch, den man von dem Satz macht, manifestieren, so könnten diese Bedeutungsbestandteile nicht mitgeteilt werden. Für die Mathematik als soziales Unternehmen müßten derartige Bedeutungskomponenten als irrelevant betrachtet werden; denn nach Voraussetzung bleiben die fraglichen Komponenten von der Kommunikation ausgeschlossen. Die zweite Begründung soll das *Spracherlernargument* heißen. Es läuft auf die Feststellung hinaus, daß eine Sprache letzten Endes – d. h. nach Ausschaltung aller indirekten Lernverfahren, wie der Übersetzungen in eine bereits bekannte Sprache – nur in der Weise gelernt werden kann, daß man den Gebrauch dieser Ausdrücke lernt. Auch die Beurteilung dessen, ob jemand die Bedeutungen der Sätze einer Sprache erfaßt hat, erfolgt in der Weise, daß man überprüft, ob er von diesen Sätzen einen korrekten Gebrauch macht. Als drittes kann man das *Sprachverhaltensargument* anführen. Den Ausgangspunkt bildet hier der vermutlich wichtigste unter allen Kontexten, in denen das Wort „Bedeutung" vorkommt, nämlich „Wissen der Bedeutung" („Wissen um die Bedeutung") oder „Kennen der Bedeutung", häufig auch „Bedeutungsverstehen" genannt. Dieses Bedeutungswissen kann bisweilen in explizitem, verbalisiertem Wissen bestehen, nämlich in der Fähigkeit, einen synonymen Ausdruck anzugeben. Um einen unendlichen Regreß zu vermeiden, muß man annehmen, daß dieses Wissen im Normalfall ein implizites Wissen ist, welches sich im Verhalten manifestieren muß. Das zweite und dritte dieser Argumente stellt nicht nur eine Verbindung zwischen Bedeutung und Gebrauch her, sondern überdies eine Verknüpfung zwischen dem *Wissen um* die Bedeutung eines Satzes und dem *impliziten Wissen um seinen Gebrauch*.

Ist unter der Voraussetzung, daß die Sprachgebrauchsthese sowie die drei genannten Argumente zugunsten dieser These gelten, die Annahme sinnvoll, daß *die Wahrheitsbedingung eines mathematischen Satzes* ein Bedeutung bestimmendes Merkmal dieses Satzes ist? DUMMETT verneint diese Frage. Nur wenn es sich um einen Satz handelt, der zu einer Klasse gehört, für die wir ein effektives Entscheidungsverfahren besitzen, ließe sich diese Auffassung vertreten; denn dann könnte man sagen, daß sich das Wissen um die Wahrheitsbedingungen eines Satzes in der Beherrschung dieses Entscheidungsverfahrens manifestiere. Wenn die fragliche Klasse dagegen effektiv unentscheidbar ist, so bleibt es ganz dunkel, worin das (als vollständig vorausgesetzte) Wissen um die Wahrheitsbedingungen bestehen sollte. Falls der fragliche Satz mit einem Allquantor beginnt, so müßte das Wissen um die Wahrheitsbedingungen in einem Wissen um unendlich viele Fakten bestehen, was unmöglich ist. Und selbst wenn man annehmen wollte, daß jemand über eine Art ‚mystischer' Fähigkeit zur Erfassung dieser Wahrheitsbedingungen verfüge, würde man noch immer mit dem Kommunizierbarkeitsargument in Konflikt geraten, da ein derartiges Wissen entweder überhaupt nicht oder jedenfalls nicht durch den Gebrauch von Sätzen mitgeteilt werden könnte.

Die Annahme des Sprachgebrauchkonzeptes als einer Rahmenbedingung für eine mögliche Bedeutungstheorie schließt es daher nach diesen Autoren aus, den Wahrheitsbegriff zum grundlegenden Begriff für eine Theorie der Bedeutung mathematischer Aussagen zu machen. Die eben angedeuteten Schwierigkeiten verschwinden, wenn man den Begriff der Wahrheit durch den des Wahrheitsnachweises ersetzt. Dann erhält allerdings auch die Semantik einen ganz anderen Charakter: Die wahrheitsfunktionelle Semantik wird ersetzt durch eine *epistemische Semantik*, für welche der Begründungs- oder Beweisbegriff grundlegend ist.

Zu derselben Konsequenz gelangt man selbstverständlich auch dann, wenn man zwar am Wahrheitsbegriff als grundlegendem Begriff festhält, aber die für viele Philosophen selbstverständliche scharfe Trennung zwischen Wahrheit und Wissen preisgibt, also ‚*den Wahrheitsbegriff epistemologisiert*', wie dies jüngst z. B. H. PUTNAM getan hat. Wahrheit selbst wird dann identisch mit so etwas wie begründeter Behauptbarkeit (wenn auch nicht mit begründeter Behauptbarkeit unter jeweiligen *historischen* Bedingungen, sondern unter noch zu präzisierenden *idealen* Bedingungen).

Damit aber muß man, zumindest prima facie, eine einschneidende Folgerung ziehen. Denn die epistemische Semantik führt, wie sich zeigen läßt, zur Verwerfung der klassischen Logik und zur Annahme der intuitionistischen. Hier kommt nun, worauf PRAWITZ hingewiesen hat, wieder das Rawlssche Problem des Überlegungsgleichgewichtes ins Spiel. Wenn man nämlich die klassische Logik *als eine Beschreibung der tatsächlichen deduktiven Praxis* auffaßt, so haben wir es mit einem speziellen Fall von ‚Konflikt zwischen Theorie und Praxis' zu tun. Daher steht uns nicht nur die eine Möglichkeit offen, diese Praxis zu revidieren, sondern ebenso die andere, die Theorie wegen ihrer Unfähigkeit zur Erklärung dieser Praxis zu verwerfen. In dieser Situation ein *befriedigendes* Überlegungsgleichgewicht herzustellen, wäre eine der Aufgaben einer künftigen Philosophie der Mathematik. Vielleicht sollte man, um diese Aufgabe nicht unnötig zu erschweren, die heutige Lage in der Weise diagnostizieren, daß es innerhalb der gegenwärtigen Bemühungen um eine Theorie der Bedeutung mathematischer Aussagen bisher nicht geglückt sei, die tatsächliche deduktive Praxis verständlich zu machen.

Als letztes bringen wir ein paar Beispiele aus der Wissenschaftstheorie, bei denen es jeweils darum geht, ein normatives Prinzip mit einem deskriptiven Befund zu konfrontieren oder umgekehrt und bei Auftreten eines Konfliktes eine Lösung zu finden. Im ersten Fall handelt es sich um eine Neuinterpretation einer Diskussion, die seinerzeit anläßlich der Suche nach einem adäquaten ‚Kriterium der empirischen Signifikanz' geführt wurde. Bekanntlich war man zunächst aufgrund von prinzipiellen philosophischen Überlegungen zu der Auffassung gelangt, daß nur empirisch verifizierbare Sätze erfahrungswissenschaftlich signifikant sein können. Dies kann man so ausdrücken, daß die folgende *Norm* aufgestellt wurde: „Eine wissenschaftliche Hypothese ist nur dann als empirisch gehaltvoll zu betrachten, wenn sie durch Beobachtungssätze streng verifizierbar ist." Diese Norm wurde preisgegeben wegen des von POPPER, aber auch von anderen hervorgehobenen *deskriptiven Befundes*, daß in den Naturwissenschaften Gesetzeshypothesen, also unbeschränkte Allsätze, akzeptiert werden, die keiner strengen Verifikation zugänglich sind. (Für eine anschauliche Beschreibung des historischen Kontextes sowie eine knappe und illustrative Schilderung des Verhältnisses von normativen und deskriptiven Gesichtspunkten in der Methodologie der empirischen Wissenschaften vgl. C. G. HEMPEL, [Schlick und Neurath], insbesondere Abschn. 4, S. 14–16.)

Die vollständige *Begründung* für diese ‚Revision einer Norm im Hinblick auf die wissenschaftliche Praxis' (HEMPEL) beruht allerdings auf einer zusätzlichen Prämisse von der Art des in Kap. 11 betonten *Rationalitätszugeständnisses* an die empirischen Wissenschaften, nämlich daß diese bis zum Beweis des Gegenteiles als vernünftige oder rationale Unternehmungen betrachtet werden. Streng genommen muß natürlich noch etwas mehr vorausgesetzt werden, nämlich daß insbesondere die an zahllosen Beispielen zu beobachtenden Aufstellungen und (zumindest provisorischen) Annahmen von Gesetzeshypothesen Bestandteil der als rational vorausgesetzten Tätigkeiten von Wissenschaftlern sind.

Trotz dieser einmütigen Reaktionsweise haben alle Empiristen aus dem analytischen Lager z. B. den Neovitalismus verworfen, und zwar nicht deshalb, weil sie ihn für eine empirisch unhaltbare Theorie hielten, sondern weil sie ihm den Status einer wissenschaftlichen Theorie aberkannten; denn er verletzt sogar viel liberalere Bedingungen der empirischen Nachprüfbarkeit als die oben erwähnte. An diesem Beispiel können wir somit einen Vorgang von der umgekehrten Art beobachten als den soeben beschriebenen: Eine in der wissenschaftlichen Praxis anzutreffende Denkweise wurde wegen der Verletzung einer Norm, an der man festhalten wollte, verworfen. HEMPEL schließt daraus (a.a.O. S. 16): „Die Prinzipien einer Methodologie der Erfahrungswissenschaft sind also weder ausschließlich als deskriptive Aussagen über wissenschaftliches Forschungsverhalten aufzufassen noch ausschließlich als reine Normen für rationales wissenschaftliches Forschungsvorgehen."

Auch dieses Bemühen um eine wechselseitige Anpassung von Normen für rationale wissenschaftliche Forschungsanstrengungen und deskriptiven Feststellungen über tatsächliches Forschungsverhalten fügt sich zwanglos ein in das Rawlssche Muster vom Versuch, ein Überlegungsgleichgewicht zwischen Theorie und Praxis herzustellen. Sollte jemand dagegen einwenden, daß die meisten empiristisch eingestellten Philosophen schließlich die Suche nach einem solchen Kriterium als ein hoffnungsloses Unterfangen einstellten, so wäre darauf zu erwidern, daß dies unserer Behauptung nicht widerspricht: Es kann sich prinzipiell immer ereignen, daß Bemühungen um Herstellung eines Überlegungsgleichgewichtes am Ende scheitern und daß dieses Scheitern von den an diesem Prozeß Beteiligten überdies eingesehen wird. Im übrigen bestand im vorliegenden Fall die Schlußfolgerung, welche man aus der am Ende erfolglosen Debatte zog, nicht darin, die Forderung nach empirischer Nachprüfbarkeit überhaupt fallenzulassen, sondern darin, die dabei gemachte Voraussetzung preiszugeben, diese Forderung könne in einer knapp formulierbaren *formalen* Regel oder in einem *formalen* Kriterium festgehalten werden.

Daß es bei der geschilderten Diskussion um ein fundamentales philosophisches Anliegen geht, zeigt sich darin, daß in jüngster Zeit eine ganz ähnliche Diskussion auf allgemeinerer und höherer Ebene stattgefunden hat, nämlich anläßlich des Wiederauflebens der alten philosophischen Frage, ob es eine *wissenschaftliche Methode* gebe und wie diese zu charakterisieren sei. Da es doch wohl nicht eine reine Glückssache sein kann, daß sich die Wissenschaft nun bereits seit Jahrhunderten als eine sehr erfolgreiche Institution erweist, liegt die Vermutung nahe, dieser Erfolg sei dadurch erklärbar, daß die Wissenschaft bestimmten *methodologischen Maximen* folge. Nachdem sich die induktivistischen Methodologien als fragwürdig herausstellten, charakterisierte POPPER die wissenschaftliche Methode in nicht-induktiver Weise. Danach werden ‚Theorien' mit möglichst hohem Falsifizierbarkeitsgrad aufgestellt und in der Folgezeit so lange strengen Prüfungen unterworfen, bis nur eine übrig bleibt. (Diese eine wird dann vorläufig akzeptiert, und das ganze Verfahren wird wiederholt.) Es ist dies die ‚Methode der kühnen Vermutungen und der versuchten strengen Widerlegungen dieser Vermutungen'. Angenommen, wir akzeptieren diese Methode. Dann würde es, wie PUTNAM in [Vernunft], S. 262, bemerkt, dazu kommen, daß wir eine Theorie nicht akzeptieren, die unter allen wissenschaftlichen Theorien zu den erfolgreichsten und am meisten bewunderten gehört, nämlich DARWINS Theorie der Evolution durch natürliche Auslese. Diese Theorie ist nicht hoch falsifizierbar. Denn sie hat keine Vorhersagen *von solcher Bestimmtheit* zur Folge, daß sie als widerlegt gelten kann, wenn sich die Vorhersagen als falsch erweisen. Wenn diese Theorie dennoch akzeptiert wird, so nicht deshalb, weil sie den Test von POPPER bestanden hat, sondern weil sie für viele Daten sehr plausible Erklärungen liefert und sich überdies als äußerst fruchtbar erwiesen hat für die Entwicklung anderer Theorien und Verknüpfungen mit ihnen (z. B. Genetik, Molekularbiologie).

Vollständigkeitshalber sei erwähnt, daß die Frage der Voraussagefähigkeit und damit der Falsifizierbarkeit der Evolutionstheorie zum Teil Gegenstand heftiger Kontroversen war und noch ist. Vermutlich beruht dies darauf, daß die Bezeichnung „Theorie der Evolution" ebenso mehrdeutig ist wie „Theorie Newtons" und daß sie sich zum Teil auf eine (oder vielleicht sogar mehrere) nicht falsifizierbare Rahmentheorien bezieht, zum Teil jedoch auf speziellere Prinzipien, in unserer Sprechweise: auf Spezialisierungen dieser Rahmentheorie(n). Möglicherweise würde eine detaillierte

Rekonstruktion sogar ergeben, daß es sich um einen Theorienkomplex handelt, dessen Glieder durch bestimmte intertheoretische Relationen miteinander verknüpft sind. Auf die Falsifizierbarkeitsfrage würde man dann eine andere Antwort erhalten, je nachdem, auf welches Glied bzw. auf welche Stufe an Allgemeinheit man sich beziehen würde. Für einen guten Einblick in die heutige Situation, allerdings unter Bezugnahme auf begriffliche Hilfsmittel der herkömmlichen Wissenschaftsphilosophie, vgl. den Aufsatz [Theory of Natural Selection] von J. TUOMI und E. HAUKIOJA.

Was PUTNAM an diesem Beispiel illustriert, ist eine bestimmte Phase in der Diskussion um die methodologischen Maximen der Wissenschaft. Bei der eben skizzierten Sachlage wird man – analog zum früheren Verifikationsbeispiel – geneigt sein, in diesem Konflikt eher das Grundprinzip der Popperschen Methodologie als die Evolutionstheorie preiszugeben. Eine Möglichkeit, trotz solcher immer wieder auftretenden frappierenden Konflikte doch eine Art von Überlegungsgleichgewicht herzustellen, bestünde darin, erstens den Begriff der Verhaltensmaxime in dem Sinne zu liberalisieren, daß darunter nicht nur strikte Verhaltensnormen, sondern auch *strategische Empfehlungen* subsumiert werden, und zweitens den Methodenmonismus durch einen *Pluralismus* derartiger Empfehlungen zu ersetzen.

12.2 Überlegungsgleichgewicht zwischen historischen und systematischen Betrachtungen der Wissenschaften, illustriert am Beispiel von T. S. Kuhn und J. D. Sneed

Das methodologische Prinzip von RAWLS kann auch auf das Verhältnis von Geschichte und Theorie angewendet werden, sofern beide von demselben Gegenstand handeln. Es wäre dann zwar kein Gleichgewicht zwischen Praxis und Theorie, sondern ein von Fall zu Fall herzustellendes Gleichgewicht zwischen historischem Wissen über eine Praxis und systematischen Kenntnissen über die in dieser Praxis angewandte Theorie. Doch ein solches Gleichgewicht blieb aus. Zunächst mochte es den Anschein haben, als sei dies bloß der ungewollte Effekt ausbleibender Bemühungen: Die Vertreter der Wissenschaftsgeschichte auf der einen Seite und die Vertreter einer systematisch orientierten Wissenschaftsphilosophie auf der anderen waren von so verschiedenartigen Zielsetzungen und theoretischen Interessen beherrscht und traten an ihre Untersuchungen mittels so unterschiedlicher Vorkenntnisse und Methoden heran, daß ein ‚Auseinanderdriften' der beiden Arten von Forschungsvorhaben zwar bedauerlich, aber nicht überraschend war. Spätestens nach dem Erscheinen von KUHNS Buch [Revolutions] wurde es klar, daß die beiden Betrachtungsweisen Auffassungen von schroffer Gegensätzlichkeit zu erzeugen schienen.

Die ersten Bemühungen um einen Diskussionskontakt zwischen den beiden Lagern trugen nicht nur in keiner Weise zu einer Milderung der Gegensätze bei, vielmehr verschärften, ja radikalisierten sie diese noch. Hatte KUHN z. B. in seinem Buch auf die empiristischen wie auch Popperschen Vorstellungen über empirische Nachprüfungen mit der lakonischen Feststellung reagiert, daß historische Studien *kein einziges* Beispiel für die Verwerfung eines Paradigmas (lies: einer Theorie) aufgrund von Naturbeobachtungen geliefert hätten, so bildeten nun in der umgekehrten Richtung sowohl Kuhns Äußerungen über die normale Wissenschaft als auch über wissenschaftliche Revolutionen das Objekt heftigster Kritik. Die Leugnung empirischer Tests für diejenigen Phasen, die Kuhn als normalwissenschaftlich bezeichnete, erweckte bei vielen Kritikern den Eindruck, als handle es sich dabei bestenfalls um wissenschaftlich sterile, meist jedoch um unmittelbar wissenschaftshemmende Vorgänge im sogenannten wissenschaftlichen Alltag. Und die Art und Weise, wie Kuhn das plötzliche Auftreten und die nachfolgende Verbreitung eines ‚neuen Paradigmas‘ schilderte, bestärkte wiederum die meisten Systematiker in der Vermutung, daß Kuhn durch eine stark überpointierte Parallelisierung von wissenschaftlichen Umwälzungen mit Revolutionen im religiös-kirchlichen Bereich sowie mit politischen Umstürzen auch der ‚außerordentlichen‘ Forschung jede Spur von Rationalität zu nehmen suche.

Einem Interessenten, der sich dadurch ein rasches Bild von Kuhns Ideen verschaffen möchte, daß er statt das Kuhnsche Original die Darstellungen bei vier bis fünf der schärfsten Kritiker Kuhns liest, dem muß sich geradezu die Vorstellung aufdrängen, daß im Verlauf der wissenschaftlichen Entwicklung nach Kuhns Auffassung abwechselnd zwei Arten von *epistemischen Monstern* dominieren: Der normalwissenschaftliche Alltag wird beherrscht von *borniertem Dogmatikern*, die ihre Schüler mit der von ihnen akzeptierten Theorie im buchstäblichen Sinne indoktrinieren, da sie ihnen diese auf solche Weise einbläuen, daß den Studenten meist bereits der Gedanke an, in jedem Falle aber der Mut zu einer Kritik an der Theorie von vornherein ausgetrieben wird. Und bei wissenschaftlichen Revolutionen wird die Führung übernommen von *quasireligiösen Fanatikern*, die ihre ‚inneren Erleuchtungen‘ durch Überredung und Propaganda in der Gestalt von Bekehrungserlebnissen auf andere zu übertragen suchen und die auch schließlich den Sieg davontragen, sofern sie eine hinreichend lange Zeit auf das Ableben ihrer unbekehrbaren Gegner gelauert haben.

Ein guter Teil der Bemühungen in II/2, Kap. IX, war der Aufgabe gewidmet, unter Zugrundelegung des strukturalistischen Ansatzes die Überwindung dieses Zerrbildes zu beschleunigen, einige der Kuhn unterstellte Annahmen zurückzuweisen und so einen kleinen Beitrag zur Herstellung des Überlegungsgleichgewichtes zwischen historischer und systematischer Wissenschaftserforschung zu leisten. Dies hat nun einen merkwürdigen, kaum vorhersehbaren Effekt gehabt, nämlich daß einige Leser und Kritiker zu der offensichtlich unrichtigen Auffassung gelangten, der strukturalistische Ansatz sei überhaupt nur *zu dem Zweck* einer Kuhn-Interpretation geschaffen worden. Daß die Möglichkeit der Benützung für eine derartige Rekonstruktion und Neuinterpretation höchstens ein Nebeneffekt dieses Ansatzes sein kann, müßte eigentlich für alle ernsthaften Leser auf der Hand liegen. Denn jede einzelne der vielen Abweichungen vom herkömmlichen Theorienkonzept wird systematisch und nicht mit der größeren Eignung für eine bestimmte Textinterpretation begründet.

Es hätte der Fall sein können, daß SNEEDS Buch zeitlich vor dem Buch KUHNS erschienen wäre. Die erwähnten Fehldeutungen hätten dann gar nicht erst auftreten können. Eine positive Rezeption der systematischen Gedanken SNEEDS vorausgesetzt, hätte dies dem KUHN gegenüber so oft erhobenen Einwand, er unterstelle sowohl den ‚normalen‘ als auch den ‚außerordentliche Forschung betreibenden‘ Naturwissenschaftlern irrationale Einstellungen, von vornherein das Wasser abgegraben. Man hätte dann vielleicht freundlichere Äußerungen, etwa von der Art gehört, daß KUHN ‚das formale Gerüst von SNEED mit Blut und Inhalt erfüllt‘ habe.

Es lohnt sich, noch einen Augenblick bei der gedanklichen Möglichkeit einer Vertauschung der Veröffentlichungszeiten der beiden Werke zu verweilen. Denn dadurch läßt sich verdeutlichen, in welchem Grade die beiden gedanklichen Systeme voneinander unabhängig sind. Insbesondere existiert innerhalb des strukturalistischen Konzeptes nichts, wonach es so etwas wie eine normale Wissenschaft geben *muß*, auch nichts, was *zwingend* auf wissenschaftliche Revolutionen hinweist. Denn der formale Apparat ist vollkommen verträglich mit einem Verlauf des Wissenschaftsgeschehens ‚in außermenschlichen Kulturen‘. So etwa wäre es denkbar, daß die Arbeit an der Verfeinerung eines Theoriennetzes mittels einer sich über den Planeten erstreckenden, straff organisierten Aufgabenverteilung unter die Wissenschaftler erfolgt. Oder daß der Übergang zu Versuchen mit neuartigen Theorien bei Erreichung eines bestimmten Problemgrades des ‚alten‘ Netzes kraft internationalen Kongreßbeschlusses an einige, vorher gemäß strengen Kriterien ausgewählte Glieder der Wissenschaftsgemeinschaft in Gestalt einer Empfehlung oder Aufforderung stattfände. Alles, was das Sneedsche Konzept – insbesondere die Unterscheidung zwischen Fundamentalgesetzen und Spezialgesetzen sowie die theorienrelative Dichotomie zwischen theoretischen und nicht-theoretischen Größen – in dieser Hinsicht zu erzeugen vermöchte, wäre eine bestimmte *Erwartungseinstellung gegenüber dem historischen Ablauf*, nämlich daß sich die erstmaligen erfolgreichen Einführungen neuer Theorien sowie die Ersetzungen von Rahmentheorien durch neue – *sofern* so etwas stattfindet – historisch andersartig manifestieren sollten als die erfolgreichen Arbeiten an Verfeinerungen bereits vorhandener Theoriennetze. KUHNS Ausführungen über wissenschaftliche Revolutionen und über den Verlauf der normalen Wissenschaft erfüllen diese Erwartungen, aber in einer ganz bestimmten, rein logisch natürlich nicht vorauszusehenden und nicht voraussagbaren Weise. In KUHNS Schilderungen erhält der Wissenschaftsablauf auf unserer Erde gegenüber den erwähnten Verläufen in außerirdischen Kulturen, für die es zahllose weitere Möglichkeiten gäbe, *ein spezifisch menschliches Antlitz*.

Die Kritiker von KUHNS Beschreibungen und Analysen vertreten allerdings die Auffassung, daß KUHN weit über dieses Ziel hinausgeschossen sei und daß er sowohl dem von ihm als ‚normal‘ bezeichneten Wissenschaftsablauf als auch dem Theorienwandel *irrationale* und darüber hinzu *subjektiv-relativistische* Züge aufgeprägt habe. Hier kann nun der strukturalistische Ansatz für den ‚*negativen*‘ Zweck herangezogen werden, gewisse dieser Kritiken zu entschärfen, sowie für den ‚*positiven*' Zweck, bestimmte von KUHN benützte Begriffe zu präzisieren. Die wichtigste positive Leistung ist vielleicht die in Kap. 3 beschriebene Explikation des Begriffs des Paradigmas als geordnetes Paar $\langle K_0, I_0 \rangle$, zusammen mit all den dort angegebenen Qualifikationen, sowie die prozessuale Interpretation des Begriffs der normalen Wissenschaft als ‚Theorienevolution, für die ein Paradigma existiert'.

Was für die Zurückweisung unberechtigter Kritiken von Wichtigkeit ist, wurde an anderen Stellen bereits ausführlich erörtert, so daß hier eine kurze Erinnerung daran genügt. Daß das *Festhalten am Paradigma*, dieser scheinbar ‚bornierte Dogmatismus der Normalwissenschaftler', durchaus nichts Irrationales ist, wird sofort klar, wenn man bedenkt, daß das Paradigma nur die Fundamentalgesetze enthält und daß empirische Widerlegungen spezieller Gesetze ‚nach oben hin nicht durchschlagen', d.h. keine Verwerfung derjenigen Prinzipien erzwingen, deren Spezialisierungen sie sind. In der Sprechweise der mengentheoretischen Prädikate wird dies noch unmittelbarer evident: Die Preisgabe eines speziellen Prädikates als unanwendbar impliziert nicht die Preisgabe eines allgemeineren. Verstärkt wird dies durch die Offenheit der Menge der intendierten Anwendungen und die dadurch bedingte relative Theorienimmunität.

Daß auch der Übergang von der Beschreibung revolutionärer Veränderungen in den Kategorien des herkömmlichen Drei-Stufen-Schemas: „Aufstellung einer Theorie – Prüfung und Falsifikation – Suche nach einer neuen Theorie" zu der Kuhnschen Variante „*Verdrängung einer Theorie durch eine andere ohne dazwischengeschaltete Falsifikation*" kein Übergang von der Beschreibung eines rational verständlichen Vorganges zu einem rational nicht mehr verständlichen ist – sondern die Ersetzung von etwas Unmöglichem durch etwas Mögliches und faktisch Wirkliches –, wird ebenso klar, wenn man sich zwei Dinge vor Augen hält: Erstens daß es sich hierbei stets nur um die *Rahmen*theorie handelt, in die allein das Fundamentalgesetz Eingang findet. Und zweitens daß dieses Fundamentalgesetz der Rahmentheorie T wegen der darin vorkommenden T-theoretischen Begriffe nicht empirisch falsifizierbar ist, da diese Begriffe in wesentlich T-abhängiger Weise gemessen werden. Im Fall der Rahmentheorie *KPM* z.B. würde die Widerlegung in einer empirischen Falsifikation des zweiten Axioms von NEWTON bestehen. Eine solche ist jedoch ausgeschlossen, da dieses Axiom die beiden *KPM*-theoretischen Begriffe *Masse* und *Kraft* enthält, deren Messungen die Gültigkeit eben dieses Axioms bereits voraussetzen. Wenn somit eine derartige Rahmentheorie – ein ‚Paradigma' im Sinne von KUHN – überhaupt fallengelassen wird, so deshalb, weil einige seiner Proponenten die Hoffnung aufgegeben haben, an bestimmten Stellen das Netz über der Basis dieser Theorie geeignet verfeinern zu können, und daher nach einer neuen Basis Umschau halten oder bereits an einer solchen arbeiten, was dann seinen Niederschlag in dem von KUHN so anschaulich beschriebenen Verdrängungsprozeß findet.

Vollständigkeitshalber sei nochmals daran erinnert, daß sich die Situation in der uns interessierenden Hinsicht nicht wesentlich ändert, wenn man statt des zweiten Axioms von NEWTON (in wörtlicher Wiedergabe, wie soeben vorausgesetzt) die dieser Rahmentheorie entsprechende Behauptung im Sinn von Kap. 2 wählt, also den Ramsey-Sneed-Satz des Basiselementes von *KPM*. Denn diese Aussage ist, wie in Kap. 7 gezeigt worden ist, ein mathematisch beweisbarer Satz und daher empirisch gehaltleer. Für die ‚Urfassung' der fraglichen Aussage gilt also, daß sie wegen des Vorkommens zweier *KPM*-theoretischer Begriffe *nicht empirisch geprüft werden kann;* und für die modifizierte Ramsey-Fassung gilt, daß sie *nicht empirisch geprüft zu werden braucht.*

Auch die *subjektive* Komponente bei der Theorienwahl wird damit verständlich; denn diese Wahl ist eine holistische alles-oder-nichts-Entscheidung. Die ‚Revolutionäre', die eine solche Wahl vornehmen, können sich zu Beginn ihrer Tätigkeit nur auf Teilerfolge und im übrigen bloß auf Spekulationen und Hoffnungen stützen. Die erfolgreichen revolutionären Neuerer unterscheiden sich von den nicht erfolgreichen gewöhnlich *nur* dadurch, daß sich ihre Hoffnungen, eine leistungsfähigere Theorie zu schaffen, später tatsächlich erfüllen, nicht aber dadurch, daß sie in irgend einem definierbaren Sinne ‚rationaler' wären als die nicht erfolgreichen, insbesondere *nicht* dadurch, daß sie bestimmten ‚methodologischen Regeln' gehorchen, welche jene verletzen. Diese einfache und brutale Tatsache ist die bittere Pille, die ein Wissenschaftsphilosoph schlucken muß, der an so etwas wie feste, streng zu befolgende methodologische Regeln geglaubt hat. Innerhalb der Normalwissenschaft besteht die subjektive Komponente einmal in Entscheidungen, welche die Erweiterungen oder Einengungen der intendierten Anwendungen betreffen, und zum anderen in den offen stehenden Wahlmöglichkeiten zwischen verschiedenen Revisionsalternativen im Fall des Konfliktes zwischen empirischer Behauptung (Ramsey-Sneed-Satz) und Meßresultaten. In Kap. 7 wurde allerdings gezeigt, daß die subjektive Komponente keineswegs *so* stark ist, wie Gegner des Holismus behaupten.

Bleibt noch der *Relativismus-Einwand.* Wie bereits anderswo betont (z. B. in: [Neue Wege], S. 129), setzt er eine ganz bestimmte Auslegung einer Stelle bei KUHN voraus: Wenn KUHN dort die aus einem Paradigmenkampf siegreich Hervorgehenden als diejenigen charakterisiert, die sich selbst als die Fortschrittlichen bezeichnen, so wird dies von einigen Interpreten anscheinend als *KUHNS implizite Definition des wissenschaftlichen Fortschrittes* verstanden. Doch dies war von KUHN sicherlich nicht intendiert und kann auch nicht ernsthaft gemeint sein. Die aus einem derartigen Konflikt ‚siegreich hervorgehende' Forschergruppe wird sich zwar selbst als die fortschrittliche *bezeichnen,* unabhängig davon, ob ihre Überzeugungen einen wirklichen oder einen bloß vorgetäuschten Fortschritt hervorrufen. Um herauszufinden, welches von beiden der Fall ist, muß ein *unabhängiges Fortschrittskriterium* zur Verfügung stehen.

Allerdings war es etwas irreführend, wenn in II/2, Kap. IX, im Zusammenhang mit dem Relativismus-Einwand von einer ‚Rationalitätslücke' gesprochen wurde. Diese Bezeichnung suggeriert die implizite Kritik, daß KUHN hier eine Lücke offen ließ, die er hätte schließen sollen. Doch so war dies nicht gedacht. Aus den oben genannten Gründen besteht tatsächlich eine Lücke, die eine Schließung erheischt. Aber diese Lücke kann nicht mit historischen, psychologischen oder soziologischen Mitteln geschlossen werden und zwar aus dem einfachen Grunde, weil die Explikation des Begriffs des wissenschaftlichen Fortschrittes im Fall der ‚revolutionären Theorienverdrängung' eine Herausforderung an die *systematische* Wissenschaftstheorie bildet und keine Aufgabe darstellt, die von der Wissenschafts*geschichte* zu bewältigen wäre. Die Kuhnschen Ausführungen über spezielle Punkte, etwa über Inkommensurabilität und Gestaltwandel, machen bloß deutlich, *wie schwierig* diese Aufgabe ist. Zu ihrer befriedigenden Bewältigung scheint sich bislang nur der strukturalistische Ansatz zu eignen. Und zwar benötigt man den ganzen Begriffsapparat; insbesondere müssen die in den Kapiteln 4, 8, 9 und 10 skizzierten Hilfsmittel und Lösungsvorschläge herangezogen und in Zukunft weitergeführt werden. (Einige zusätzliche Betrachtungen zu diesem Thema sollen in Kap. 13 angestellt werden.)

Damit können wir zum Grundthema dieses Kapitels zurückkehren. Denn alle hier in 12.2 angestellten Überlegungen bildeten keinen Selbstzweck, sondern dienten allein der Aufgabe, am Beispiel des Verhältnisses des ‚Sneed-Formalismus' zu den ‚Kuhnschen Thesen' zu zeigen, wie das erheblich gestörte Überlegungsgleichgewicht zwischen Wissenschaftsgeschichte und systematischer Wissenschaftstheorie wenn schon nicht vollkommen wiederhergestellt, so doch erheblich verbessert werden kann. Auch in den in 12.1 geschilderten Fällen bildete ein derartiges Überlegungsgleichgewicht das unausgesprochene oder ausgesprochene Ziel der Diskussionspartner, dem man sich zwar angenähert hat, welches jedoch in keinem dieser Fälle wirklich erreicht worden ist.

Das Bemühen um ein Überlegungsgleichgewicht ist stets mit Vorgängen wie Präzisierungen und Modifikationen verbunden, im vorliegenden Fall auch mit der Schließung offen gebliebener Lücken, wie sich eben gezeigt hat. Daß es u. U. auch mit *Korrekturen* verbunden ist – übrigens mit Korrekturen, die zur Schlichtung einer offenen Kontroverse führen kann –, sei an einem letzten Beispiel erläutert. (Vgl. dazu auch [Erklärung], S. 1060.) In KUHNs Schilderungen treten Hypothesenprüfungen überhaupt nicht auf. Darin kommt eine gewisse Einseitigkeit in der Darstellung der normalwissenschaftlichen Tätigkeit zur Geltung. Legt man die Begriffe aus Kap. 2 und 3 zugrunde, so wird klar, daß zu den wichtigsten Tätigkeiten der normalen Wissenschaftler die Netzverfeinerungen gehören und damit das ständige Voerschlagen neuer Spezialgesetze, deren Prüfung und provisorische Annahme bei Bewährung sowie Verwerfung bei empirischer Falsifikation. Gleichzeitig erzwingt dies die Revision einer gängigen Auffassung über das Verhältnis von POPPER und KUHN. Danach habe sich POPPER stets nur für diejenigen Vorgänge interessiert, die zur außerordentlichen Forschung gehören, niemals hingegen für das, was KUHN als normale Wissenschaft bezeichnet. Die eben skizzenhaft vorgenommene Ergänzung zu den Kuhnschen Schilderungen, zusammen mit den früheren Betrachtungen über Theorienverdrängung, zeigen, daß es sich genau umgekehrt verhalten muß: Da es ‚strenge Nachprüfungen' von Gesetzeshypothesen nur innerhalb der normalen Wissenschaft gibt, beziehen sich die Gedanken POPPERS über Nachprüfung, Falsifikation und Bewährung ausschließlich auf die normale Wissenschaft im Sinne von KUHN, jedoch niemals auf die außerordentliche Forschung. Wenn man die obige Korrektur und diese Ergänzung zusammennimmt, so zeigt sich, wie der strukturalistische Rahmen relativ mühelos dafür verwendet werden kann, *scheinbar* so gegensätzliche Positionen wie die von POPPER und KUHN miteinander zu versöhnen.

Sind die erforderlichen Präzisierungen, Modifikationen, Schließungen von Lücken und Korrekturen erfolgt, so findet im vorliegenden Fall das erstrebte Überlegungsgleichgewicht seinen wichtigsten Niederschlag in einer *wechselseitigen Stützung* der beiden miteinander in Beziehung gesetzten Auffassungen. Von einer solchen Stützung kann freilich nur soweit gesprochen werden, als es *unabhängige* Gründe für die jeweilige andere Ansicht gibt.

Setzen wir im vorliegenden Fall solche Gründe für beide der miteinander in Beziehung gesetzten Glieder voraus, also sowohl für die Auffassungen von KUHN als auch für die von SNEED, dann kann man sich immer noch überlegen, ob die Stützung in der einen Richtung stärker ist als in der anderen. Dies scheint in der Tat der Fall zu sein. Und zwar ist – ganz im Widerspruch zur Meinung der eingangs erwähnten Kritiker – die Stützung, die das Sneed-Konzept durch das Kuhnsche erfährt, stärker als die Stützung des letzteren durch das erstere. Einmal deshalb, weil die anderen systematischen Wissenschaftsphilosophien gar nicht oder kaum mit KUHNs Auffassungen in Einklang zu bringen sind, was eine eindeutige Auszeichnung des Konzeptes von SNEED durch das von KUHN impliziert. Ferner aus dem Grunde, weil der Sneed-Formalismus, wie angedeutet, mit zahllosen anderen ‚geschichtlichen Möglichkeiten' verträglich wäre. Schließlich ist nicht zu übersehen, daß der Sneedsche Begriffsapparat für eine Kuhn-Rekonstruktion bislang nur in bezug auf solche Theorien verwendbar ist, von denen man weiß, daß sie durch den Sneedschen Ansatz gedeckt sind. Unter denjenigen Theorien, auf die sich KUHN bezieht, sind dies vorläufig nur Theorien der mathematischen Physik. FEYERABENDs Wendung aus [Changing Patterns]: „KUHN Sneedified" begünstigt somit ein einseitiges Situationsbild.

Angesichts der in Kap. 4, 8 und 10 beschriebenen Leistungen für das Studium intertheoretischer Reduktionen, insbesondere für die ‚Umschiffung' der Inkommensurabilitätsklippe mittels Ersetzung des Denkens in Term-für-Term-Vergleichen durch ein makrologisches Denken in umfassenden Strukturen, erschiene es als angemessener und zutreffender, die erwähnte Feyerabendsche Wendung durch die folgende zu ersetzen: „*Reduction of Theories Sneedified*".

Eingangs haben wir innerhalb des Begriffs des Überlegungsgleichgewichtes weiter zu differenzieren versucht. Die Anwendung einer geeigneten Spezifikation auf den gegenwärtigen Fall liegt auf der Hand. Es gibt so viele Nahtstellen von Wissenschaftsgeschichte und systematisch vorgehender Wissenschaftstheorie, an denen es zu potentiellen Konflikten zwischen diesen beiden Forschungsbereichen kommen kann und aufgrund von KUHNs Schriften auch zu effektiven Konflikten gekommen ist, an denen jedoch der strukturalistische Ansatz einen Einklang zwischen den Aussagen von Vertretern beider Lager und damit eine Versöhnung herbeiführt, daß mit Recht behauptet werden darf: Der Sneed-

Formalismus trägt in einer ganz entscheidenden Weise zu einem *globalen* Überlegungsgleichgewicht zwischen Wissenschaftsgeschichte und Wissenschaftstheorie bei.

Literatur

DUMMETT, M, "The Philosophical Basis of Intuitionistic Logic", in: ROSE, H.E. und J.C. SHEPHERDSON (Hrsg.), *Studies in Logic and The Foundations of Mathematics*, Bd. 80, Amsterdam 1975, S. 5–40.

DUMMETT, M., *Elements of Intuitionism*, Oxford 1977.

FEYERABEND, P. [Changing Patterns], "Changing Patterns of Reconstruction", *The British Journal for the Philosophy of Science*, Bd. 28 (1977), S. 351–369.

GOODMAN, N. [Forecast], *Fact, Fiction and Forecast*, 3. Aufl. New York 1978.

HEMPEL, C.G. [Schlick und Neurath], „Schlick und Neurath: Fundierung vs. Kohärenz in der Wissenschaftlichen Erkenntnis", in: *Grazer Philosophische Studien*, Bd. 16/17 (1982), S. 1–18.

KUHN, T.S. [Revolutions], *The Structure of Scientific Revolutions*, 2. Aufl. Chicago 1970. Deutsche Übersetzung durch H. VETTER: *Die Struktur wissenschaftlicher Revolutionen*, 5. Aufl. Frankfurt 1981.

PRAWITZ, D., "Meaning and Proofs: On the Conflict between Classical and Intuitionistic Logic", *Theoria*, Bd. 43 (1977), S. 2–39.

PRAWITZ, D., "Intuitionistic Logic: A Philosophical Challenge", in: VON WRIGHT, G.H. (Hrsg.), *Logic and Philosophy*, The Hague 1980, S. 1–10.

PUTNAM, H. [Vernunft], *Vernunft, Wahrheit und Geschichte*, Frankfurt a. M. 1982, deutsche Übersetzung von *Reason, Truth and History*, Cambridge 1981, durch J. SCHULTE.

RAWLS, J. [Gerechtigkeit], *Eine Theorie der Gerechtigkeit*, Frankfurt a. M. 1975, deutsche Übersetzung von *A Theory of Justice*, Harvard 1971, durch H. VETTER.

SNEED, J.D., *The Logical Structure of Mathematical Physics*, 2. Aufl. Dordrecht 1979.

STEGMÜLLER, W., "Structures and Dynamics of Theories. Some Reflections on J.D. SNEED and T.S. KUHN", *Erkenntnis*, Bd. 9 (1975), S. 75–100.

STEGMÜLLER, W. [Neue Wege], *Neue Wege der Wissenschaftsphilosophie*, Berlin-Heidelberg-New York 1980.

STEGMÜLLER, W. [Erklärung], *Erklärung-Begründung-Kausalität*, Berlin-Heidelberg-New York 1983.

STEGMÜLLER, W., „Die Bedeutung der Methode in den modernen Wissenschaften", erscheint in: *Staatslexikon*, 7. Aufl., Freiburg 1986.

TUOMI, J. und E. HANKOIJA [Theory of Natural Selection], "Predictability of the Theory of Natural Selection: An Analysis of the Structure of the Darwinian Theory", in: *Savonia*, Bd. 3 (1979), S. 1–8.

Kapitel 13
Kuhns dritte epistemologische Herausforderung[1]

Alle in diesem Band bislang unternommenen Bemühungen, eine Teilrekonstruktion Kuhnscher Gedanken zu geben, als inadäquat erscheinende Kritiken dieser Ideen zurückzuweisen, dabei aber zugleich den Raum für angemessenere Kritiken freizumachen, stützten sich im wesentlichen auf das strukturalistische Theorienkonzept sowie auf Folgerungen, die sich aus dem Arbeiten mit diesem für die systematische Wissenschaftstheorie neuartigen Begriffsapparat ergaben. Dazu gehören insbesondere die Einsichten in die verschiedenen Weisen von ‚Theorienimmunität gegenüber widerspenstigen Erfahrungen‘. Denn scheinbar fehlende Einsichten dieser Art waren es ja, die zumindest in der Hauptsache die Vorwürfe von der Art motivierten, daß KUHN den Naturforschern eine irrationale Grundhaltung unterstelle oder daß seine Wissenschaftsauffassung unweigerlich in radikale Formen des Subjektivismus und Relativismus einmünde.

„Empirische Falsifikationen spielen in den modernen Naturwissenschaften, insbesondere in der modernen Physik, eine weitaus geringere Rolle, als in der Wissenschaftsphilosophie gemeinhin angenommen wird." Nennen wir diese These, die er durch historische Untersuchungen untermauerte, KUHNs *erste epistemologische Herausforderung*. Alle erwähnten Versuche, diese Theorieimmunität nicht bloß in ihren psychologischen und soziologischen Auswirkungen zu beschreiben, sondern ihre verschiedenen logischen und epistemologischen Wurzeln aufzudecken und diese einsichtig zu machen, können als Bemühungen darum gedeutet werden, innerhalb des strukturalistischen Rahmens mit dieser ersten Kuhnschen Herausforderung fertig zu werden.

Die These, daß bei wissenschaftlichen Revolutionen verdrängte und verdrängende Theorie miteinander inkommensurabel sind, soll KUHNs *zweite epistemologische Herausforderung* genannt werden. Diese Bezeichnung ist insofern berechtigt, als die Inkommensurabilitätsbehauptung keine zwingende Folgerung der verschiedenen Formen von Theorienimmunität bildet. Die letzteren könnten alle bestehen, ohne daß Inkommensurabilität vorliegt. In philosophischer Hinsicht ist diese zweite Herausforderung noch gewichtiger als die erste und geht noch mehr in die Tiefe als jene, da sie nicht nur einer von vielen

---

1 Der Inhalt dieses Kapitels ist ausführlicher dargestellt und in einen größeren systematisch-historischen Zusammenhang eingebettet in W. STEGMÜLLER, [Rationale Theorienwahl].

Wissenschaftsphilosophen gehegten Überzeugung zu widersprechen scheint, sondern darüber hinaus für die entscheidendsten und dramatischsten Vorgänge in der Wissenschaftsgeschichte die Rede vom wissenschaftlichen Fortschritt in Frage stellt. Damit wird auch die Rationalität des Theorienwandels zumindest fragwürdig. In Kap. 10 haben wir versucht, zu zeigen, wie man, gestützt auf geeignete intertheoretische Relationen, auch mit dieser zweiten Herausforderung dadurch fertig werden kann, daß man zu einem Vergleichsurteil über Theorien trotz Vorliegen einer Inkommensurabilität im Sinne von KUHN gelangen kann.

Auf den eigentlichen Kern der Frage: „Ist die Naturwissenschaft ein rationales Unternehmen?" stoßen wir aber erst, wenn wir uns einer *dritten epistemologischen Herausforderung* durch KUHN zuwenden, welche das Thema „Induktion" betrifft. Um diese Herausforderung in ihrer Eigenart charakterisieren zu können und zugleich verständlich zu machen, wie sie sich in die heutige Diskussion zur Induktionsproblematik einfügt, beginnen wir zweckmäßigerweise mit einer bestimmten Art von Kritik an der strukturalistischen Beschäftigung mit der Kuhnschen Wissenschaftsphilosophie. Es ist nämlich immer wieder betont worden, daß der strukturalistische Ansatz KUHN schon deshalb nicht völlig gerecht werden könne, weil dessen Aussagen über das Zustandekommen und die Verbreitung von Paradigmen sowie über den Paradigmenwechsel bei wissenschaftlichen Revolutionen ganz wesentlich *menschliche Überzeugungen*, deren Entstehung, deren Verbreitung sowie deren Wandel betreffen. Kein noch so weit gefaßter Begriff der Theorie aber vermöge alle wichtigen Aspekte wissenschaftlicher Überzeugungsbildung sowie Überzeugungsänderung zu erfassen.

Eine solche Feststellung ist durchaus zutreffend. Als Kritik am strukturalistischen Ansatz oder an den einschlägigen Ausführungen innerhalb des vorliegenden Bandes wäre sie allerdings fehl am Platz; zum einen wegen der in Kap. 12 nochmals ausdrücklich betonten Tatsache, daß das strukturalistische Theorienkonzept nicht deshalb entworfen worden ist, um eine neuartige Rekonstruktion der Kuhnschen Wissenschaftsphilosophie zu liefern, und daher in dieser Hinsicht gar keinen Vollständigkeitsanspruch erhebt; und zum anderen wegen der schlichten Tatsache, daß der vorliegende Gesamtband wissenschaftliche Begriffs- und Theoriebildungen zum Thema hat, nicht jedoch die Induktionsproblematik.

In der Tat könnte der in der obigen Feststellung implizit enthaltenen Aufforderung nur dadurch Rechnung getragen werden, daß man sich darum bemüht, KUHNS wissenschaftsphilosophische Gedanken in einen Kontext einzuordnen, der sich schematisch durch das Rahmenthema „Induktion, Bewährung, methodologische Regeln" bezeichnen ließe. In [Rationale Theorienwahl] ist, angeregt durch HEMPELS interessanten Aufsatz [Evolution], ein in diese Richtung gehender Versuch unternommen worden. Die substantielle Neuartigkeit der Kuhnschen Stellungnahme zum Induktionsproblem – für deren Rekonstruktion man sich noch viel mehr als beim Thema „Theorienbildung" angewöhnen muß, in KUHNS Schriften gewissermaßen ‚zwischen den

Zeilen zu lesen' – wird dort als ein entscheidender neuer Akt in dem mehrere Akte umfassenden modernen Drama „Induktion" gedeutet. Da es nicht möglich ist, diesen Gesamtzusammenhang hier nochmals zu reproduzieren, müssen wir uns, was die Vorgeschichte betrifft, auf ein paar stichwortartige Andeutungen beschränken.

Das fragliche Drama ist charakterisiert durch sukzessive Transformationen des Induktionsproblems. Die verbreitetste moderne Variante ist die *probabilistische*, die selbst wieder ein breites Spektrum von Möglichkeiten umfaßt, angefangen von Präzisierungsversuchen qualitativer Bestätigungsbegriffe, über Verbesserungen eliminativer Induktionstheorien sowie über die induktive Logik bis hin zu nichtformalisierten Spielarten des Bayesianismus. Zahlreiche Detailprobleme haben, zusammen mit grundlegenden Schwierigkeiten dieser Variante, das anti-induktivistische Konkurrenzunternehmen in den Vordergrund treten lassen, welches in der Einführung eines *deduktivistischen Bewährungsbegriffs* gipfeln sollte. Doch die Schwierigkeiten, mit denen dieses Projekt konfrontiert ist, sind nicht minder groß als die der probabilistischen Variante. Für die weitere Entwicklung waren drei logisch voneinander unabhängige Entdeckungen maßgebend: Erstens, daß das Problem der *Annahme* oder des *Akzeptierens* von Hypothesen und Theorien ein Problem sui generis bildet, welches weder auf die Bestätigungsproblematik noch auf die Bewährungsproblematik reduzierbar ist (Lotterieparadoxon). Zweitens daß dieses Problem überdies mit der Frage nach geeigneten Kriterien für moralische und nichtmoralische *Werturteile* belastet ist (Diskussion der These von R. RUDNER, daß der Naturwissenschaftler qua Naturwissenschaftler Werturteile fällt.) Und drittens, daß nicht einmal die Hoffnung besteht, rein formale Regeln der Bestätigung oder der Bewährung *als konsistente Regeln* formulieren zu können (Goodman-Paradoxon).

Die Frage, ob diese Stadien samt den dazu gehörigen Erörterungen als weitere moderne Transformationen des Induktionsproblems anzusehen sind oder zweckmäßigerweise als bloße Gabelungen innerhalb vorgegebener Diskussionstrends, kann hier offen bleiben. Tatsache ist, daß sich das philosophische Räsonieren, nachdem es alle diese Stadien durchlaufen hatte, in seinem Charakter änderte: Es ist vorsichtiger und zurückhaltender geworden, aber auch mit größeren Vagheiten behaftet geblieben. Den einzigen, diese neueren Überlegungen durchdringenden Grundzug könnte man schlagwortartig als „Übergang vom Monismus zum Pluralismus" zu charakterisieren versuchen.

Die vorherrschende Leitidee ist dabei keineswegs neu, sondern im Grunde noch immer dieselbe wie in den ältesten Zeiten des Induktivismus, nämlich: „Der Erfolg der Naturwissenschaften muß sich doch irgendwie erklären lassen. Und wo anders sollte diese Erklärung zu suchen sein als darin, daß diese Wissenschaft eine bestimmte Methode oder bestimmte Methoden befolgt?" Es liegt dann nahe, die Wurzel für das Scheitern der älteren Versuche darin zu erblicken, daß die erste dieser Alternativen falsch ist: *Die* wissenschaftliche Methode gibt es nicht, weder in der Gestalt einer noch genauer beschreibbaren ‚induktiven Methode' noch in der Gestalt einer ‚Methode der kühnen Vermutungen und versuchten ernstzunehmenden Widerlegungen'. Übrig bleibt dann nur mehr die andere Alternative, nämlich daß *das Zusammenspiel verschiedener Methoden* für den Erfolg der Wissenschaften verantwortlich ist. Genau dies war oben mit dem Schlagwort „Übergang vom Monismus zum Pluralismus" gemeint. Auch für die Leser ohne nähere Detailkenntnisse der mit den angedeuteten Stadien beginnenden speziellen Auseinandersetzungen dürfte es jetzt verständlich werden, daß und warum man in neueren Diskussionen so häufig auf die Pluralwendung „*Methodologische Regeln*" stößt. Dies ist zwar eine sehr unglücklich gewählte Bezeichnung. Doch wollen wir für den Augenblick die Bedenken gegen sie zurückstellen, da wir nun einen Punkt erreicht haben, an dem sich die Position von T. S. KUHN innerhalb dieses Themenkreises festmachen läßt.

Wie wir noch sehen werden, ist KUHNS Einstellung *von philosophisch unüberbietbarer Radikalität*. Nichtphilosophen, insbesondere Naturforschern, wird sie hingegen ebenso überzeugend wie verblüffend einfach erscheinen.

Zunächst müssen wir Klarheit darüber zu bekommen versuchen, in welche Fragen sich das Induktionsproblem transformiert, wenn man die historisch-pragmatische Deutung und Rekonstruktion der wissenschaftlichen Forschung zugrunde legt, als deren bedeutendster gegenwärtiger Proponent KUHN gilt. Zweckmäßigerweise spaltet man die Suche gemäß den beiden Wissenschaftsformen auf, die KUHN unterscheidet: Normalwissenschaft und außerordentliche Forschung. Richten wir dabei unser Augenmerk sogleich auf das, was bei KUHN im Vordergrund steht und was auch die meisten seiner Leser besonders faszinierte, nämlich das Phänomen der wissenschaftlichen Revolutionen oder der Theorienverdrängung. Dann wird das Induktionsproblem zum *Problem der Rationalitätskriterien für Theorienwahl*. Es transformiert sich also in die Frage, ob es präzise Regeln für die Bevorzugung von Theorien gegenüber anderen gibt und wie diese Kriterien lauten.

Genauer gesprochen müßte das Induktionsproblem in dieser Fassung in zwei Teile untergegliedert werden: erstens in die Frage, wie diese Regeln zu formulieren sind, und zweitens in die Aufgabe, eine Rechtfertigung für diese Regeln zu liefern. Man begeht wohl kaum eine Übertreibung, wenn man KUHNS Position in bezug auf die erste Frage so wiedergibt: „Nicht nur wir sind heute noch weit entfernt davon, solche Regeln oder Kriterien anzugeben. Wir werden auch in Zukunft niemals dazu imstande sein." Die zweite Aufgabe entfällt dann von selbst.

Es ist wichtig, über dieser radikalen Skepsis KUHNS, die sich auf die Rolle der Philosophen bezieht, nicht den positiven Aspekt zu übersehen, bei dem es um die Rolle des Fachmannes geht. Was jeweils, in einer ganz bestimmten geschichtlichen Situation, zur Diskussion steht, ist die Wahl einer konkreten Theorie. Und diese liegt ausschließlich in den Händen von Spezialisten. Wer die Lösung des Problems verstehen will, warum die Spezialisten *diese* Theorie wählten, der muß die Tätigkeit der Spezialisten *verstehen* lernen. Dies ist kein umfassendes Verstehen ‚der' Lösung des Induktionsproblems, sondern ein von Fall zu Fall neues, je nach der Theorie und deren Alternativen, um welche es geht, und nach dem historischen Augenblick und den Umständen, unter denen die Wahl erfolgt.

Dies also ist die Art und Weise, *wie bei* KUHN *ein fachspezifischer Optimismus die totale philosophische Skepsis in bezug auf Induktion überragt*. Es ist eben nicht bloß so, daß dasjenige, was der Philosoph hier eigentlich tun sollte, unterbleibt, sondern daß es auf einer nicht-philosophischen Ebene von anderen Leuten als Philosophen tatsächlich bewerkstelligt wird.

Für die philosophischen Tätigkeiten, d. h. für alles, was man bislang für eine philosophische Aufgabe hielt, bleiben nur negative Feststellungen übrig. Nicht nur wird für KUHN das Induktionsproblem als eine Frage nach Regeln und nach der Rechtfertigung dieser Regeln sinnlos. Seine Antwort impliziert überdies etwas, das man *die These von der totalen Inkompetenz jeglicher Art von Philosophie, eingeschlossen sämtliche Spielarten von Wissenschaftsphilosophie, irgend etwas zur Lösung des Induktionsproblems beizutragen*, nennen könnte.

Möglicherweise war es gar nicht so sehr das von KUHN beobachtete Phänomen der Theorienverdrängung, sondern diese in seinen Äußerungen implizit enthaltene *Auffassung von der philosophischen Gegenstandslosigkeit des Induktionsproblems*, was Philosophen sprachlos machte. Denn man würde doch erwarten, daß folgendes gelten muß: *Entweder* ist das Induktionsproblem falsch gestellt oder konfus oder unsinnig. Dann muß man es umformulieren oder zurückweisen. *Oder* es ist präzise formulierbar. Dann müßte es doch auch eine präzise Antwort darauf geben. Nun *ist* es nach KUHN präzise formulierbar, wenn auch neugefaßt als Frage nach Rationalitätskriterien für Theorienwahl. Dennoch ist es gegenstandslos. Denn eine Frage löst sich *qua philosophische Frage* in nichts auf, wenn man sie der Kompetenz des Philosophen entzieht und allein der Kompetenz des Fachmannes anheimstellt.

Die Verschiebung vom Bereich der Philosophie in die Fachwissenschaft erfolgt innerhalb des Kuhnschen Denkrahmens zwangsläufig. Denn da es keine präzisen Regeln für korrekte Theorienwahl gibt, findet der Philosoph auch nichts vor, was er zunächst genauer formulieren und dann rechtfertigen könnte. Was natürlich nicht heißt, daß die Wahl durch diejenigen, denen sie nun anheimgestellt ist, reibungslos vonstatten ginge. Doch kann auch hier der Philosoph nichts anderes tun als, sozusagen ganz passiv, eine auf empirisch-historischen Beobachtungen beruhende, erstaunliche Feststellung treffen, nämlich: daß aus einer langen und heftigen Kontroverse über die Verdienste und Nachteile miteinander konkurrierender Theorien schließlich ein Konsens unter den Fachleuten hervorwächst, der zur Annahme einer dieser Theorien führt.

Nachdem wir uns bislang ausschließlich mit der Transformation des Induktionsproblems innerhalb der außerordentlichen Forschung beschäftigten, werfen wir nun noch einen Seitenblick auf die normale Wissenschaft. Hier stoßen wir auf einen begrenzten Bereich induktiver Probleme, für den sich, wie HEMPEL hervorhebt, in Gestalt *regelgeleiteter Tätigkeiten* tatsächlich so etwas wie eine *vage Analogie zur deduktiven Logik* ausmachen läßt. Es handelt sich dabei um solche induktive Probleme, wie Größenmessung, Schätzung, Prüfung statistischer Hypothesen. Um hier auch nur von einer vagen Analogie sprechen zu können, müssen wir im augenblicklichen Kontext unterstellen, daß sich für diese Aktivitäten präzise Regeln formulieren lassen, die in der wissenschaftlichen Alltagspraxis befolgt werden.

Interessanterweise läßt sich trotzdem die oben formulierte These KUHNS zum Induktionsproblem auch für diesen normalwissenschaftlichen Fall parallelisieren. Wir wollen diese Parallelisierung vollziehen, einerseits weil sie die Kuhnsche Position zusätzlich verdeutlicht, und andererseits weil dadurch zugleich ein möglicher kritischer Ansatzpunkt sichtbar wird.

KUHN könnte darauf hinweisen, daß die soeben exemplarisch angeführten Untersuchungen alle unter den Begriff *„Statistisches Schließen"* zu subsumieren sind. Daraus ergibt sich zwar keine Analogie zur obigen Auffassung der ‚Gegenstandslosigkeit des Induktionsproblems'. Dagegen folgt sehr wohl auch hier wiederum eine *These* von der *‚Inkompetenz der Philosophen in Sachen Induktion'*. Denn wenn es richtig ist, daß die normalwissenschaftliche Form der Bewältigung des Induktionsproblems – nach dieser (vorläufig oder endgültig) letzten Transformation des Induktionsproblems – *identisch ist* mit der Theorie des statistischen Schließens, dann braucht man nichts weiter zu tun als auf folgende einfache Tatsache hinzuweisen: Ähnlich wie im ersten Fall geht es auch hier nicht um die Lösung eines bestimmten philosophischen Problems, sondern um die sukzessive Bewältigung neuer und neuer, allerdings zu einer bestimmten Familie gehörender Probleme, die nicht von irgendwelchen Philosophen, sondern von hunderten über die Welt verteilten *Spezialisten für statistisches Schließen*, nämlich Vertretern der mathematischen Statistik und ihrer Anwendungen, bearbeitet werden.

Da diese normalwissenschaftlichen Formen des Induktionsproblems im Unterschied zu den Aufgaben der außerordentlichen Forschung stets dieselben sind, *bleiben auch die Spezialisten und ihre Aufgabe dieselben*, wobei natürlich hier der normalwissenschaftliche Fortschritt der Theorie des statistischen Schließens selbst in Rechnung zu stellen ist. Ein Verfechter der Kuhnschen Auffassung könnte daher die zynische Feststellung treffen: „Während sich noch immer einige philosophische Spintisierer damit beschäftigen, das hoffnungslose Unterfangen ‚Lösung des Induktionsproblems' weiter zu verfolgen, sind gleichzeitig, aber unsichtbar für die Augen jener Philosophen, zahllose Leute am Werk, um die in jeder Form von Normalwissenschaft auftretenden Induktionsprobleme einer *effektiven Lösung* zuzuführen."

Selbst für das Induktionsproblem in seiner normalwissenschaftlichen Gestalt gilt somit die Forderung, daß dieses Problem der Kompetenz der Philosophen zu entziehen und der Kompetenz eigens dafür ausgebildeter Fachleute zu überantworten ist bzw. längst schon überantwortet wurde.

An diesem Punkt könnte man mit einer Kritik einsetzen. Vorausgeschickt sei das Zugeständnis, daß ein hinreichend weit konzipierter Begriff des statistischen Schließens als Grenzfälle die Bestätigungs- und Testproblematik deterministischer Hypothesen einschließt. Dann gibt es einen großen und wichtigen philosophischen Aufgabenbereich, den man, analog zur Bezeichnung des Fachgebietes selbst, pauschal *„Philosophische Klärung der Grundlagen des statistischen Schließens"* betiteln könnte. Und dabei handelt es sich, ganz analog zu den früheren Problemstellungen vor der ‚Kuhnschen Transformation', wirklich um eine *spezifisch philosophische* Aufgabe. (Detailliertere Ausführungen über die Notwendigkeit und Wichtigkeit einer solchen philosophischen Grundlagendisziplin finden sich im zweiten Halbband des Bandes IV dieser Reihe. Seine Thematik besteht, in der gegenwärtig benützten Kuhnschen Sprechweise ausgedrückt, in den logischen Grundlagen der ‚normalwissenschaftlichen Form des Induktionsproblems'.)

Damit aber stellt sich sofort die grundlegende Frage, ob hier nicht die Analogie zur Situation in der außerordentlichen Forschung im Sinne KUHNS zusammenbricht, so daß eine entsprechende, auf die letztere bezogene Kritik automatisch wegfallen müsse. Prima facie scheint dies der Fall zu sein. Denn, so könnte man argumentieren, philosophische Grundlagenprobleme gebe es im Bereich des statistischen Schließens nur deshalb, weil alle einschlägigen Tätigkeiten regelgeleitet sind. Was man hier zu begründen habe, seien *Regeln* für die Beurteilung von Hypothesen, Annahme- und Verwerfungs*regeln* für statistische Hypothesen, *Regeln* für Punkt- und Intervallschätzungen u. dgl.

Demgegenüber wäre es, wie wir gesehen haben, nach KUHN völlig verfehlt, in dem philosophisch interessanteren globalen Kontext der *Theorienwahl* das Verhalten der Forscher als eine regelgeleitete Tätigkeit zu interpretieren und nach einer Begründung solcher Regeln zu suchen. Deshalb kann man nach KUHN den Naturwissenschaftlern auch *keine Sollensvorschriften* in Gestalt normativer methodologischer Regeln machen. Um den Wissenschaftlern sagen zu können, sie sollten sich nicht so, sondern so verhalten, müßten wir, wie HEMPEL hervorhebt, ein *alternatives Verhaltensmodell* besitzen, welches demselben Ziel: der Verbesserung der wissenschaftlichen Erkenntnis, dient. Infolge völliger Abwesenheit eines derartigen Alternativmodells bleibt für den Philosophen, ganz im Einklang mit KUHNS Denkweise, nur die das Verhalten von Wissenschaftlern selbstrechtfertigende Feststellung übrig: „Scientists should behave essentially as they do if their concern is to improve scientific knowledge."

HEMPEL ist unter dem Eindruck der Kuhnschen Analysen in der Frage, ob die Naturwissenschaften rationale Unternehmungen seien, zeitweilig zu einem drastischen Resultat gelangt. Da das nichtdeduktive Räsonieren in den Naturwissenschaften nur zu einem äußerst geringen Teil so deutbar ist, daß es explizit formulierbaren Regeln folgt, und da insbesondere alle wichtigen und interessanten Änderungen in der Naturwissenschaft nicht regelgeleitet sind, tritt eine Frage von der Art der ‚Rechtfertigung der Induktion' überhaupt nicht auf. Die Verfahren der Naturwissenschaften können daher in ihrer überwältigenden Mehrheit *nicht* als *rational* bezeichnet werden, allerdings auch *nicht* als *irrational*, da in Ermangelung von Regeln auch kein Regelverstoß vorliegt. Wir müßten uns danach zu einer Einsicht durchringen, die wir in einer eigenen These festhalten wollen:

(KH) *Die naturwissenschaftlichen Verfahren sind in ihrer überwiegenden Zahl arational.*[2]

Für jeden, der an die Rationalität der Wissenschaften glaubt, muß diese Feststellung überaus skeptisch klingen (und sogar eine Hyperskepsis beinhalten, wenn man sie mit der Inkommensurabilitätsthese und der Auffassung verknüpft, daß das Inkommensurabilitätsproblem unlösbar ist). Trotzdem scheint diese skeptische Konsequenz unausweichlich zu sein, wenn man von den beiden ursprünglichen Grundthemen der Logik: Klärung der Natur des *deduktiven Räsonierens* und Klärung der Natur des *induktiven Räsonierens*, überhaupt nur das erste beibehält, während sich das zweite in nichts auflöst, ausgenommen den oben kurz umrissenen engen Bereich der ‚normalwissenschaftlichen Behandlung des Induktionsproblems' in Gestalt des statistischen Schließens.

Hier stellt sich für uns die Frage: Kann die in der These (*KH*) festgehaltene radikale Antwort wirklich der Weisheit letzter Schluß sein? *Dagegen* ließe sich folgender prima-facie-Einwand vorbringen: Auch die Vertreter der historisch-pragmatischen Richtung kommen nicht umhin, Wendungen zu gebrauchen, in denen vom *wissenschaftlichen Fortschritt* die Rede ist. Dies deckt sich mit der Art und Weise, wie die Forscher selbst ihre Tätigkeit im Erfolgsfall beschreiben. Und auch nach KUHN hat dasjenige wissenschaftliche Forschungsverhalten, welches sich in der Theorienwahl niederschlägt, die Aufgabe, die wissenschaftliche Erkenntnis *zu verbessern*. Falls diese Formulierungen *nicht ausnahmslos auf einer philosophischen Illusion* beruhen, kann man einfach nicht bei der These (*KH*) stehen bleiben.

Die in bestimmten Wissenschaften benützten Verfahren mögen in dem oben beschriebenen Sinn tatsächlich ‚arational' sein. Die Beantwortung der Frage: „Ist die Naturwissenschaft rational?" hängt dann eben nicht mehr von der Charakterisierung der Natur dieser Verfahren ab, sondern einzig und allein davon, ob sich für den wissenschaftlichen Fortschritt oder für die durch die Naturwissenschaften geleisteten Erkenntnisverbesserungen eine befriedigende Explikation geben läßt, und zwar natürlich nicht nur für den in Kap. 3 beschriebenen normalwissenschaftlichen Fall, sondern *auch und gerade* für den Fall revolutionärer Umwälzungen im Sinne von KUHN.

Es soll jetzt, allerdings nur ganz grob und schematisch, skizziert werden, in welche Fragen sich das Induktionsproblem nach seiner letzten Transformation verwandelt und welchen Charakter die Forschungsprojekte haben, die zu seiner Lösung führen. Wir werden dafür eine zweifache Differenzierung vornehmen

---

2 Vgl. etwa den Schlußsatz von HEMPEL, [Scientific Rationality], S. 300. Theorienwahl wird dort als ein Verhalten von Forschergruppen charakterisiert, welches zwar *adaptiv*, aber sicherlich *nicht rational* ist, da es nicht das Ergebnis eines zielgerichteten Räsonierens darstellt.

In späteren Aufsätzen, so z. B. in [Evolution], ist HEMPEL von dieser radikalen These der Arationalität des Unternehmens *Naturwissenschaft* wieder abgerückt. Doch darin dürfte sich eher ein Wandel im Rationalitätskonzept selbst ankündigen. Denn so lange man an der Vorstellung rationalen Forscherverhaltens als einer *regelgeleiteten* Tätigkeit festhält, machen die oben angestellten Überlegungen die Annahme der radikalen These unausweichlich.

müssen. Unter dem *Gesichtspunkt der Anwendung* soll zwischen dem *prospektiven* (‚zukunftsgerichteten') und dem *retrospektiven* (‚vergangenheitsorientierten') Aspekt des Induktionsproblems unterschieden werden. Daneben wird sich hier erstmals die strukturalistische Unterscheidung zwischen *Theorien* und *empirischen Hypothesen* als wichtig erweisen.

Die Aufgabe, welche den prospektiven Aspekt betrifft, läuft unter verschiedenen Bezeichnungen. Einige, wie POPPER und seine Schule, sprechen davon, *methodologische Regeln* zu formulieren. H. PUTNAM spricht von *methodologischen Maximen*. Der Gedanke ist dabei der, daß die Befolgung dieser Regeln oder Maximen eine adäquate Theorienwahl begünstigen (aber natürlich nicht: sie garantieren) soll, gegebenenfalls auch für die Beibehaltung einer einmal gewählten Theorie sprechen kann.

Zunächst eine Bemerkung zur Terminologie. Das Wort „Regel" sollte möglichst vermieden werden. Denn so wie dieses Wort in der Logik gebraucht wird – und dies ist jedenfalls der primäre Gebrauch –, stellt eine Regelverletzung einen Fehler dar. Um einen solchen handelt es sich jedoch im vorliegenden Fall niemals; die Wahl der besseren Theorie kann sogar durch ausdrücklichen Verstoß gegen methodologische Prinzipien zustande kommen. Daher ist die Bezeichnung „Maxime", vielleicht sogar nur „Empfehlung", vorzuziehen. Aber auch das Wort „methodologisch" ist nicht allzu illustrativ, und sei es auch nur aus dem historischen Grund, daß die beiden Philosophen CARNAP und POPPER, die der modernen Wissenschaftsphilosophie so viele Denkanstöße gegeben haben, einen inkommensurablen Gebrauch von diesem Wort machen. (Bei CARNAP steht die Anwendungsorientierung im Vordergrund, bei POPPER der normative Gesichtspunkt.) Da es sich bei den hypothetischen Entwürfen um eine Aktivität handelt, die bisweilen eine „induktive Strategie" genannt wird, könnte man z.B. auch von *strategischen Maximen* oder *strategischen Empfehlungen* reden.

Es seien noch zwei weitere in diesem Kontext gebrauchte Ausdrücke erwähnt. KUHN und HEMPEL wählen wohl mit Absicht den möglichst neutralen Term *Desiderata* von Theorien. Und ähnlich äußern sich QUINE und ULLIAN in [Belief] im Kap. VI, *Hypothesis*, wo von *wünschenswerten Eigenschaften* („*virtues*") von Hypothesen die Rede ist.

Den Zusammenhang zwischen den beiden Arten von Redeweisen kann man folgendermaßen formulieren: Bei der Hypothesenwahl geht es darum, Hypothesen zu finden, welche die wünschenswerten Eigenschaften oder Desiderata besitzen, so daß die Suche nach (Hypothesen mit) solchen Eigenschaften eine strategische Empfehlung bildet. Als selbstverständliche Rahmenempfehlungen treten die Forderungen nach *empirischer Prüfbarkeit* und dem *Einklang mit den empirischen Befunden* auf.

Interessanterweise führen QUINE und ULLIAN im oben zitierten Buch zunächst zwei Gütemerkmale von Hypothesen an (S. 66f. und S. 68f.), von denen man sagen könnte, daß sie die beiden Haupttugenden des Normalwissenschaftlers im Sinne von KUHN widerspiegeln, nämlich *Konservativität* und *Bescheidenheit*. Wenn hingegen der Einklang mit dem Althergebrachten nicht mehr herstellbar ist, weil sich die noch offenen Probleme der Lösung mittels der herkömmlichen Methoden hartnäckig widersetzen, treten andere Desiderata in den Vordergrund, wie größtmögliche *Einfachheit* und möglichst große *Generalität* oder Anwendungsbreite, womit sich meist bereits ein revolutionärer Umschwung ankündigt.

Es ist hier nicht der Ort, diese Desiderata oder strategischen Maximen und ihr Zusammenspiel genauer zu untersuchen. Wir begnügen uns mit einigen Bemerkungen, welche auf die engen Grenzen hinweisen, die allen derartigen Maximen gezogen sind. In erster Linie ist zu beachten, daß die Befolgung solcher Maximen die Theorienwahl bestenfalls *begünstigen* und für uns *im nachhinein verständlich machen* kann. Dagegen können und sollen sie diejenigen Imponderabilien nicht ersetzen, die für den wissenschaftlichen Erfolg entscheidend sind: die *Intuition* und das *Fingerspitzengefühl* des Fachmannes sowie die *gute Portion Glück*, auf die er angewiesen ist. Meist tritt dann noch eine *unendlich mühsame Kleinarbeit* hinzu, die das darauf folgende normalwissenschaftliche Stadium prägt und von deren Erfolg im Rückblick auch die Beurteilung des zunächst Gewählten entscheidend abhängt.

HEMPEL weist in [Valuation], S. 565, darauf hin, daß die *rationale Rechtfertigung* der Wahl einer Theorie in nichts weiter besteht als in der Feststellung, daß die gewählte Theorie die Desiderata besser erfülle als ihr Konkurrent. Und er scheint über die *Beinahe-Trivialität* dieser Rechtfertigung etwas unglücklich zu sein, KUHN hingegen weniger, der sich in [Theory Choice] im übrigen der Hempelschen Auffassung weitgehend anschließt, insbesondere auch dem Hempelschen Grundgedanken, daß der moderne Abkömmling des klassischen Induktionsproblems im Problem der Formulierung von Normen für die kritische Theorienwahl bestehe. Die verständliche Neigung zur Resignation hat ihre Wurzel in der *enormen Trivialisierung des Induktionsproblems*, die sich in den folgenden drei Sätzen knapp zusammenfassen läßt:

(1) Die (rationale) Wahl einer Theorie zu treffen, muß den *Wissenschaftlern* überlassen bleiben. Der Philosoph kann sie qua Philosoph nicht einmal kommentieren; er kann sie nur zur Kenntnis nehmen.

(2) Daß die Wahl eine *rationale* Wahl ist, muß er den Wissenschaftlern von vornherein zugestehen.

(3) Erst im nachhinein kann er ein paar Kommentare dazu geben, *warum* die Wahl rational war. Aber diese ‚begründenden Kommentare' sind mehr oder weniger trivial und laufen alle auf Feststellungen von der Art hinaus, daß die gewählte Theorie gewisse Desiderata besser erfüllt als die nicht gewählte oder die nicht gewählten.

Würde es mit diesem prospektiven Aspekt sein Bewenden haben, so wäre tatsächlich vom ursprünglichen Induktionsproblem kaum mehr übrig geblieben als ein gespensterhafter Schatten. Glücklicherweise erschöpft sich die Neufassung des Induktionsproblemes nicht im prospektiven Aspekt. Nicht-trivial in einem grundlegenden Sinn wird dieses Problem erst unter dem *retrospektiven* Aspekt. Um Klarheit darüber zu gewinnen, muß man, erstmals innerhalb des gegenwärtigen Kontextes, eine fundamentale Äquivokation im Ausdruck „Theorienwahl" erkennen. Wenn man Theorien mit Hypothesen gleichsetzt, wie dies in den bisherigen Diskussionen stets geschehen ist, so scheint die Theorienwahl die Wahl von etwas zu sein, das fix und fertig ist. Wenn man dagegen das strukturalistische Konzept zugrunde legt, so ist die ‚Wahl einer Theorie' *die Wahl einer Basis oder die Wahl eines Rahmens und nicht mehr.* Insbesondere ist das, was im Augenblick der ersten Wahl gewählt wird, nicht dasselbe, sondern wesentlich weniger als das ungemein komplexe Gebilde, welches nach hinreichend starker und erfolgreicher Netzverfeinerung – *falls* sich dieser künftige Erfolg einstellt – später zustande gekommen sein wird und nun im Rückblick mit der alten Theorie verglichen werden kann, wobei unter der alten Theorie jetzt zweckmäßigerweise *das alte Netz zur Zeit seiner Hochblüte* zu verstehen ist.

Im nachhinein wird es nun verständlich, warum unter dem prospektiven Aspekt die Unterscheidung zwischen Theorie und Hypothese keine allzu große Rolle spielte. Sowohl bei der ersten Wahl, der Wahl einer Basis, als auch bei den späteren Wahlen spezieller Gesetze und Querverbindungen, die sich in sukzessiven Verfeinerungen *dieser einen* Theorie manifestieren, geht es um Aktivitäten, die der genannten Trivialisierung ausgesetzt sind, wenn man sie vom Standpunkt des kommentierenden Philosophen aus betrachtet. Aber dies ist in keiner Weise ein epistemologischer Nachteil. Denn der *Gesamt*prozeß, um den es sich hierbei handelt, ist der relativ unproblematische Fall des normalwissenschaftlichen Fortschrittes, der bereits in Kap. 3 unter dem Aspekt der Theorienevolution erörtert worden ist.

Dennoch sollte man nicht übersehen, daß die Wahl der Basis insofern als ein Sonderfall herausragt, als dadurch der Rahmen für die nun folgende Evolution – falls diese überhaupt stattfindet – festgelegt wird. Bei der Beurteilung dieser Wahl ist folgendes zu beachten: Die einzigen Maßstäbe zur Beurteilung der Rationalität *im Augenblick der Wahl selbst* sind die erwähnten Desiderata oder Maximen. Denn man kann vom Wissenschaftler nicht verlangen, daß er den ganzen künftigen Verlauf im Augenblick der Wahl überblickt. Insbesondere darf ein späteres Scheitern des neuen Ansatzes, sprich: der neu gewählten Rahmentheorie, nicht nachträglich als ein *irrationales* Wahlverhalten ausgelegt werden. Wie in der Moralphilosophie ist das, was im Moment der Wahl zählt, die Gesinnung und nicht der Erfolg. Ebensowenig, wie der tatsächliche Mißerfolg des in bester Absicht Handelnden diesem im nachhinein als Unmoralität seines Verhaltens vorzuwerfen ist, bildet die spätere Preisgabe des von einem Theoretiker entworfenen Rahmens nachträglich ein Symptom für die Irrationalität seines Wahlverhaltens.

Verschiedenartige philosophische Reaktionen auf das Phänomen der Theorienwahl werden von hier aus verständlich. Mehr *historisch* orientierte Philosophen werden sich damit zufrieden geben, eine solche Wahl unter alleiniger Berücksichtigung des prospektiven Aspektes des Induktionsproblems begründet zu sehen. Denn für das geschichtliche Verständnis ist es vollkommen ausreichend, zu wissen, in welchem Sinne die Wahl *als rationale Wahl intendiert* war. Dem Philosophen mit überwiegend *systematischen* Interessen wird dies nicht genügen. Er möchte darüber hinaus erfahren, ob die von ihren Proponenten *für besser gehaltene und daher gewählte* Rahmentheorie auch tatsächlich ‚das gehalten hat, was sich die Proponenten von ihr versprochen haben', nämlich zum *wirklichen* Fortschritt zu führen. Dies ist eine viel anspruchsvollere Aufgabe, die mit der Beantwortung der ersten Frage noch keineswegs mitgelöst ist. Im moralphilosophischen Bild gesprochen: Der Wissenschaftshistoriker ist bei seiner Beurteilung einer Theorienwahl als fortschrittlich bereits dann zufrieden, wenn denjenigen Ansprüchen genügt worden ist, die das Analogon zur Gesinnung darstellen. Der Systematiker hingegen, der über die Fortschrittlichkeit eines revolutionären Theorienwandels urteilen soll, hat sein Ziel erst dann erreicht, wenn er einen tatsächlichen Erfolg festzustellen vermag, wenn sich also die Hoffnung und Überzeugung der Wählenden, eine *bessere* Theorie zu schaffen, tatsächlich erfüllte.

Aus all dem Gesagten folgt, daß der eigentlich wichtige philosophische Aspekt des Induktionsproblems nach der betrachteten letzten Transformation der *retrospektive* ist. Bei seiner Behandlung darf, zum Unterschied vom Fall der Desiderata oder Maximen, nichts im Vagen bleiben. Denn hier geht es um *objektive* Kriterien für das Bessersein des Späteren gegenüber dem Vorangehenden. Allerdings sind diese objektiven Kriterien erst dann anwendbar, wenn die erwähnten Netzvergleiche möglich werden.

Damit schließt sich nun für uns der Kreis. Über die verschiedenen Transformationen des Induktionsproblems sind wir zuletzt wieder bei der grundlegenden Frage angelangt, wie die *Kriterien für wissenschaftlichen Fortschritt* im Fall der Theorienverdrängung lauten oder was mit dem *Bessersein von Theorien gegenüber anderen* gemeint sein kann. Auf den anspruchsvolleren retrospektiven Aspekt des Induktionsproblems gibt es somit weder eine einfache noch eine beinahe triviale Antwort. Vielmehr mündet das Induktionsproblem in dieser Gestalt in das soeben nochmals kurz charakterisierte *riesige Forschungsprojekt* der ‚Fortschrittskriterien bei revolutionärer Theorienverdrängung' ein, bei dessen befriedigender Bewältigung sowohl das Studium der intertheoretischen Relationen oder Bänder als auch weitere Untersuchungen zum Gesamtthema „Intertheoretische Approximation und Einbettung" eine Schlüsselstellung einnehmen werden.

Literatur

HEMPEL, C.G. [Scientific Rationality], "Scientific Rationality: Normative vs. Descriptive Construals", in: *WITTGENSTEIN, der Wiener Kreis und der kritische Rationalismus. Akten des 3. Internationalen Wittgenstein Symposiums, Kirchberg 1978*, Wien 1979, S. 291–301.

HEMPEL, C.G. [Evolution], "Turns in the Evolution of the Problem of Induction", *Synthese*, Bd. 46 (1981), S. 389–404.

HEMPEL, C.G. [Schlick und Neurath], „Schlick und Neurath: Fundierung vs. Kohärenz in der wissenschaftlichen Erkenntnis", *Grazer Philosophische Studien*, Bd. 16/17 (1982), S. 1–18.

HEMPEL, C.G. [Valuation], "Valuation and Objectivity in Science", in: COHEN, R.S. und L. LAUDAN (Hrsg.), *Physics, Philosophy and Psychoanalysis*, Dordrecht 1983, S. 73–100.

HEMPEL, C.G., "KUHN and SALMON on Rationality and Theory Choice", *The Journal of Philosophy. Symposium: The Philosophy of CARL G. HEMPEL*, Bd. 80 (1983), S. 570–572.
KUHN, T.S. [Theory Choice], "Rationality and Theory Choice", *Symposium: The Philosophy of CARL G. HEMPEL, The Journal of Philosophy*, Bd. 80 (1983), S. 563–570.
QUINE, W.V. und ULLIAN, J.S. [Belief], *The Web of Belief*, New York 1978.
SALMON, W.C., "CARL G. HEMPEL on the Rationality of Science", *Symposium: The Philosophy of CARL G. HEMPEL, The Journal of Philosophy*, Bd. 80 (1983), S. 555–562.
STEGMÜLLER, W. [Rationale Theorienwahl], „Induktion, Bewährung, Hypothesenbewertung und rationale Theorienwahl", in Vorbereitung.

Kapitel 14
Anwendungsbeispiele außerhalb der Physik

Wie Titel und Inhalt von SNEEDS Buch [Mathematical Physics], bei dem der strukturalistische Ansatz seinen Ausgang nahm, zeigen, ist das neue Theorienkonzept zunächst nur für den Zweck der rationalen Rekonstruktion physikalischer Theorien entwickelt worden. Der Wissenschaftsphilosoph, der sich vom Erfolg dieses Konzeptes auf diesem speziellen Wissenschaftssektor überzeugt hat, ist mit der Frage konfrontiert, ob es sich auch auf andere Disziplinen, oder noch schärfer formuliert: auf nicht-naturwissenschaftliche Disziplinen, mit Erfolg übertragen lasse.

Es gibt eine Reihe von Apriori-Überlegungen, welche zum Teil *für* und zum Teil *gegen* die Vermutung einer solchen Übertragbarkeit sprechen. Wer etwa davon überzeugt ist, daß eine prinzipielle Kluft bestehe zwischen den sogenannten Naturwissenschaften auf der einen Seite und den sogenannten Geisteswissenschaften wie Sozialwissenschaften auf der anderen Seite, wird jedem derartigen Versuch mit Skepsis begegnen. Wer dagegen an eine Variante der These von der Einheitswissenschaft glaubt, wird als mehr oder weniger selbstverständlich unterstellen, daß eine derartige Übertragung möglich sein müsse; und er wird vielleicht sogar sein endgültiges Urteil über die Leistungsfähigkeit des neuen Konzeptes davon abhängig machen, ob diese Übertragung gelingt.

Wir stellen uns hier auf den Standpunkt, daß alle derartigen ‚externen' Betrachtungen für unseren Zweck eher hinderlich als förderlich sind. Entscheidend sollen für uns allein *interne* Gründe sein. Sie betreffen den strukturalistischen Begriffsapparat als solchen und die Frage, ob und inwieweit dieser Apparat flexibel genug ist, um Theoretisierungen im nicht-naturwissenschaftlichen Bereich zu erfassen. Es gibt zwei Arten von Gründen, die *für* eine solche Übertragungsmöglichkeit sprechen.

Der erste Grund stützt sich auf *Plausibilitätsbetrachtungen*, in denen die in Kap. 1 unterschiedenen Aspekte im Licht dieser neuen Fragestellung untersucht werden. Hier lehrt bereits eine kurze Betrachtung, daß keiner dieser Aspekte Gesichtspunkte einschließt, die nur für naturwissenschaftliche Theorien Geltung haben sollten. So ist es z.B. naheliegend, zu erwarten, daß auch andere Theoretiker ‚zweigeleisig' verfahren und daher die intendierten Anwendungen ihrer Theorie nicht mit der Spezifikation der Theorie selbst mitliefern, sondern unabhängig davon festlegen, sei es unter Heranziehung der paradigmatischen

Beispielsmethode, sei es auf andere Weise. Analog kann man erwarten, daß sich auch in anderen Wissenschaften eine klare Grenze zwischen Gesetzen und Querverbindungen ziehen läßt. Am ehesten könnte man noch vermuten, daß das Sneedsche Kriterium für T-Theoretizität ‚etwas für physikalische Theorien Spezifisches' sei, etwa deshalb, weil nur in diesen Theorien ausschließlich Größenterme verwendet werden. Doch selbst diese spezielle Vermutung läßt sich nicht weiter erhärten. Das neue Theoretizitätskonzept wurde ganz unabhängig davon diskutiert und gerechtfertigt, ob es sich bei den theoretischen Termen um Begriffe handelt, die Größen bezeichnen, oder um solche, die bloß qualitative oder komparative Begriffe im Sinne von II/1 designieren. Auch im Rahmen der formalen Präzisierung des Begriffs der Strukturspezies in Kap. 5 ist an keiner Stelle vorausgesetzt worden, die in mengentheoretischen Strukturen vorkommenden Relationen seien metrische Funktionen.

Ein Skeptiker würde vielleicht den ersten Aspekt heranziehen, um Bedenken gegen die zur Diskussion stehende Übertragung vorzubringen. Nur physikalische Theorien, so könnte er argumentieren, hätten ein solches Stadium an Reife und Präzision erlangt, um in einer modernen logischen Standards entsprechenden Weise axiomatisiert zu werden. Aber selbst wenn die Prämisse dieser Überlegung zuträfe, sollte man darin nicht mehr erblicken als eine Tatsachenfeststellung über eine kulturgeschichtliche Zufälligkeit. Und diese sollte einen nicht davon abhalten, wenigstens den Versuch zu unternehmen, Theorien anderer Art einzubeziehen.

Tatsächlich ist jedoch diese Prämisse falsch, mag sie auch vielleicht einmal in der Vergangenheit richtig gewesen sein. Es gibt heute eine ganze Reihe von empirischen Theorien außerhalb der Physik, die entweder bereits axiomatisiert worden sind oder die zumindest den für eine Axiomatisierung erforderlichen Genauigkeitsgrad besitzen. Damit können wir den angekündigten zweiten Grund für eine Ausweitung auf außerphysikalische Bereiche angeben. Er ist realisiert, sobald wir *eine Probe aufs Exempel* gemacht und dabei *Erfolg gehabt* haben.

Verschiedene solche Proben sind in den letzten Jahren versucht worden. Fünf davon sollen in diesem Kapitel behandelt werden. Die Auswahl erfolgte unter zwei Gesichtspunkten. Erstens wurden solche Theorien gewählt, die der Physik sehr fern stehen. Und zweitens wurden solche Theorien bevorzugt, bei denen der technische Aufwand relativ gering ist und die sich überdies ohne allzu lange Präliminarien möglichst einfach und übersichtlich darstellen lassen. Dabei mußte in allen Fällen ein Preis bezahlt werden, ohne den so etwas wie eine logische Rekonstruktion auf diesen Gebieten vorläufig kaum möglich sein dürfte: Es mußten Vereinfachungen und Idealisierungen vorgenommen und Auslassungen in Kauf genommen werden in der Hoffnung, daß die dadurch erzeugten Mängel in einem späteren Stadium behoben werden können. Und dies bedeutet, daß wir die in allen Fällen stets wiederkehrende Frage: „Ist denn nun die betreffende Theorie auch adäquat wiedergegeben worden?" an den wissenschaftstheoretisch interessierten kompetenten Fachmann zurückgeben und damit die Aufforderung verbinden, die erforderlichen Verbesserungen und

Ergänzungen vorzunehmen oder zumindest die Richtungen anzudeuten, in denen Modifikationen erwünscht sind.

Im übrigen wird der Präzisionsgrad der fünf gewählten Beispiele bereits in der gegenwärtigen Darstellung sehr unterschiedlich sein. Beim zweiten und dritten Beispiel, der *tauschwirtschaftlichen Theorie* und der *Entscheidungstheorie nach* JEFFREY, ist der Exaktheitsgrad überraschenderweise sogar so groß, daß die Beantwortung der Frage, welche Terme theoretisch sind, mit Hilfe eines formalen Kriteriums erfolgen kann, ohne dabei, wie in den übrigen drei Fällen, auf die ursprüngliche Sneed-Intuition zurückgreifen zu müssen. Die Theorie von JEFFREY ist dabei zusätzlich insofern interessant, als sie zwar *auch* als eine *empirische* Theorie gedeutet werden kann, ihre bevorzugte Interpretation aber die *normative* ist. In diesem Fall darf man dann natürlich nur von der *Behauptung* der Theorie sprechen, nicht jedoch von deren *empirischer* Behauptung.

Eine eindeutige Entscheidung darüber, welcher Term bzw. welche Terme theoretisch ist bzw. sind, kann aber auch in den drei anderen Fällen, der *Literaturtheorie von* JAKOBSON, der *Neurosentheorie* FREUDS sowie der *Kapital- und Mehrwerttheorie von* MARX gefällt werden. Dabei ist allerdings zu berücksichtigen, daß die beiden letzten Beispiele nicht vollständig ausformuliert sind. Was die Theorie von FREUD betrifft, so mußte z.B. vorläufig der kultursoziologische Rahmen ebenso außer Betracht bleiben wie der (mutmaßlich) probabilistische Charakter des Fundamentalgesetzes sowie des Gesetzes der einschlägigen Spezialisierung. Um anzudeuten, daß wir es bei diesem Rekonstruktionsversuch nur mit dem Grundskelett der Theorie von FREUD zu tun haben, sprechen wir von einer bloßen *Skizze*. Im Fall der Theorie von MARX wiederum sind wir gegenwärtig nicht in der Lage, die grundlegenden Gesetze explizit anzuschreiben, sondern müssen uns mit einer bloß ‚schematischen' Formulierung begnügen. Wir drücken diesen Rückzug auf eine bescheidenere Aufgabenstellung dadurch aus, daß wir den Gegenstand der Rekonstruktion ein *Schema* der Kapital- und Wertlehre von MARX nennen.

14.1 Die Literaturtheorie nach R. Jakobson

14.1.0 Der inhaltliche Rahmen. In [Literaturtheorie] haben W. BALZER und H. GÖTTNER den Versuch unternommen, die Literaturtheorie nach R. JAKOBSON im strukturalistischen Rahmen zu rekonstruieren. Ziel der Theorie von JAKOBSON, abgekürzt mit „*LT*" bezeichnet, ist es, ein Abgrenzungskriterium dafür anzugeben, ob ein vorgelegter sprachlicher Text als poetisch zu charakterisieren ist oder nicht.

JAKOBSON geht von der Annahme aus, daß alles Sprachverhalten von zwei grundlegenden Operationen beherrscht wird, der *Selektion* und der *Kombination*. Die Wirksamkeit dieser beiden Operationen kann man sich etwa so veranschaulichen: Ein Sprecher S möchte einen Sachverhalt beschreiben. Dazu benötigt er einen Satz. Dieser muß erstens syntaktisch korrekt und zweitens in dem Sinn semantisch adäquat sein, daß der durch diesen Satz ausgedrückte Gedanke genau den fraglichen Sachverhalt trifft oder erfaßt. Um dieses Ziel zu erreichen, hat S gewöhnlich zahlreiche Wahlmöglichkeiten. Sobald er einmal einen derartigen Satz gewonnen hat, kann er einen anderen Satz, der dasselbe leistet, dadurch finden, daß er eines der gebrauchten Wörter durch ein anderes ersetzt, welches mit ihm bedeutungsgleich oder bedeutungsähnlich ist, welches also, wie wir auch sagen wollen, zu derselben semantischen Äquivalenzklasse gehört. Die *Selektion* ist die Operation der Wortwahl (evtl. sogar die Auswahl von Untereinheiten, wie Silben). Die *Kombination* ist die Erzeugung von grammatikalisch korrekten Folgen, wie Sätzen, mit Hilfe der selektierten Teile. Im Fall unseres Sprechers S müssen alle diese Folgen außerdem die Bedingung der semantischen Äquivalenz erfüllen.

Beispiel: S will den Sachverhalt, daß sich ein vier- bis sechsjähriges menschliches männliches Individuum fortbewegt, mittels eines einfachen Satzes ausdrücken, der aus Subjekt und Verbum besteht. Er kann dazu aus den folgenden (unvollständigen) Äquivalenzklassen Elemente auswählen und dann kombinieren:

$$\left\{\begin{array}{c} \text{Kind} \\ \text{Junge} \\ \text{Bub} \\ \text{Knirps} \\ \text{kleiner Mann} \\ \text{Dreikäsehoch} \\ \vdots \end{array}\right\} \quad \left\{\begin{array}{c} \text{geht} \\ \text{latscht} \\ \text{läuft} \\ \text{rennt} \\ \text{hastet} \\ \text{schreitet} \\ \vdots \end{array}\right\}$$

Dies illustriert zugleich, daß man für den vorliegenden Zweck den Begriff der Bedeutungsähnlichkeit, der die Bildung dieser Äquivalenzklassen beherrscht, nicht zu eng wählen darf.

Während in der normalen Sprache die Selektion relativ willkürlich erfolgt, wird die Auswahl in poetischen Texten durch *spezielle Kombinationsprinzipien* eingeschränkt, welche die gewünschten poetischen Effekte hervorrufen. Diese Prinzipien werden weder allgemein definiert noch durch eine Liste effektiv angegeben, sondern beispielshaft erläutert: Alliteration, Reim, Metapher, Metrik, Refrain, Vers usw.

Wenn S z. B. aus den beiden Äquivalenzklassen

$$\left\{\begin{array}{c} \text{Sturm} \\ \text{Wetter} \\ \text{Jupiter Pluvius} \\ \text{Donner} \\ \text{Gewitter} \\ \vdots \end{array}\right\} \quad \left\{\begin{array}{c} \text{rast} \\ \text{heult} \\ \text{tobt} \\ \text{stürmt} \\ \text{röhrt} \\ \text{wütet} \\ \vdots \end{array}\right\}$$

eine solche Auswahl vornehmen möchte, daß das Prinzip der Alliteration erfüllt ist und ein teutonischer Kopfreim entsteht, so wird die ursprüngliche Beliebigkeit in der Auswahl stark eingeschränkt. Denn S kann jetzt nur mehr Kombinationen bilden von der Art „der *S*turm *s*türmt", „das *W*etter *w*ütet" usw.

Wie dieses Beispiel zeigt, werden in poetischen Texten Ausdrücke nicht nur nach ihrer Bedeutung, sondern darüber hinaus auch nach poetischen Regeln ausgewählt oder selektiert. JAKOBSON faßt dies in seinem grundlegenden Axiom zusammen, welches besagt, *daß in poetischen Texten die Äquivalenz von der Achse der Selektion auf die Achse der Kombination übertragen wird.* Diese Übertragung oder Projektion bedeutet eine Einschränkung des die Selektion generell beherrschenden Äquivalenzprinzips, d. h. der Auswahl von Ausdrücken aus ein und derselben semantischen Äquivalenzklasse. Um zufällige Effekte dieser Art auszuschließen, verlangt JAKOBSON außerdem, daß diese Projektion *stilistisch intendiert* sein muß. Erst dann erfüllt ein gegebener Text sein Abgrenzungskriterium für Poetizität.

JAKOBSON verschärft sein Axiom noch dadurch, daß er für poetische Texte eine *Dominanz* der erwähnten Projektion fordert. BALZER und GÖTTNER schlagen die folgende Präzisierung dieses Gedankens vor: Die Übertragung der Äquivalenz von der Achse der Selektion auf die Achse der Kombination soll dann *dominant* heißen, wenn nicht nur *ein* Kombinationsprinzip, sondern eine *spezielle Konjunktion* von poetischen Kombinationsprinzipien realisiert wird, nämlich eine solche Konjunktion, die man auch *literarische Gattung* nennt. Die Begründung für diese Präzisierung liegt darin, daß man einen Text nicht bereits dann als poetisch bezeichnet, wenn nur ein einziges Kombinationsprinzip, z.B. das des Reimes, realisiert wird. Allein solchen Texten, die simultan *mehrere* poetische Prinzipien erfüllen, wird Poetizität zugeschrieben. Die Zusammenfügung verschiedener poetischer Kombinationsprinzipien darf allerdings nicht der Willkür überlassen bleiben, sondern muß nach speziellen Regeln erfolgen, die sich in den meisten Fällen angeben lassen. Genügen die Zusammenfügungen verschiedener Kombinationsprinzipien solchen speziellen Regeln, so spricht man von einer literarischen Gattung. Legt man diese Deutung zugrunde, so hat man eine Interpretation der Dominanz als Abgrenzungskriterium für Poetizität gewonnen.

Wir gehen jetzt dazu über, den Präzisierungsversuch der Jakobsonschen Theorie durch BALZER und GÖTTNER zu schildern.

14.1.1 Potentielle Modelle und Modelle von LT.
Im Unterschied zum intuitiven Vorspann werden wir hier nicht semantische Äquivalenzklassen von Wörtern, sondern von ganzen Sätzen betrachten. Als Grundmenge wählen wir daher eine Menge S von Sätzen. $\sim$ sei eine Ähnlichkeitsrelation zwischen Sätzen. Für $s_1, s_2 \in S$ besage $s_1 \sim s_2$, daß die beiden Sätze s_1 und s_2 *bedeutungsähnlich* sind. Die Frage, ob und wie dieser Begriff zu explizieren ist, können wir hier offen lassen. (Eine Möglichkeit wäre z.B. die, N. GOODMANS Abschwächung des von Philosophen intendierten Begriffs der Bedeutungsgleichheit

zu dem der Bedeutungsähnlichkeit zu wählen, worin vom Begriff der sekundären Extension Gebrauch gemacht wird; vgl. dazu seinen Aufsatz [Likeness].) Wie üblich werden Satzpaare $\langle s, s'\rangle$, für deren Glieder $s \sim s'$ gilt, zu einer Menge zusammengefaßt, so daß $\sim$ als Teilmenge des kartesischen Produktes $S \times S$ interpretiert werden kann. Wir begnügen uns mit zwei Minimalbedingungen für Bedeutungsähnlichkeit, nämlich Reflexivität und Symmetrie.

P sei die Projektionsrelation. Zur Erläuterung ihrer Funktionsweise machen wir Gebrauch vom Begriff der möglichen Variation einer Teilmenge X von S. (Diese Erläuterung enthält, wie so oft die vorläufige Klärung dessen, was CARNAP „Explikandum" nennt, eine scheinbare Zirkularität. Im formalen Aufbau verschwindet dieser Zirkel, allerdings zugunsten einer Relativierung auf einen pragmatischen Kontext. Der Begriff der möglichen Variation eines Textes wird an späterer Stelle durch Rückgriff auf die Relation P explizit definiert.) Eine mögliche Variation von X ist eine Satzmenge, die man dadurch aus X gewinnt, daß man Elemente von X mittels bestimmter Prinzipien variiert, etwa mit Hilfe von poetischen Kombinationsprinzipien. Es soll nicht vorausgesetzt werden, daß man allen $X \subseteq S$ durch P Variationsmengen zuordnen kann. Ebensowenig machen wir die Annahme, daß es zu einer gegebenen Teilmenge X von S höchstens eine Variationsmenge gibt. In der Terminologie von JAKOBSON entspricht P der Projektion der Selektion auf die Achse der Kombination.

Ein literarisches Werk wird durch eine endliche Satzmenge S_0 gegeben. Sie ist stets eingebettet in ein bestimmtes kulturelles Umfeld, im gegenwärtigen Zusammenhang auch „pragmatischer Kontext" genannt. In der letzten der folgenden Bestimmungen wird die Endlichkeitsforderung für alles erhoben, was in LT von Relevanz ist, nämlich für alle betrachteten Texte sowie für alle Variationen solcher Texte.

D14.1-1 $x \in M_p(LT)$ (x ist ein *potentielles Modell* von LT) gdw es ein S, $\sim$, S_0 und P gibt, so daß
(1) $x = \langle S, \sim, S_0, P \rangle$;
(2) S ist eine abzählbar unendliche Menge;
(3) $\sim \subseteq S \times S$;
(4) für alle $s, s' \in S$ gilt: (a) $s \sim s$;
(b) wenn $s \sim s'$, dann $s' \sim s$;
(5) für alle endlichen $X \subseteq S$ gibt es ein $s_1 \in S$, so daß für alle $s \in X$: nicht $s \sim s_1$;
(6) $S_0 \subseteq S$ ist eine endliche und nicht-leere Menge;
(7) $P \subseteq Pot(S) \times Pot(S)$;
(8) für alle X, Y: wenn $\langle X, Y \rangle \in P$, dann sind X und Y endlich und nicht leer.

Zwei Komponenten dieser Definition bedürfen vielleicht noch einer gewissen Erläuterung: Von jedem literarischen Text nehmen wir an, daß er in einer natürlichen Sprache formuliert ist. Für die Auszeichnung der potentiellen Modelle von LT genügt es, die Menge der Sätze dieser Sprache zu betrachten; sie ist zwar als unendlich, jedoch stets als abzählbar vorausgesetzt. Alles, was über diese dürre formale Bestimmung (2) hinaus ‚an Fleisch und Blut' einer natürlichen Sprache benötigt wird, soll erst später aufgenommen werden und zwar in den Begriff der intendierten Anwendungen.

Der zweite Punkt ist die Bestimmung (5). Darin wird der Relation $\sim$ eine äußerst schwache Bedingung auferlegt, nämlich daß es zu jeder endlichen Satzmenge X mindestens einen Satz aus S geben muß, der mit keinem Satz aus X bedeutungsähnlich ist. Inhaltlich bedeutet dies, daß sich die Menge der Sätze unserer Sprache bedeutungsmäßig nicht auf eine endliche Teilmenge reduzieren läßt.

Das Arbeiten eines Dichters kann in einer sehr groben Annäherung mittels der Relation P folgendermaßen beschrieben werden: Zunächst versucht er es mit einem von ihm ausgewählten Text X. Wenn ihn dieser, wie vermutlich in sehr vielen Fällen, noch nicht befriedigt, wird er zu Varianten von X greifen, welche nach seiner Überzeugung zwar ‚im wesentlichen dasselbe', aber besser und poetischer ausdrücken. Diese Varianten bilden in unserer gegenwärtigen Terminologie Texte Y_i, die zu X in der Relation P stehen, also: XPY_i. Als ‚Adäquatheitskriterien' dienen dem Dichter die beiden oben hervorgehobenen Gesichtspunkte, nämlich einerseits die Bedeutungsähnlichkeit mit dem Original X und andererseits die Erfüllung poetischer Kombinationsprinzipien.

Um einen Überblick über das mögliche Zusammenspiel der beiden Relationen P und $\sim$ zu gewinnen, führen wir zweckmäßigerweise zwei Hilfsbegriffe ein, nämlich die Vereinigung aller Ähnlichkeitsklassen von Sätzen aus X, abgekürzt $\tilde{X}$, sowie die Menge $V(X)$ aller Varianten einer gegebenen Menge X. Dabei ist V, genauer eigentlich V_P, eine Funktion $D_I(P) \to Pot(S)$. (Es sei daran erinnert, daß $D_I(P)$ dasselbe ist wie $\{X | \vee Y(XPY)\}$.)

D14.1-2 Es sei $x = \langle S, \sim, S_0, P \rangle$ und $X \subseteq S$. Dann soll gelten:
(a) $\tilde{X} := \{s | \vee s'(s' \in X \wedge s \sim s')\}$;
(b) $V(X)(= V_P(X)) := \{Y | Y \subseteq S \wedge XPY\}$.

An späterer Stelle werden wir $V(X)$ auch als *Variationsbereich des Textes X* bezeichnen.

$\tilde{S}_0$ ist eine S_0 umfassende Menge. Gegeben eine mögliche Variante Y von S_0, also $S_0 P Y$, so können für das mengentheoretisch erfaßbare Verhältnis von Y zu S_0 drei mögliche Fälle eintreten (vgl. auch die Veranschaulichung durch Diagramme in BALZER und GÖTTNER, [Literaturtheorie], S. 313):

(1) $Y \subseteq \tilde{S}_o$;
(2) $Y \subseteq \overline{\tilde{S}_0}$, d.h. Y ist im Komplement von $\tilde{S}_0$ eingeschlossen, also zu $\tilde{S}_0$ disjunkt;
(3) keiner der beiden Fälle (1) oder (2) liegt vor.

In der Terminologie von JAKOBSON ausgedrückt, müßte man im Fall (1) sagen, daß die Projektion völlig auf der Achse der Selektion verbleibt. Denn es werden nur solche poetische Kombinationsprinzipien zugelassen, die keinen Verstoß gegen das Prinzip der Bedeutungsähnlichkeit bewirken. Im Fall (2) hingegen liegt eine totale Projektion auf die Achse der Kombination vor; denn die poetischen Kombinationsprinzipien sind so stark dominant, daß keine Bedeutung (Bedeutungsähnlichkeit) erhalten bleibt. Durch die folgenden Axiome sollen diese beiden Möglichkeiten ausgeschlossen werden; die erste deshalb, weil die Kombination hier nicht dominant ist, sondern der Bedeutungsähnlichkeit gänzlich untergeordnet wird; die zweite deshalb, weil die Kombination hier in so extremem Maße dominiert, daß praktisch alle existierenden literarischen Werke ausgeschlossen würden. Somit bleibt nur die dritte Möglichkeit übrig. Sie erschöpft zwar keineswegs den Gedanken, daß P dominant ist, drückt aber doch eine wenn auch schwache Minimalbedingung dafür aus. Nur diese schwache Bedingung soll in den Basiskern aufgenommen werden.

D14.1-3 $x \in M(LT)$ (x ist ein *Modell* von LT) gdw es ein S, $\sim$, S_0 und P gibt, so daß:
(1) $x = \langle S, \sim, S_0, P \rangle$;
(2) $x \in M_p$;
(3) für alle X und alle Y mit XPY gilt:
    (a) $Y \cap \tilde{X} \neq \emptyset$;
    (b) $Y \cap \bar{\tilde{X}} \neq \emptyset$;
(4) $\wedge X, X', Y, Y' [(XPY \wedge X'PY') \rightarrow (\vee s, s' (s \in X \wedge s' \in X' \wedge s \sim s') \rightarrow$
    $\rightarrow \vee s_1, s_1' (s_1 \in Y \wedge s_1' \in Y' \wedge s_1 \sim s_1'))]$;
(5) es gibt ein X_0, so daß $X_0 P S_0$.

Die beiden Teilbestimmungen von (3) drücken die oben formulierte Minimalbedingung für eine Dominanz von P aus: einerseits soll gemäß (3)(a) die Projektion nicht ganz aus der Bedeutungsähnlichkeit herausführen, andererseits aber soll sie gemäß (3)(b) doch in der Lage sein, die Bedeutungsähnlichkeit zu durchbrechen. (4) drückt den folgenden Zusammenhang zwischen $\sim$ und P aus: Falls die beiden Ausgangstexte X und X' zwei bedeutungsähnliche Sätze enthalten, so soll das gleiche von Varianten Y und Y' dieser Ausgangstexte gelten. Man könnte dies die Forderung der Homogenität der Projektion in bezug auf Bedeutungsähnlichkeit nennen.

Die letzte Bedingung (5) garantiert, daß der vorgesehene Text S_0 als Variante eines anderen Textes gewinnbar ist. Erst dadurch wird ein Zusammenhang hergestellt zwischen dem speziellen Text S_0 und anderen Teilen des Modells. Ohne die Bestimmung (5) könnte man auf die Erwähnung von S_0 ganz verzichten. Damit aber würde man den Begriff der Poetizität allein mit Hilfe von allgemeinen Strukturen charakterisieren, ohne sich überhaupt auf spezielle Texte zu beziehen. BALZER und GÖTTNER vertreten die Auffassung, daß dies der Intention von JAKOBSON widerspräche. Denn trotz der Tatsache, daß sich seine Überlegungen hauptsächlich auf allgemeiner Ebene bewegen, könne man seiner Behandlung von Beispielen entnehmen, daß für ihn die Anwendung des allgemeinen Begriffsapparates auf spezielle Texte wesentlich ist.

14.1.2 Theoretizität und partielle Modelle von LT. Da die Theorie LT nicht mit demselben Grad an Präzision formuliert werden kann wie eine physikalische Theorie oder wie z. B. die Theorie der Tauschwirtschaft, dürfte es kaum möglich sein, im vorliegenden Fall ein formales Theoretizitätskriterium anzuwenden. Wir knüpfen daher an die ursprüngliche Sneedsche Fassung an. Wenn t ein Term einer Theorie T ist, der eine Funktion bezeichnet, so ist danach t bekanntlich genau dann T-theoretisch, wenn jede Methode zur Bestimmung der Werte von t die Gültigkeit der Theorie voraussetzt. In die Modellsprechweise übersetzt besagt dies: Jede Methode zur Bestimmung der Werte von t setzt voraus, d. h. hat logisch zur Folge, daß mindestens ein potentielles Modell von T bereits ein Modell von T ist.

LT enthält keine Terme für Funktionen und damit insbesondere keine Terme für metrische Funktionen. Ein Blick auf die möglichen Kandidaten für Theoretizität in LT lehrt, daß das Kriterium auf zweistellige Relationsausdrücke spezialisiert werden muß. t sei ein derartiges Prädikat. Dann beinhaltet das Kriterium die folgende Aussage: *Jede Methode, die dazu dient, herauszufinden, ob irgend welche Objekte x und y in der durch t designierten Relation zueinander stehen, setzt voraus, daß ein potentielles Modell von LT bereits ein Modell von LT ist.*

Sicherlich wird LT nicht benötigt, um herauszufinden, ob ein Satz zu S gehört. Falls man sich hierbei nicht allein auf das intuitive Verständnis stützen möchte, so benötigt man zur Beantwortung dieser Frage doch höchstens eine ‚zugrunde liegende *linguistische* Theorie', sicherlich jedoch keine *Literatur*theorie. Analoges gilt für die Ermittlung der Zugehörigkeit zu S_0. Folgendes darf dabei nicht übersehen werden: Um S_0 als *Komponente eines potentiellen Modells von LT* zu untersuchen, braucht man noch keine Entscheidung darüber zu treffen, ob es ‚literarischen Charakter' hat, sondern wegen der Bestimmung (6) von D14.1-1 lediglich darüber, ob S_0 eine endliche und nicht-leere Teilmenge von S ist.

Auch bezüglich des Zeichens „$\sim$" für Bedeutungsähnlichkeit ist das Resultat negativ. Die hier allenfalls auftretende Komplikation betrifft die Streitfrage, ob es *überhaupt* möglich sei, für eine natürliche Sprache Kriterien für Bedeutungsgleichheit oder Bedeutungsähnlichkeit zu entwickeln. Einige werden diese Frage, etwa durch Hinweis auf die Arbeiten von R. MONTAGUE, bejahen; andere werden sie verneinen. Doch ist dies eine innerlinguistische Streitfrage, deren Beantwortung nicht davon abhängen kann, ob man eine bestimmte Literaturtheorie akzeptiert oder nicht. Für unsere Zwecke, d.h. um überhaupt fortfahren zu können, müssen wir uns auf die Seite derjenigen schlagen, die an solche Kriterien glauben. Man mag dies eine Voreingenommenheit nennen. Es ist jedoch höchstens eine linguistische, nicht jedoch eine literaturtheoretische Voreingenommenheit.

Als letzter Kandidat bleibt noch der Term „P" übrig. Eine Bestimmungsmethode für diesen Relationsausdruck müßte eine Regel beinhalten, die für zwei beliebige Texte S_1 und S_2 mit $S_1, S_2 \subseteq S$ eine Entscheidung darüber liefert, ob $\langle S_1, S_2 \rangle \in P$ gilt oder nicht. Syntaktische und semantische Regeln, die man wohl alle als zur Linguistik und nicht zur Literaturwissenschaft gehörig rechnen muß, reichen dafür sicherlich nicht aus. Denn das Vorliegen oder Nichtvorliegen von syntaktischen oder semantischen Merkmalen liefert noch keine Entscheidung darüber, ob S_2 überdies eine *poetische* Variante von S_1 ist. Wie die genauere Untersuchung zeigt (vgl. dazu auch BALZER und GÖTTNER, a.a.O. S. 320f.), dürfte es nur zwei Möglichkeiten geben. Entweder man kommt zu dem Resultat, daß es überhaupt keine spezifische Bestimmungsmethode für „P" gibt. *Dann ist SNEEDS Kriterium in leerer und damit in trivialer Weise erfüllt.* Oder es wird davon Gebrauch gemacht, daß für das Vorliegen der P-Relation die Kombinationsmethoden gegenüber der Bedeutungsähnlichkeit überwiegen. *Dann wird für diese Bestimmung die Jakobsche Literaturtheorie bereits vorausgesetzt.*

Es liegt daher nahe, den folgenden Beschluß als vernünftig anzusehen: „S", „S_0" und „$\sim$" sind LT – nicht-theoretisch, „P" hingegen ist LT-theoretisch.

Nach dieser Zwischenbetrachtung können wir unmittelbar zur Charakterisierung der partiellen Modelle übergehen.

D14.1-4 $y \in M_{pp}(LT)$ (y ist ein *partielles potentielles Modell* von LT) gdw es ein S, $\sim$, S_0 und P gibt, so daß
(1) $y = \langle S, \sim, S_0 \rangle$;
(2) $\langle S, \sim, S_0, P \rangle \in M_p(LT)$.

Wiederum ist also das auszeichnende Merkmal partieller Modelle die *Ergänzbarkeit* mittels Hinzufügung geeigneter theoretischer Terme (diesmal: *eines* geeigneten theoretischen Terms) zu *potentiellen* Modellen.

14.1.3 Querverbindungen, Kerne und intendierte Anwendungen. Wie wir von früher her wissen, tragen Querverbindungen (Constraints) häufig wesentlich dazu bei, die einem Theorie-Element zugeordnete empirische Behauptung zu verschärfen oder ihr überhaupt erst einen empirischen Gehalt zu verschaffen. Wir haben uns dies einerseits auf abstrakter Ebene klargemacht (und zwar bereits auch in II/2, Kap. VIII, 5.d–5.f) und andererseits in Kap. 7 am Beispiel einer realistischen Miniaturtheorie verdeutlicht.

Wir erinnern nur kurz nochmals daran, daß Querverbindungen ‚Gesetze höherer Ordnung' sind, die angeben, welche Arten von sich überschneidenden Anwendungen einer Theorie zuzulassen sind. Die Möglichkeiten, solche Anwendungen miteinander zu kombinieren, werden dadurch eingeschränkt, so daß man zu Ergebnissen gelangt, die man über die Erforschung einzelner isolierter Anwendungen nicht hätte gewinnen können.

Zur Vereinfachung der weiter unten gegebenen Erläuterungen erweist es sich als zweckmäßig, einen möglichst umfassenden Begriff des *Kontextes* verfügbar zu haben. Darunter kann im allgemeinen zweierlei verstanden werden. Im engeren, rein sprachlichen Sinn wird der Begriff dann verwendet, wenn ein kleinerer Text in einen größeren integriert wird. Dies ist *eine* Bedeutung der Wendung „der erste Text wurde in einen größeren Kontext eingeordnet". Der größere Kontext kann aber auch etwas Nichtsprachliches bezeichnen, nämlich ein allgemeines kulturelles Umfeld des vorgegebenen Textes, bestehend aus Menschen mit bestimmten Überzeugungen und Gewohnheiten in einer Gesellschaft von bestimmter Beschaffenheit usw. Wir werden das Wort „Kontext" sowohl in dem engeren als auch in dem weiteren Sinn gebrauchen.

Für die im folgenden zu konstruierende Querverbindung gehen wir davon aus, daß ein Dichter einen kleineren Text seines Werkes in einen größeren einbaut, d.h. den ersteren in den letzteren integriert. Man denke etwa an die Aufnahme eines früheren Gedichtes S_1 in ein bislang nur in gewissen Teilen vorliegendes Drama S_2. Zu den beiden Texten gehören die beiden Variationsbereiche $V(S_1)$ sowie $V(S_2)$ (vgl. D14.1-2(b)). Diese Bereiche enthalten alle Möglichkeiten der Projektion der beiden Texte. Können wir etwas genaueres über das Verhältnis dieser beiden Projektionsmöglichkeiten aussagen? Zunächst dürfte es klar sein, daß diese beiden Möglichkeiten voneinander verschieden sein müssen. Denn Gedicht und Drama haben verschiedene Kontexte (dieses Wort im engeren wie im weiteren Sinn verstanden). Und mit der Verschiedenheit der Kontexte ergeben sich auch verschiedene Projektionsmöglichkeiten: Eine geglückte Projektion im einen Kontext kann im anderen mißglückt sein. Trotz dieser Verschiedenheit dürfte es auch einen *Zusammenhang* geben. Eine plausible Annahme über einen derartigen Zusammenhang kann man mittels des folgenden Gedankens aussprechen: Die Projektionsmöglichkeiten, die zu dem kleineren Text – wegen Benützung der mengentheoretischen Symbolik unten auch „Teil" genannt – gehören, werden durch dessen Integration in einen größeren Text nicht eingeschränkt. Die Begründung für diese Plausibilitätsannahme lautet: Ein größerer Text wird gewöhnlich einen umfangreicheren Kontext (zumindest keinen von kleinerem Umfang) haben als ein kleinerer Text. Ein umfangreicherer Kontext aber schließt keine Projektionsmöglichkeiten aus, die in einem kleineren erlaubt waren.

Damit die beiden obigen Texte S_1 und S_2 von der Theorie LT erfaßt werden können, müssen die Sprachen sowie die Ähnlichkeitsrelation dieselben sein. Die beiden partiellen Modelle lauten also: $\langle S, \sim, S_1 \rangle$ und $\langle S, \sim, S_2 \rangle$, wobei $S_1 \subseteq S_2$. Diese beiden Strukturen sollen nun durch die beiden theoretischen Ausdrücke „P_1" und „P_2" ergänzt werden. Die eben angestellte Plausibilitätsbetrachtung lehrt, daß gilt: $V_{P_1}(S_1) \subseteq V_{P_2}(S_2)$; der Variationsspielraum in bezug auf den Kontext des kleineren Textes darf nicht größer sein als der Variationsspielraum in bezug auf den Kontext des größeren Textes. Wir nennen dies die Querverbindung der Erhaltung des Variationsspielraums.

D14.1-5 $X \in Q(LT)$ (X erfüllt die *Querverbindung der Erhaltung des Variationsspielraums*) gdw gilt:
(1) $X \subseteq M_p(LT)$;
(2) $X \neq \emptyset$;
(3) für alle $x_1, x_2 \in X$ sowie für alle $S, \sim, S_1, S_2, P_1, P_2$: wenn $x_1 = \langle S, \sim, S_1, P_1 \rangle$ und $x_2 = \langle S, \sim, S_2, P_2 \rangle$ und außerdem $S_1 \subseteq S_2$, dann $V_{P_1}(S_1) \subseteq V_{P_2}(S_2)$.

Vollständigkeitshalber geben wir noch eine umgangssprachliche Formulierung der entscheidenden Bedingung (3). Sie besagt: „Gegeben seien zwei potentielle Modelle x_1 und x_2 der Theorie LT mit identischen Satzmengen und identischen Ähnlichkeitsrelationen. Wenn dann der Text S_1 von x_1 in den Text S_2 von x_2 integriert wird, so ist der Variationsbereich des Textes S_1 (bezüglich der in x_1 vorkommenden Projektionsrelation P_1) enthalten im Variationsbereich des Textes S_2 (bezüglich der in x_2 vorkommenden Projektionsrelation P_2)."

Vielleicht könnte man diese Bestimmung (3) durch zweimalige Ersetzung des „$\subseteq$" durch die echte Einschlußrelation verschärfen.

Wir haben nun alles beisammen, was in den Kern desjenigen Theorie-Elementes einzubeziehen ist, das die Basis von LT ausmacht.

D 14.1-6 $K(LT)$ ist der *Kern* (des Basiselementes) von LT gdw es ein M_p, M, M_{pp} und Q gibt, so daß
(1) $K = \langle M_p, M, M_{pp}, Q \rangle$;
(2) M_p ist die Klasse aller potentiellen Modelle von LT, d. h. $M_p := M_p(LT)$;
(3) M ist die Klasse aller Modelle von LT, d. h. $M := M(LT)$;
(4) M_{pp} ist die Klasse aller partiellen potentiellen Modelle von LT, d. h. $M_{pp} := M_{pp}(LT)$;
(5) Q ist die Querverbindung der Erhaltung des Variationsspielraums, d. h. $Q := Q(LT)$.

Damit wir tatsächlich eine *empirische* Theorie erhalten, ist unabhängig vom Kern die Menge der intendierten Anwendungen I zu charakterisieren. Diese Beschreibung muß zunächst die formale Minimalbedingung erfüllen, daß I eine Teilmenge von M_{pp} ist. Im gegenwärtigen Fall ist es zweckmäßig, eine weitere formale Bedingung hinzuzunehmen, und zwar deshalb, weil wir von Anbeginn an mit einer Menge S operierten, die bei inhaltlicher Deutung eine Satzmenge repräsentieren soll. Da die Elemente von I literarische Werke sind, müssen sie in einer Sprache abgefaßt sein. Um uns nicht mit der Übersetzungsproblematik zu belasten, erscheint es als sinnvoll, dafür diejenige Sprache zu wählen, zu der auch die Sätze von S gehören, wir kürzen sie durch „*Sprache(S)*" ab.

Im übrigen stellen wir uns auch diesmal wieder auf den Standpunkt, daß *die Methode der paradigmatischen Beispiele* den Ausgangspunkt bildet, so daß I_0 durch explizite Aufzählung gewonnen wird. Diese Aufzählung wird im vorliegenden Fall allerdings sehr viele Elemente umfassen, angefangen von mittelalterlichen Dichtungen bis zur Gegenwartsliteratur. I sei wieder als eine I_0 einschließende offene Menge konzipiert, deren Elemente in einer formal nicht weiter präzisierbaren Ähnlichkeitsrelation zu den Elementen von I_0 stehen.

Auch JAKOBSON benützt die Methode der paradigmatischen Beispiele, nämlich in der Weise, daß er Gedichte vom 14. bis zum 20. Jahrhundert interpretiert und dadurch demonstriert, auf welche literarischen Werke seine Theorie anwendbar ist. Wenn man in Analogie zu anderen behandelten Fällen beschließt, I_0 als *Menge der vom Schöpfer der Theorie explizit genannten Beispiele* zu wählen, würden wir statt der obigen Menge diese *viel kleinere* Beispielsmenge als I_0 zu nehmen haben. Im Effekt würde dies kaum etwas ausmachen, da die intendierten Anwendungen alles umfassen sollen, ‚was allgemein als literarisch angesehen wird'. Dies ist natürlich ein Begriff mit stark pragmatischem Einschlag und behebt nicht die erwähnte Vagheit. Man kann diese höchstens dadurch verkleinern, daß man beschließt, zweifelhafte Grenzfälle nicht einzubeziehen. Wie diese Andeutungen zeigen, kommt darin zugleich der *historische*

Aspekt von *LT* zur Geltung, da die Auszeichnung als literarisch auch durch alle traditionellen Literaturtheorien *vor* der Jakobsonschen mitbestimmt wird.

Vorsorglich halten wir noch ausdrücklich fest, daß die Elemente von *I von Menschen produziert* worden sind, um Imitationen durch Papageien, Computer-Gedichte und die berühmt-berüchtigten Zufallstreffer von auf Schreibmaschinen herumhämmernden Schimpansen auszuschließen.

Insgesamt erhalten wir eine hinreichend klare Umgrenzung von *I* durch die folgende Feststellung: Zu *I* soll jedes partielle Modell $x = \langle S, \sim, S_0 \rangle$ von *LT* gehören, dessen drittes Glied S_0 von Menschen produziert worden ist, dem Bereich der *Sprache*(*S*) angehört und allgemein als literarisch angesehen wird.

Diese etwas ausführliche Formulierung ist zugleich als eine Erinnerung daran gedacht, daß die Elemente von *I qua* partielle potentielle Modelle niemals ‚unstrukturierte Objekte des Individuenbereiches' sind, sondern solche Objekte, versehen mit der nicht-theoretisch beschreibbaren Struktur.

D14.1-7 $\langle K, I \rangle$ ist (das *Basiselement* von) JAKOBSONS Literaturtheorie gdw gilt:
(1) *K* ist der Kern von *LT* (im Sinn von D14.1-6);
(2) *I* ist die Menge der intendierten Anwendungen für *LT* (im Sinn der eben getroffenen Feststellung).

Unser bisheriges Vorgehen illustriert den praktischen Umgang mit spezieller Materie. Hat man sich einmal über eine Theorie soweit Klarheit verschafft, daß man imstande ist, sie in derjenigen übersichtlichen Form anzuschreiben, die man „Axiomatisierung der Theorie" nennt, und besteht weiterhin Klarheit darüber, was die ‚eigentlichen Axiome' sind und was bloß Bestandteil der Schilderung des begrifflichen Apparates ist, so kann man nach Übersetzung in die mengentheoretische Sprechweise direkt dazu übergehen, die Begriffe des potentiellen Modells sowie des Modells der fraglichen Theorie zu definieren. Dies haben wir in 14.1.1 getan. Danach muß eine Zwischenbetrachtung eingeschoben werden, um herauszubekommen, welche Terme *T*-theoretisch sind. Diese Untersuchung wird in vielen Fällen viel mühsamer und aufwendiger sein als im gegenwärtigen Beispiel, insbesondere dann, wenn ein formales Kriterium für Theoretizität angewendet wird. Sobald diese Aufgabe gelöst ist, kann der Begriff des partiellen (potentiellen) Modells eingeführt werden. Hier geschah dies in 14.1.2. In einem nächsten Schritt erfolgt die Suche nach eventuellen Querverbindungen, möglicherweise simultan mit der Klärung des Verfahrens zur Bestimmung der intendierten Anwendungen, da Querverbindungen nur dort ihre Wirksamkeit entfalten können, wo sich diese Anwendungen überlappen. Die hierher gehörenden Überlegungen haben wir im gegenwärtigen Unterabschnitt 14.1.3 angestellt. In einem vorläufig letzten Schritt wird es darauf ankommen, Klarheit über die Natur der empirischen Behauptung zu gewinnen. Vor einer bloß vorläufigen Klärung sprechen wir deshalb, weil sich alle diese Schritte nur auf das Basiselement von *T* beziehen. Normalerweise wird die Untersuchung weitergehen und mögliche Spezialisierungen sowie deren empirische Behauptungen betreffen. Die noch folgenden Überlegungen entsprechen den beiden letzten Schritten dieses Schemas.

Was wir soeben skizzierten, war natürlich nur *eine* mögliche, wenn auch typische Verlaufsform der intuitiven Betrachtungen zur Rekonstruktion einer empirischen Theorie. Wie die Diskussion weiterer Beispiele zeigen wird, brauchen diese inhaltlichen Überlegungen *nicht* nach diesem Schema zu verlaufen.

14.1.4 Die empirische Behauptung.

Da wir den Begriff des Basiselementes bereits explizit eingeführt haben, können wir sofort die diesem grundlegenden Theorie-Element zugeordnete empirische Behauptung anschreiben, nämlich:

(E_{LT}) Es gibt ein X, so daß
 (a) $X \subseteq M(LT)$;
 (b) $X \in Q(LT)$;
 (c) $r^1(X) = I$.

Dabei ist r^1 wieder die auf der Stufe 1 arbeitende Restriktionsfunktion, welche die theoretischen Terme eliminiert. Inhaltlich besagt diese Aussage: „Es gibt eine Menge von Modellen von LT, welche die Querverbindung der Erhaltung des Variationsspielraums erfüllt und die außerdem so beschaffen ist, daß nach Entfernung der theoretischen Komponenten aus ihr – also nach Einschränkung auf die nicht-theoretische Ebene – eine Menge entsteht, die identisch ist mit I." Wir haben dabei die wörtliche Übersetzung von (E_{LT}) in die Umgangssprache, also im Sinn der Abbildung Fig. 2-1 von Kap. 2 die ‚Leseweise von oben nach unten', benützt. Nimmt man umgekehrt den Ausgangspunkt bei I, benützt also die ‚Leseweise von unten nach oben', so lautet die empirische Behauptung wie folgt: „Jede intendierte Anwendung, bestehend aus einem S, einem $\sim$ und einem S_0, läßt sich durch eine Projektionsrelation P so ergänzen, daß die auf diese Weise entstehenden 4-gliedrigen Strukturen allen fünf Axiomen (1) bis (5) von D14.1-3 genügen und daß die Menge dieser Strukturen die Querverbindung der Erhaltung des Variationsspielraums erfüllt."

Um einen empirischen Gehalt zu besitzen, müßte (E_{LT}) potentiell widerlegbar sein, d.h. diese Aussage müßte falsch werden, sofern bestimmte Möglichkeiten realisiert würden. Stellen wir die umgekehrte Frage, in welchem Fall (E_{LT}) keinen empirischen Gehalt hat, so können wir sofort eine *formale* Bedingung dafür angeben: Kein empirischer Gehalt liegt sicherlich dann vor, wenn für sämtliche Teilmengen Y von M_{pp} – also für alle möglichen Kandidatenmengen intendierter Anwendungen – ein X existiert, so daß $X \subseteq M$ und ferner $X \in Q$ sowie $r^1(X) = Y$. Im übrigen dürfte eine präzise Beantwortung der Frage kaum möglich sein. Sicher ist nur folgendes: (i) Läßt man $Q(LT)$ fort, so hat die dem Basiselement von LT zugeordnete Behauptung keinen empirischen Gehalt. (ii) Bezieht man $Q(LT)$ ein, so hat diese Behauptung trotzdem höchstens einen sehr geringen empirischen Gehalt.

Dies beruht zum einen darauf, daß der Begriff der Kombination selbst keinen Beschränkungen unterworfen wird, und zum anderen darauf, daß der einzige Ort, wo er ins Spiel kommt, nämlich an der zweiten Argumentstelle der Projektionsrelation *P*, nur der sehr schwachen Minimalbedingung unterliegt, die der Relation *P* auferlegt worden ist. Aber selbst wenn man zu dem Ergebnis gelangen sollte, daß auch insgesamt kein empirischer Gehalt vorliegt, dürfte diese Tatsache allein keinen Grund zur Beunruhigung bilden. Wir würden dann nämlich in der gegenwärtig betrachteten Theorie nur denjenigen Zug wiederfinden, den wir an der klassischen Partikelmechanik beobachten konnten und der vermutlich den meisten interessanten Theorien zukommt. So wie in diesen anderen Fällen wird durch die Theorie zunächst nicht mehr geliefert als ein allgemeiner Rahmen, der im nachhinein durch geeignete Spezialisierungen auszufüllen ist und der erst auf diesem indirekten Weg einen, oder zumindest einen stärkeren, empirischen Gehalt bekommt; wobei der Reichtum an Gehalt vom Umfang der Spezialisierungen abhängt. Der Rahmen, den JAKOBSON mit *LT* liefern wollte, soll dazu dienen, verschiedene Arten von literarischen Gattungen zu behandeln. Beim Übergang von einer Gattung zur anderen variieren aber die Kombinationsprinzipien, weshalb der ihnen allen gemeinsame Rahmen keine interessanten Charakterisierungen solcher Prinzipien enthalten kann. Jeder in diese Richtung gehende Versuch würde nur den Effekt haben, den Rahmen zu eng zu ziehen und damit Kombinationsprinzipien und poetische Variationen auszuschließen, auf die man später gerade zurückgreifen möchte, da sie für die Auszeichnung einer bestimmten literarischen Gattung unerläßlich sind.

14.1.5 Spezialisierungen und empirischer Gehalt. Die zuletzt angestellten Betrachtungen geben eine anschauliche Illustration dafür, daß es auch in nichtnaturwissenschaftlichen Fällen sinnvoll ist, das grundlegende Theorie-Element, d.h. das Basiselement, zusammen mit der ihm zugeordneten Behauptung als *Basistheorie* oder als *Rahmentheorie* aufzufassen und gegebenenfalls auch so zu bezeichnen. Denn hier wird tatsächlich nur der Rahmen für spätere Untersuchungen abgesteckt, die in geeigneten Spezialisierungen des Basiselementes ihren Niederschlag finden. Die Beantwortung der logisch-epistemologischen Frage, ob diese Rahmentheorie *überhaupt keinen* oder bloß *fast keinen* empirischen Gehalt besitzt, ist unter diesen Umständen nicht sehr wichtig. Viel wichtiger ist es, daß die Überzeugung der Fachleute, eine *empirische* Theorie entworfen zu haben und mit einer *empirischen* Theorie zu arbeiten, ihre nachträgliche Rechtfertigung darin findet, daß dieser Rahmen im weiteren Entwicklungsgang der Theorie in zunehmendem Maße durch immer schärfere Spezialisierungen sukzessive ausgefüllt wird und damit Behauptungen liefert, die empirisch gehaltvoll, also sicherlich nicht empirisch trivial sind.

In der Regel wäre es, psychologisch gesehen, zu wenig, wenn die Begründer einer neuen Theorie deren Attraktivität nur darauf zu stützen suchten, daß sich bereits zu Beginn spätere brauchbare Spezialisierungen *erhoffen* oder *erahnen* lassen. Gewöhnlich liefern sie derartige Spezialisierungen mit, die zu richtigen empirischen Behauptungen führen, oder sie skizzieren solche zumindest und erhöhen dadurch die Plausibilität und die anfängliche Anziehungskraft des von ihnen geschaffenen Rahmens. Dies gilt insbesondere auch von der Literaturtheorie JAKOBSONS. Diese erschöpft sich nicht in der hier rekonstruierten Rahmentheorie, sondern enthält zusätzlich eine Reihe von Spezialisierungen. Ähnlich wie bei anderen Theorien stößt man dabei schrittweise auf immer mehr fachwissenschaftliche Details, auf deren genaue Darstellung man sich nur dann einlassen wird, wenn man spezielle Gründe für eine bis in die kleinsten Einzelheiten gehende Analyse der vorgegebenen Theorie hat. Da wir keine solchen Gründe anführen können, möge die Beschreibung des allgemeinen Schemas, zusammen mit ein paar zusätzlichen Hinweisen, genügen. In BALZER und GÖTTNER, [Literaturtheorie], werden diese Einzelheiten auf S. 324ff. mit größerer Ausführlichkeit geschildert.

Das allgemeine Schema ist im Grunde bereits in Kap. 2 beschrieben worden. Das dort Gesagte läßt sich intuitiv so zusammenfassen: In einer Spezialisierung T' eines gegebenen Theorie-Elementes T wird durch zusätzliche Axiome die ursprüngliche Modellmenge M zu einer kleineren Teilmenge M' eingeengt. Eine analoge Einschränkung kann von der ursprünglichen Querverbindung Q zu einer kleineren Menge Q' führen. Und in der Regel wird der in dieser Weise verschärfte Kern nur mehr auf eine echte Teilmenge I' der ursprünglichen Menge I der intendierten Anwendungen erfolgreich applizierbar sein. Um Verwechslungen mit inhaltlichen Betrachtungen zu vermeiden, bezeichnen wir das Resultat eines derartigen Prozesses als *formale* Spezialisierung, im vorliegenden Fall als formale Spezialisierung von LT.

Innerhalb einer Rekonstruktion der Theorie LT kommt es vor allem darauf an, mit Hilfe der Methode der formalen Spezialisierungen eine Theorie der literarischen Gattungen zu entwerfen. Als paradigmatisches Beispiel einer literarischen Gattung kann ein *Sonett* dienen. Wie die Detailuntersuchung zeigt, muß man ganz verschiedene Züge eines Sonetts unterscheiden, jeden einzelnen dieser Züge durch eine eigene formale Spezialisierung von LT zu erfassen suchen und am Ende das Ganze konjunktiv zusammenfassen bzw. in mengentheoretischer Darstellung: man muß den Durchschnitt der entsprechenden Komponenten bilden. Einer der erwähnten Züge betrifft das *syntaktische Hauptkriterium* eines Sonetts. Ein Sonett besteht aus vier Strophen (zwei davon zu 4 Zeilen und zwei zu 3 Zeilen), wobei die Strophen ein bestimmtes *Reimschema* erfüllen müssen. Diese Idee kann dazu benützt werden, um die Projektionsrelation P bezüglich ihres zweiten Argumentes auf solche Satzmengen zu beschränken, die das Reimschema eines Sonetts erfüllen. Da durch diese Forderung die Relation P wesentlich stärker eingeschränkt wird als in den Modellen von LT, entsteht auf diese Weise eine Menge M', die tatsächlich viel kleiner ist als M; und für die entsprechende Teiltheorie von LT besteht kein Zweifel mehr, daß sie empirischen Gehalt besitzt.

Dies gilt bereits, wenn man nur den syntaktischen Aspekt eines Sonetts berücksichtigt. Doch dieser genügt bei weitem nicht, um ein Sonett zu charakterisieren. Ein ganz anderer Zug ist die *antithetische Konstruktion*, welche sich in den Strophen eines Sonetts widerspiegeln muß. (Die erste Strophe enthält die These, die zweite die Antithese und die dritte die Lösung in Gestalt einer Synthese, worin ein Gedanke von ‚besonderer Tiefe', ‚Weisheit' oder ‚Brillianz' zum Ausdruck kommt.) Sofern wir unterstellen, daß es geglückt sei, auch diesen Zug eines Sonetts mit Hilfe einer formalen Spezialisierung von *LT* zu erfassen, so gewinnen wir eine Vorstellung davon, wie man diese spezielle literarische Gattung durch die oben geschilderte konjunktive Zusammenfassung mehrerer formaler Spezialisierungen erhalten kann. Und wenn wir bereit sind, diese Methode, die hier am Beispiel des Sonetts skizzenhaft vorexerziert wurde, als paradigmatisch für alle literarischen Gattungen anzusehen, gewinnen wir am Ende eine Definition von „*Literarische Gattung*".

Diese letzte Feststellung darf nicht mißverstanden werden. Keine wirklich interessante und wichtige Begriffsexplikation mündet in so etwas wie eine bloße Nominaldefinition ein. So auch im gegenwärtigen Fall. Eine literarische Gattung im skizzierten Sinn ist eine *Theorie*, genauer: ein Theorie-Element, das als Durchschnitt endlich vieler formaler Spezialisierungen der Rahmentheorie *LT* eingeführt wird und das daher selbst eine solche Spezialisierung bildet. Die einzelnen literarischen Gattungen repräsentieren somit *spezielle Literaturtheorien*, deren wissenschaftliche sowie wissenschaftstheoretische Bedeutung sich daraus ableitet, daß für jede dieser Theorien ‚das, was sie zu sagen hat' in einem Ramsey-Sneed-Satz mit empirisch nicht-trivialem Gehalt auszudrücken ist.

Literatur

BALZER, W. und H. GÖTTNER [Literaturtheorie], „Eine logisch rekonstruierte Literaturtheorie: Roman Jakobson", in: W. BALZER und M. HEIDELBERGER (Hrsg.), *Zur Logik empirischer Theorien*, Berlin 1982, S. 304–331. Eine englische Fassung dieses Aufsatzes ist erschienen in: *Poetics* 12 (1983), S. 489–510.

GOODMAN, N. [Likeness], "On Likeness of Meaning", in: L. LINSKY (Hrsg.), *Semantics and the Philosophy of Language*, Urbana, Ill., 1952, S. 67–73.

JAKOBSON, R. „Linguistik und Poetik", in: J. IHWE (Hrsg.), *Literaturwissenschaft und Linguistik I*, Frankfurt 1972, S. 142–178.

14.2 Die Theorie der Tauschwirtschaft

14.2.0 Das Thema. Die sogenannte Mikroökonomie setzt sich zur Aufgabe, solche menschlichen Handlungen zu beschreiben und zu erklären, die mit der Produktion, dem Handel und dem Tausch von Gütern zu tun haben. Wir beschränken uns hier auf einen dieser Aspekte, nämlich die Analyse der Tauschvorgänge. Eine Reihe von elementaren Beispielen in ausführlicher und anschaulicher Schilderung findet der daran interessierte Leser in W. BALZER, [Empirische Theorien], S. 68–77.

Gegeben sei eine endliche Menge von *Personen*, den handelnden Wirtschaftssubjekten, ferner eine endliche Anzahl von *Güterarten* sowie von jeder dieser

Arten eine *feste, endliche Menge*. (Reichlich vorhandene Güter können von vornherein außer Betracht bleiben, da sie nicht zum Gegenstand menschlichen Wirtschaftens werden. Nur bei knapp vorhandenen Gütern kommt es zu kooperativer Erzeugung, Handel und Tausch.) Die betrachtete Ausgangssituation besteht darin, daß diese Gütermengen in bestimmter Weise auf die verschiedenen Personen *verteilt* sind. Die Frage, wie die Güter erzeugt oder herbeigeschafft worden sind und in den Besitz der Personen gelangten, wird im gegenwärtigen Kontext nicht angeschnitten; sie bildet den Gegenstand anderer (Teil)-Theorien des menschlichen Wirtschaftens. Alle Güter haben bestimmte *Preise*. Diese können in Geld ausgedrückt sein; aber dies ist nicht unbedingt notwendig. Es genügt, wenn für jede Güterart eine Einheit existiert und die Tauschverhältnisse der Einheiten dieser verschiedenen Güterarten festgelegt sind. Jedes Gut hat dann, wie man auch sagt, einen festen *Tauschwert*. Weiter wird vorausgesetzt, daß die Güter der verschiedenen Arten für jede Person einen *Nutzen* haben. Häufig wird es sich so verhalten, daß die Wirtschaftssubjekte ihre anfängliche Lage in bezug auf den Nutzen dadurch verbessern können, daß sie gewisse der in ihrem Besitz befindlichen Güter zu den gegebenen Tauschwerten gegen solche tauschen, die sich im Besitz anderer Personen befinden. Wenn es sich um *rationale* Wirtschaftssubjekte handelt, werden sie den Tauschprozeß solange fortsetzen, bis jede von ihnen aus den in ihrem Besitz befindlichen Gütermengen einen *maximalen Nutzen* zieht. Damit wäre dann der Endzustand dieses Wirtschaftsprozesses erreicht. Die Frage ist die, wie sich dieser Gedanke präzise fassen läßt.

Die gegebene inhaltliche Skizze könnte die Vermutung nahelegen, daß es sich um eine dynamische Theorie handle. Doch dies ist nicht der Fall. Zwar liegt tatsächlich ein Zwei-Phasen-Modell mit Anfangs- und Endzustand vor. Aber die Theorie selbst ist rein statisch. Es ist daher darauf zu achten, daß in den systematischen Begriffsapparat keine unzulässigen dynamischen Vorstellungen hineingeschmuggelt werden.

14.2.1 Potentielle Modelle und Modelle von ÖKO. Die zu rekonstruierende tauschwirtschaftliche Theorie kürzen wir mit „*ÖKO*" ab. Wir versuchen zunächst, uns einen systematischen Überblick über diejenigen Begriffe bzw. Begriffsarten zu verschaffen, die in ein potentielles Modell einzubeziehen sind.

Wir nehmen an, daß wir es in unserer Tauschwirtschaft mit n Personen zu tun haben, deren Gesamtheit wir mit $\mathfrak{P} = \{i_1, \ldots, i_n\}$ identifizieren. Ferner sollen m *Güterarten* zur Verfügung stehen. Um diese sogleich als eine *linear geordnete* Menge einführen zu können, identifizieren wir sie mit den ersten m natürlichen Zahlen: $G = \{1, \ldots, m\}$. Als nächstes benötigen wir den Begriff der Gütermenge. (Das Wort „Menge" hat hier keine mengentheoretische Bedeutung, sondern heißt so viel wie „Quantität".) Dabei setzen wir voraus, daß für jede einzelne Güterart eine Quantisierung vorgenommen worden ist. Dazu gehört insbesondere die Wahl einer Einheit sowie einer Skala mit reellen Zahlen aus $\mathbb{R}_0^+$ als Werten. Wo natürliche Einheiten vorliegen – wie bei Kühen, Geflügel, Eiern –, werden nur nichtnegative ganze Zahlen gebraucht. Wir möchten aber außerdem in der Lage sein, zu sagen, wie die Gütermengen auf die n Personen verteilt sind und zwar in bezug auf jede der m Güterarten. Dies geschieht mit Hilfe von Funktionen der folgenden Art, die wir auch *globale Verteilungsfunktionen* nennen (diejenigen Leser, welche diese „Funktionssprechweise" als störend oder zumindest als ungewöhnlich empfinden, seien auf die technische Anmerkung am Schluß dieses Unterabschnittes verwiesen):

$$q: \mathfrak{P} \times G \to \mathbb{R}_0^+.$$

Eine Funktion q liefert für eine Person i_j ($j = 1, \ldots, n$) und eine Güterart k ($k = 1, \ldots, m$) als Wert $q(i_j, k)$ diejenige reelle Zahl, welche angibt, wie groß die Quantität der Güterart k ist, über welche die Person i_j verfügt. Da die vorliegende Theorie eine statische Theorie ist, hat man stets die Relativierung auf einen Zeitpunkt hinzuzudenken. Auf die Frage, ob wir für unsere Zwecke mehrere, auf *verschiedene* Zeitpunkte bezogene Verteilungen zu betrachten haben, kommen wir gleich zurück.

Hält man das erste Argument von q fest, wählt also *eine bestimmte Person* aus, so gelangt man zu n verschiedenen *individuellen Verteilungsfunktionen*. Sie können formal nach dem folgenden Schema definiert werden:

$$q_j(k) := q(j, k) \quad (j \in \mathfrak{P}, k \in G).$$

q_j ordnet also jeder Güterart k die Quantität oder, wie wir stets sagen werden, die Menge $q_j(k)$ dieser Güterart zu, die sich im Besitz der Person j befindet. Läßt man k alle m Güterarten durchlaufen und berechnet den Wert q_j für alle diese Argumente, so erhält man die *individuelle (Güter-) Ausstattung* der Person j. Variiert man außerdem auch noch den Index j, so erhält man die individuellen Güterausstattungen für sämtliche Personen. Wir nennen dieses Resultat auch die *globale (Güter-) Ausstattung*, da sie eine genaue Angabe darüber enthält, wie viele Mengen jede Person von jeder Güterart tatsächlich besitzt.

Die tauschwirtschaftliche Theorie bezieht sich im einfachsten Fall, auf den wir uns beschränken, auf ein sog. *Zwei-Phasen-Modell* mit einem Anfangszustand und einem Endzustand. Man hat es dann mit zwei Güterverteilungen zu tun. Die zu Beginn vorhandene heiße *Anfangsverteilung* q^a, die am Ende vorliegende heiße *Endverteilung* q^e. Die Tauschwirtschaft kann, qua statische Theorie, nicht den Prozeß beschreiben, der vom Anfangszustand in den Endzustand führt. Sie kann aber diese beiden Zustände miteinander vergleichen und insbesondere denjenigen Endzustand charakterisieren, den ein bestimmtes rationales Verhalten der Wirtschaftssubjekte herbeiführt. Daß wir zwei Verteilungen unterscheiden müssen, bedeutet übrigens nicht, daß wir sowohl q^a als auch q^e in den Apparat der Grundbegriffe einzubeziehen haben. Nur die Anfangsverteilung werden wir als Grundbegriff wählen; denn q^e läßt sich mittels der weiter unten eingeführten Nachfragefunktion definieren.

Ferner benötigen wir die Preise, die wir mittels der Funktion p wiedergeben:

$$p: G \to \mathbb{R}^+.$$

Diese Funktion ist so zu interpretieren, daß sie jeder Güterart als positive reelle Zahl den *Preis einer Einheit dieser Güterart* zuordnet. Die Beschränkung auf positive Preise beinhaltet lediglich, daß Güter, die nichts kosten, also im Übermaß vorhandene, ‚freie' Güter, in den tauschwirtschaftlichen Prozeß nicht einbezogen werden.

Ein weiterer wichtiger Begriff ist die Nutzenfunktion. Wir beschreiben zunächst die individuellen Nutzenfunktionen. i sei eine beliebige Person, also $i \in \mathfrak{P}$. $\langle r_1, \ldots, r_m \rangle$ sei ein m-Tupel möglicher Gütermengen, die i besitzen könnte. (Alle r_l müssen dann nichtnegative Zahlen sein.) $U_i(r_1, \ldots, r_m)$ ordnet einem solchen möglichen Besitz als reelle Zahl *die Größe des Nutzens* zu, den die Person i aus diesem Besitz ziehen würde. Daß wir für diese Formulierung den grammatikalischen Konjunktiv gewählt haben, hat seinen Grund darin, daß der Nutzen, d. h. die Nutzengröße, ein dispositioneller Begriff ist, der nicht nur für den tatsächlichen Besitz, sondern *für alle erdenklichen individuellen Ausstattungen* erklärt ist. Durch Zusammenfassung der individuellen Nutzenfunktionen könnten wir die globale Nutzenfunktion gewinnen. Für das formale Vorgehen empfiehlt sich auch hier wieder das umgekehrte Verfahren. Danach ist in einem ersten Schritt die *globale Nutzenfunktion*

$$U: \mathfrak{P} \times (\mathbb{R}_0^+)^m \to \mathbb{R}\,^1$$

einzuführen, die einem (m+1)-Tupel, bestehend aus einer Person i und einem möglichen Besitz von m Mengen der m Güterarten, als reelle Zahl den Nutzen dieses Güterbesitzes zuordnet. Die *individuellen Nutzenfunktionen* erhält man daraus durch Wahl sowie Festhalten des ersten Argumentes:

$$U_i(r_1, \ldots, r_m) := U(i, r_1, \ldots, r_m).$$

In den konkreten Anwendungen werden die Zahlen r_j meist die Komponenten einer individuellen Ausstattung bilden. Ein Ausdruck von der Gestalt „$U_i(q_i(1), \ldots, q_i(m))$" ist so zu lesen: „der Nutzen (=die Größe des Nutzens), der (die) sich für die Person i aus der individuellen Ausstattung $\langle q_i(1), \ldots, q_i(m) \rangle$ ergibt." (Man beachte, daß ein solcher Ausdruck nur dann einen Sinn hat, wenn der Index von „U", der eine bestimmte Person bezeichnet, mit dem Index von „q" identisch ist; denn jede Person zieht nur aus ihrer eigenen Güterausstattung einen Nutzen.)

Um den Begriffsapparat der modernen Nationalökonomie anwendbar zu machen, setzen wir voraus, daß die Funktion U unendlich oft differenzierbar ist; technisch gesprochen: U sei ein Element von C^∞. Eine grundlegende weitere Einschränkung für diese Funktion U erfolgt erst bei Einführung des Modellbegriffs. Zusätzliche Annahmen über die genaue Gestalt der Nutzenfunktion – z. B. Nutzenfunktion von Normalform oder Nutzenfunktion, die dem Gesetz vom abnehmenden Grenznutzen genügt – erfolgen erst im Rahmen der Spezialisierungen.

---

1     $(\mathbb{R}_0^+)^m$ ist natürlich nichts anderes als die Menge der m-Tupel von nichtnegativen reellen Zahlen.

Die relativ komplizierteste Funktion, die wir benötigen, ist die *Nachfragefunktion d*. (Der Buchstabe „*d*" ist der Anfangsbuchstabe von „demand", dem englischen Synonym für „Nachfrage".)

Die intuitive Vorstellung, die sich mit dem Begriff der Nachfragefunktion d_i einer Person i verbindet, ist die folgende: Gegeben seien die Preise der Güter sowie eine globale Anfangsausstattung. Es wird angenommen, daß i ein *rational Handelnder* im folgenden Sinn ist: i wählt unter allen durch diese beiden Ausgangsbedingungen zugelassenen Tauschvorgängen denjenigen aus, der zu einer individuellen Güterausstattung von i führt, welche für i den Nutzen maximiert.

Wir werden diese Funktion in zwei Schritten einführen. Die beiden grundlegenden Einschränkungen, nämlich die Erfüllung der Tauschwertbedingung sowie der Bedingung der Nutzenmaximierung, werden in die formale Definition noch nicht einbezogen, sondern erst bei der Einführung des Modellbegriffs axiomatisch gefordert. (Diese beiden Bestimmungen werden sogar *die einzigen* echten Grundaxiome bilden, welche in die Definition von $M(ÖKO)$ eingehen.) Vorläufig geht es nur um die Charakterisierung der formalen Struktur von d_i bzw. d. Da wir die Preise von Gütern sowie die Ausstattungen mittels der beiden *Funktionen p* und *q* erhalten, die als Argumente in d eingehen, muß d als ein *Funktional*, d.h. als Funktion von Funktionen, eingeführt werden. Nennen wir die Gesamtheit aller möglichen Preisfunktionen P und die Gesamtheit der möglichen Verteilungsfunktionen Q, also $P := \{p | p: G \to \mathbb{R}^+\}$ und $Q := \{q | q: \mathfrak{P} \times G \to \mathbb{R}_0^+\}$. Dann ist d ein Funktional von folgender Art:

$$d: P \times Q \to Q$$
$$\langle p, q \rangle \to d(p, q)$$

$d(p,q)$ ist also eine globale Verteilungsfunktion. Von den beiden Argumentstellen dieser Funktion, nämlich einer mit Variablen für Personen und einer mit Variablen für Güterarten, ziehen wir die erste nach vorn und schreiben für festes $j \in \mathfrak{P}$ für die entstehende individuelle Verteilungsfunktion $d(j,p,q)$ auch $d_j(p,q)$ oder einfach q_j^*. Diese (einstellige) Funktion fassen wir ihrerseits rein extensional auf, identifizieren sie also mit ihrem Wertverlauf. In dieser Interpretation ist $d(j,p,q)$ identisch mit $\langle q_j^*(1), \ldots, q_j^*(m) \rangle$. (Bei Variation von j über alle Elemente von $\mathfrak{P}$ entsteht natürlich eine extensional gedeutete globale Verteilungsfunktion q^*.) Da wir uns nicht nur für solche m-Tupel, sondern auch für die einzelnen dieser m Werte interessieren, müssen wir diese noch mittels der Projektionsfunktion π_i herausisolieren (vgl. unten).

Erst bei Einführung des Modellbegriffs soll die Funktion d solchen Einschränkungen unterworfen werden, welche die Bezeichnung „Nachfragefunktion" im nachhinein verständlich machen. Bereits jetzt sei darauf hingewiesen, daß als dritte Argumentstelle die Anfangsverteilung q^a gewählt werden soll und daß dabei intendiert ist, daß als Wert die Endverteilung q^e herauskommt.

Jetzt können wir den Begriff des potentiellen Modells einführen.

D14.2-1 $x \in M_p(\ddot{O}KO)$ (x ist ein *potentielles Modell von ÖKO* oder *der Tauschwirtschaft*) gdw es ein $\mathfrak{P}$, G, q^a, U, p, d gibt so daß gilt:
(1) $x = \langle \mathfrak{P}, G, q^a, U, p, d \rangle$;
(2) $\mathfrak{P} = \{i_1, \ldots, i_n\}$;
(3) $G = \{1, \ldots, m\}$;
(4) $p: G \to \mathbb{R}^+$;
(5) $q^a: \mathfrak{P} \times G \to \mathbb{R}_0^+$;
(6) $d: P \times Q \to Q$ mit $P := \{p \mid p: G \to \mathbb{R}^+\}$ und $Q := \{q \mid q: \mathfrak{P} \times G \to \mathbb{R}_0^+\}$;
(7) $U: \mathfrak{P} \times (\mathbb{R}_0^+)^m \to \mathbb{R}$ ist C^∞.

Als nächsten Hilfsbegriff führen wir den Begriff des *Tauschwertes* einer individuellen Ausstattung ein. Für eine Person i ist der Tauschwert dessen, was i an Gut k besitzt, gleich dem Produkt aus dem Preis von k und der Menge von k, über die i verfügt. Der Tauschwert der Ausstattung von i ist dann gleich der Summe dieser Produkte für sämtliche Güterarten. Am einfachsten läßt sich der Tauschwert w als ein dreistelliges Funktional einführen, das für eine bestimmte Person, eine Preisfunktion sowie eine globale Verteilungsfunktion als Argumente die eben beschriebene Summe liefert.

D14.2-2 Der *Tauschwert* der Ausstattung von Person j zu Preisen p bei gegebener globaler Verteilung q sei definiert durch:

$$w(j, p, q) = \sum_{k=1}^{m} p(k) \cdot q_j(k).$$

Bei fest vorgegebenen Preisen kann man alle diejenigen Änderungen der globalen Anfangsausstattung q^a betrachten, die zum selben Tauschwert führen. Derartige Änderungen können u.a. dadurch zustande kommen, daß einige oder alle am Wirtschaftsprozeß beteiligten Personen Güter tauschen. Im folgenden werden uns nur solche Tauschvorgänge interessieren, bei denen jede der daran beteiligten Personen nach dem Tausch eine Güterausstattung besitzt, die denselben Tauschwert hat wie die Güterausstattung, die sie vor dem Tausch besaß. Wir nennen diese Bedingung *Tauschwertbedingung* und kürzen sie ab durch *TWB*. (In W. BALZER, [Empirische Theorien], wird diese Bedingung auf S. 85 als Einkommensbeschränkung bezeichnet.) Bei Tauschprozessen, welche diese Bedingung erfüllen, macht keine Person einen objektiven Gewinn; auch erleidet keine einen objektiven Verlust. Ebenso wird dabei ausgeschlossen, daß eine Person einen Kredit gibt oder einen solchen aufnimmt.

Wenn aber niemand etwas gewinnt oder etwas verliert, warum tauschen die Personen dann überhaupt? Die Antwort nimmt Bezug auf die Unterscheidung zwischen dem objektiven und dem subjektiven Aspekt von Tauschvorgängen. Nur die oben definierten Tauschwerte oder objektiven Werte der Ausstattungen müssen vorher und nachher dieselben sein. Dagegen versucht jede der an diesem Prozeß beteiligten Personen, ihren subjektiven Wert oder Nutzen zu maximieren, also einen möglichst hohen Gewinn im *subjektiven* Sinn zu machen. Dies ist verträglich mit dem Nichtvorliegen *objektiver* Gewinne und Verluste, wie dies im vorigen Absatz verlangt worden ist.

In der nächsten Definition soll die Tauschwertbedingung präzisiert werden und zwar als eine den globalen Verteilungen auferlegte Einschränkung: Nur solche Umverteilungen durch Tauschvorgänge werden zugelassen, bei denen der Tauschwert der Anfangsverteilung erhalten bleibt. Diese Bedingung kann, ohne zusätzliche Begriffe heranzuziehen, rein extensional als eine Menge von Verteilungen eingeführt werden. Sie soll dabei ausdrücklich auf eine potentielle Tauschwirtschaft relativiert werden.

D14.2-3 x sei ein potentielles Modell von $ÖKO$, d.h. $x \in M_p(ÖKO)$.
Die *Tauschwertbedingung für* x ist dann definiert durch
$TWB_x := \{q \mid q : \mathfrak{P} \times G \to \mathbb{R}_0^+$ und für alle $i \in \mathfrak{P}$:

$$\sum_{k=1}^{m} p(k) \cdot [q_i^a(k) - q_i(k)] = 0\}.$$

Da diese Bedingung ohne explizite Benützung des Begriffs des Tauschwertes formuliert wurde, ist dieser Begriff im Prinzip entbehrlich. Er kann allerdings zur Vereinfachung der Definition benützt werden. Bringt man die negativen Glieder zunächst auf die andere Seite, so erhält man:

$$\sum_{k=1}^{m} p(k) \cdot q_i(k) = \sum_{k=1}^{m} p(k) \cdot q_i^a(k)$$

oder unter Benützung des Tauschwertbegriffs:

$w(i, p, q) = w(i, p, q^a)$,

also tatsächlich, wie beabsichtigt, eine Gleichheit von Tauschwerten, nämlich für alle Personen eine Gleichheit der Tauschwerte ihrer Ausstattungen zu Preisen p bei der Verteilung q und bei der Anfangsverteilung q^a. Erst dann, wenn eine Verteilung q für alle Personen diese Bedingung erfüllt gehört q zu TWB_x. Man könnte daher die Tauschwertbedingung umgangssprachlich auch so formulieren: „Eine Verteilung q erfüllt die Tauschwertbedingung für das potentielle Modell x ($q \in TWB_x$) gdw für alle Personen $i \in \mathfrak{P}$ (von x) der Tauschwert der individuellen Ausstattung von i zu Preisen p (von x) bei der Verteilung q derselbe ist wie der Tauschwert der individuellen Ausstattung von i zu Preisen p (von x) bei der Anfangsverteilung q^a (von x)."

Damit die Länge der Formeln in der Definition des Modellbegriffs nicht zu stark anwächst, führen wir einige Abkürzungen ein. Die erste macht von dem Gedanken Gebrauch, daß die Tauschwertbedingung, obzwar relativ auf ein ganzes potentielles Modell x definiert, von diesem x wesentlich nur die beiden Funktionen p und q^a benützt. Um dies explizit zu machen, wählen wir die suggestivere Bezeichnung „$TWB(p, q^a)$".

(a) $TWB(p, q^a)$ besage dasselbe wie $\{q \mid q : \mathfrak{P} \times G \to \mathbb{R}_0^+$ und für alle

$$i \in \mathfrak{P} : \sum_{k=1}^{m} p(k) \cdot q(i, k) = \sum_{k=1}^{m} p(k) \cdot q^a(i, k)\}.$$

Ferner erinnern wir nochmals an die obige Vereinbarung

(b) $q_j^* := d(j, p', q^a)$ für festes p'.

Dabei handelt es sich um eine einstellige Funktion, die wir, wie schon erwähnt, wegen der endlichen Anzahl ihrer Argumente mit ihrem Werte-m-Tupel identifizieren, also mit $\langle q^*(j,1), \ldots, q^*(j,m)\rangle$. Dies ist nichts anderes als eine individuelle Ausstattung der Person j. (Allgemein ist eine extensional gedeutete individuelle Verteilung eine individuelle Ausstattung; analoges gilt für das Verhältnis von globalen Verteilungen und Ausstattungen.) Die m Glieder dieser Ausstattung kann man dadurch zurückgewinnen, daß man m sog. Projektionsfunktionen π_i anwendet. π_i ist für ein m-Tupel $\langle \alpha_1, \ldots, \alpha_m \rangle$ definiert durch $\pi_i(\langle \alpha_1, \ldots, \alpha_m \rangle) = \alpha_i$. Wir erhalten somit die m Glieder: $\pi_1(d(j,p',q^a)), \ldots, \pi_m(d(j,p',q^a))$.

Es folgen noch zwei Abkürzungen, die Ausdrücke betreffen, welche mittels der Nutzenfunktion gebildet werden. Diese Funktion hat m+1 Argumente. In vielen Fällen genügt es, nur zwei Komponenten des Argumentes anzugeben:

(c) $U(j,q')$ stehe für $U(j, q'(j,1), \ldots, q'(j,m))$

und

(d) $U(j, d(j,p',q^a))$ stehe für $U(j, \pi_1(d(j,p',q^a)), \ldots, \pi_m(d(j,p',q^a)))$.

D14.2-4 $x \in M(\ddot{O}KO)$ (x ist ein *Modell von ÖKO* oder *der Tauschwirtschaft*) gdw es ein $\mathfrak{P}, G, q^a, U, p, d$ gibt, so daß
(1) $x = \langle \mathfrak{P}, G, q^a, U, p, d \rangle$;
(2) $x \in M_p(\ddot{O}KO)$;
(3) für alle $p': G \to \mathbb{R}^+$ und alle $j \in \mathfrak{P}$:
  (a) $d(j,p',q^a) \in TWB(p',q^a)$
  (b) für alle $q': \mathfrak{P} \times G \to \mathbb{R}_0^+$ gilt: (wenn $q' \in TWB(p',q^a)$, dann $U(j,q') \leq U(j, d(j,p',q^a))$.

Das eigentliche Axiom ist die Bestimmung (3). Sie enthält zwei Komponenten, in denen zusammen die beiden an früherer Stelle erwähnten und gewünschten Eigenschaften der Nachfragefunktion d zur Geltung kommen. (3)(a) verlangt, daß für jede Preisfunktion p' und jede Person j die durch $d(j,p',q^a)$ resultierende Verteilung die Tauschwertbedingung erfüllt, m.a.W. daß die auf diese Weise durch Tausch zustande kommende Endausstattung für jede der beteiligten Personen denselben Tauschwert hat wie ihre Anfangsausstattung. Und (3)(b) verlangt zusätzlich, daß die Nachfragefunktion zur Nutzenmaximierung führt, da jede Verteilung q', die ebenfalls die Tauschwertbedingung erfüllt, eine Ausstattung erzeugt, die keinen größeren Nutzen stiftet.

Die soeben gegebene Definition unterscheidet sich von D II-4 in W. BALZER, [Empirische Theorien], S. 87, dadurch, daß dort auf die Nachfragefunktion verzichtet wird und die beiden Bestimmungen (3)(a) und (b) mutatis mutandis für die Endverteilung q^e verlangt werden. Der Zusammenhang mit dem dortigen Symbolismus ist folgender: Die durch q^e festgelegte Endausstattung der Person j ist dasselbe wie $\langle q^e(j,1), \ldots, q^e(j,m)\rangle$, und dieses m-Tupel können wir mit der extensional gedeuteten Funktion $d(j,p,q^e)$ identifizieren.

Der Umstand, daß BALZER in [Empirische Theorien] die Nachfragefunktion überhaupt nicht benützte und die eigentlichen Axiome für die Endverteilung formulierte, hat zu einer Diskussion geführt, bei der wir für einen Augenblick verweilen. F. HASLINGER hat in [Alternative View] neben anderen Kritikpunkten darauf hingewiesen, daß nach Auffassung aller Fachleute die Nachfragefunktion von grundlegender Bedeutung sei und daher in den Apparat der Grundbegriffe mit aufgenommen werden sollte. Er schlägt danach eine andere Art der Rekonstruktion der tauschwirtschaftlichen Theorie im strukturalistischen Rahmen vor (Definition 1 bis 3, a.a.O. S. 125/126), worin ein wesentlicher Gebrauch von der Nachfragefunktion gemacht wird. BALZER hat in seiner Erwiderung in [Proper Reconstruction] darauf hingewiesen, daß im Rahmen der von HASLINGER gewählten Axiomatisierung die Nachfragefunktion d im modelltheoretischen Sinn mittels der übrigen Begriffe nachweislich definierbar ist. Diese Tatsache ist zwar nicht unmittelbar einsichtig, da die Definierbarkeitsbehauptung auf einem tiefliegenden Theorem beruht. Doch ändert das nichts daran, daß d nicht als Grundbegriff eingeführt zu werden braucht.

Die Feststellung von BALZER ist zwar korrekt. Sie hat aber sozusagen nur lokale Gültigkeit, nämlich im Kontext der betreffenden Auseinandersetzung. Denn HASLINGER arbeitet von vornherein mit einem wesentlich stärkeren Modellbegriff als wir, da er z. B. die Forderung der Markträumung sowie eine zusätzliche Annahme über die Gestalt der Nutzenfunktion einbezieht. Aus Gründen, die weiter unten kurz erörtert werden, nehmen wir diese Zusatzforderungen *nicht* in die Grundaxiome auf, sondern verlagern sie auf Spezialisierungen verschiedener Art. Mit der dadurch bewirkten Abschwächung der Grundaxiome entfällt die Möglichkeit, die Nachfragefunktion zu definieren. Wir haben daher die von HASLINGER vorgetragenen fachwissenschaftlichen Bedenken akzeptiert und die Nachfragefunktion als Grundbegriff eingeführt. Die Definitionsmöglichkeit dieser Funktion ist dann ‚nach unten verschoben', nämlich auf geeignete Spezialisierungen des Modellbegriffs. (Durch diese Verschiebung erhält die Definierbarkeitsfrage ein mehr logisches als wissenschaftsphilosophisches Gewicht.)

14.2.2 Erste Form der Spezialisierung: Die Markträumungsforderung. Für die gegenwärtig behandelte Theorie weichen wir von dem in 14.1 skizzierten Schema ab. Und zwar sollen verschiedene Fälle von Spezialisierungen behandelt werden, bevor wir noch auf das Theoretizitätsproblem, die intendierten Anwendungen und die empirische Behauptung zu sprechen kommen. Dafür sind allein praktische Erwägungen ausschlaggebend. Erstens nämlich läßt sich auf diese Weise vermutlich am besten *ein* Aspekt der Diskussionen durchschauen, die mit der Veröffentlichung der beiden ersten Arbeiten von BALZER zu diesem Thema begannen. Zweitens läßt sich, wie in 14.2.3 gezeigt werden soll, auf diese Weise eine sehr interessante *Analogie* herstellen zwischen der Newtonschen Mechanik und der Theorie der Tauschwirtschaft, eine Analogie, die sich vielleicht auch für andere Fälle von Theorienvergleich befruchtend auswirken wird.

Eine ihrer Hauptaufgaben erblickt die Theorie der Tauschwirtschaft darin, den Begriff des wirtschaftlichen Gleichgewichtes bei vorausgesetztem rationalen Handeln aller Wirtschaftssubjekte zu explizieren. In die Grundaxiome hatten wir nur *eine erste* notwendige Bedingung für das Bestehen eines Gleichgewichtes einbezogen, nämlich daß alle Beteiligten ihren Nutzen maximieren. In der Fachliteratur wird allgemein *eine zweite* notwendige Bedingung dafür angegeben, nämlich daß generell ‚alle Märkte geräumt' sind (im Englischen durch die Wendung „clearing of markets" wiedergegeben).

Inhaltlich läßt sich der Begriff der Markträumung am einfachsten mittels der Anfangsverteilung q^a und der Endverteilung q^e erläutern: Für jede Güterart k soll die Menge vor und nach dem Tausch, also die in q^a sowie die in q^e enthaltene Menge, dieselbe sein. Da diese Mengen aber identisch sind mit den im Besitz sämtlicher Personen befindlichen Mengen dieser Güterart k, sind die beiden Mengen gegeben durch die Summen $\sum_{i\in\mathfrak{P}} q^a(i,k)$ und $\sum_{i\in\mathfrak{P}} q^e(i,k)$. Die fragliche Forderung verlangt somit die Gleichheit dieser beiden Summen und zwar für *jede* Güterart.

Gegeben ein $x \in M(\ddot{O}KO)$, so erhalten wir die folgende erste Fassung des gesuchten Prinzips (die zweite Fassung in unserer Terminologie schreiben wir unmittelbar darunter an):

D14.2-5 x erfüllt die *Bedingung der Markträumung* gdw
 (*1. Fassung*) für alle $k \in G$: $\sum q^a(i,k) = \sum q^e(i,k)$;
 (*2. Fassung*) für alle $k \in G$ und für alle $p': G \to \mathbb{R}^+$:

$$\sum_{i\in\mathfrak{P}} q^a(i,k) = \sum_{i\in\mathfrak{P}} d(i,p',q^a).$$

Damit können wir die erste Spezialisierung einführen. Zwecks Unterscheidung der einzelnen Spezialisierungen voneinander verwenden wir obere Zahlenindizes, die mit 1 beginnen.

D14.2-6 $x \in M^1(\ddot{O}KO)$ (x ist ein *Modell der Tauschwirtschaft mit Markträumung*) gdw gilt:
(1) $x \in M(\ddot{O}KO)$;
(2) x erfüllt die Bedingung der Markträumung.

14.2.3 Markträumung und Gleichgewicht. Die vorangehende Darstellung weicht inhaltlich von den meisten fachwissenschaftlichen Behandlungsweisen der Tauschwirtschaft in zweifacher Hinsicht ab. Erstens wurde das Prinzip der Markträumung nicht in die Grundaxiome einbezogen, sondern als Spezialgesetz eingeführt. Zweitens wurde der Begriff des Gleichgewichtes nicht benützt und damit auch nicht der Anspruch erhoben, daß die Endverteilung q^e einer Tauschwirtschaft mit einer Gleichgewichtsverteilung identifiziert werden könne.

Dies scheint der üblichen nationalökonomischen Auffassung zu widersprechen, die sich etwa wie folgt charakterisieren läßt: „Der Begriff des Marktgleichgewichtes ist ein zentraler tauschwirtschaftlicher Begriff. Die beiden oben in die Definition des Begriffs der Tauschwirtschaft aufgenommenen Gesetze, nämlich die Tauschwertbedingung und die Nutzenmaximierung, liefern zwar notwendige Bedingungen für das Bestehen eines Gleichgewichtes. Sie bilden jedoch auch miteinander noch keine hinreichende Bedingung für ein solches, sondern erst zusammen mit einer dritten notwendigen Gleichgewichtsbedingung, eben der Markträumung. Aus diesem Grund sollte das Markträumungsprinzip als Grundaxiom in den Begriff der Tauschwirtschaft einbezogen werden. Und die Endverteilung q^e ließe sich dann mit der Gleichgewichtsverteilung identifizieren."

Worum es bei diesem potentiellen Konflikt zwischen fachwissenschaftlicher Sicht und wissenschaftstheoretischer Betrachtungsweise geht, wollen wir durch ein physikalisches Analogiebeispiel zu illustrieren versuchen. Wir erinnern zunächst daran, daß wir zwei Kriterien benützen, um herauszubekommen, ob ein Gesetz als ein in den Kern des Basiselementes einzubeziehendes Fundamentalgesetz einer Theorie aufzufassen ist. Nach dem ersten Kriterium muß es sich um ein *Verknüpfungsgesetz* handeln, welches eine Verbindung stiftet zwischen möglichst vielen theoretischen und nicht-theoretischen Begriffen. (In Kap. 5 wurde dieser Gesichtspunkt für eine scharfe Abgrenzung der Mengen M_p und M benützt.) Unser Axiom (3)(b) von D14.2-4, also das Prinzip der Nutzenmaximierung bei Erfüllung der Tauschwertbedingung, kann als das grundlegende Verknüpfungsgesetz der Theorie der Tauschwirtschaft angesehen werden. Das Prinzip der Markträumung erbringt demgegenüber eine viel geringere Verknüpfungsleistung.

Das Analogiebeispiel sei die klassische Partikelmechanik. Wir können darin dem Prinzip der Nutzenmaximierung das zweite Axiom von NEWTON entsprechen lassen, welches alle theoretischen und nicht-theoretischen Begriffe dieser Theorie zueinander in Beziehung setzt. Dem Markträumungsprinzip korrespondiere in diesem Analogiebild das dritte Axiom von NEWTON. Im einen wie im anderen Fall bildet die viel geringere Verknüpfungsleistung *ein* Motiv für den Beschluß, das fragliche Prinzip bloß als Spezialgesetz aufzufassen. Wir werden dabei von der metawissenschaftlichen Hypothese geleitet, daß die Fundamentalgesetze von Theorien stets Verknüpfungsgesetze sind.

Doch daneben ist noch das zweite Kriterium zu berücksichtigen. Nicht jedes Verknüpfungsgesetz ist in den Basiskern einzubeziehen, nämlich dann nicht, wenn das fragliche Gesetz *nicht in sämtlichen intendierten Anwendungen* gilt. Wie verhalten sich unsere Beispiele unter diesem Aspekt? Überraschenderweise gelangen wir auch diesmal zu einer Parallele. Wir beginnen mit dem physikalischen Fall. Das dritte Axiom von NEWTON gilt nur dort, wo nach außen hin abgeschlossene physikalische Systems vorliegen. Da im Rahmen der klassischen Partikelmechanik jedoch auch nicht-abgeschlossene Systeme untersucht werden können und tatsächlich studiert werden, wäre es, wissenschaftstheoretisch betrachtet, inkorrekt, das dritte Axiom dem Basiskern der Theorie einzuverleiben. Analog gibt es Anwendungen der Tauschwirtschaft, in denen die Markträumungsbedingung nicht erfüllt ist, weil *kein Gleichgewichtszustand* vorliegt. In

Theorien des Marktungleichgewichtes werden derartige Fälle sogar systematisch studiert.

Jetzt können wir die Wurzel des angedeuteten Konfliktes lokalisieren und zugleich schildern, wie er am zweckmäßigsten zu beheben ist. Wenn ein Physiker zu einer Forschergruppe gehört, die sich niemals mit nicht-abgeschlossenen Systemen beschäftigt, so kann er sich bei seinen Untersuchungen so verhalten, als sei das dritte Axiom ein Bestandteil des Fundamentalgesetzes seiner Theorie. Und in ähnlicher Weise kann sich ein Nationalökonom, der ausschließlich Gleichgewichtszustände studiert, für seine Zwecke von der Arbeitshypothese leiten lassen, das Prinzip der Markträumung sei ein Grundaxiom seiner Theorie.

Eine solche Position kann man tolerieren, obwohl sie wissenschaftstheoretisch nicht ganz korrekt ist. Der Wissenschaftsphilosoph muß nämlich unterscheiden zwischen den Aufgabenstellungen einer wissenschaftlichen Disziplin als solcher und den evtl. viel spezielleren Zielsetzungen einzelner Wissenschaftler und Forschergruppen. Die ersteren, nicht jedoch die letzteren legen den Bereich der intendierten Anwendungen fest. Daß man das erwähnte Vorgehen trotzdem tolerieren kann, beruht darauf, daß es als vereinfachende Als-Ob-Konstruktion deutbar ist. In einem solchen Fall deutet nämlich der Fachmann ein rudimentäres Theoriennetz, bestehend aus einem Theorie-Element und einer Spezialisierung davon, so, als bestünde es nur aus einem einzigen Theorie-Element, nämlich dem durch Spezialisierung hervorgegangenen. Diese Behandlung eines Theoriennetzes, als sei es ein Theorie-Element, kann die praktische Arbeit vereinfachen. Wenn die Umstände es verlangen, kann man die Vereinfachung rückgängig machen, indem man das ad hoc zurechtgelegte Theorie-Element wieder ‚auseinanderzieht' und in das zweigliedrige Netz zurückübersetzt.

Im wirtschaftswissenschaftlichen Fall ergibt sich dabei eine zusätzliche Komplikation, auf die BALZER in [Proper Reconstruction] auf S. 189 hinweist. Nationalökonomen haben, wie viele andere Fachwissenschaftler auch, die Neigung, *realistisch* zu denken und zu sprechen. Wenn sie den Ausdruck „Gleichgewicht" verwenden, dann meinen sie damit häufig gar nicht den innerhalb einer Theorie konzipierten Begriff, sondern einen Gleichgewichtszustand ‚in der wirtschaftlichen Realität', der allen Konzeptualisierungen gegenüber primär ist und die empirische Basis für die Prüfung theoretischer Gleichgewichtszustände bildet. Für das Bestehen eines derartigen wirklichen Gleichgewichtszustandes gibt es (mindestens) drei notwendige Bedingungen: erstens daß alle beteiligten Wirtschaftssubjekte ihren Nutzen maximieren; zweitens daß alle Märkte geräumt sind; und drittens daß während einer gewissen Mindestzeitspanne die Preise, Nutzenbewertungen und verfügbaren Güter konstant bleiben. Die letzte dieser Bedingungen zeigt, daß innerhalb dieser realistischen Betrachtung die *dynamische* Denkweise überwiegt, bei der die Zeit eine Rolle spielt. Es muß daher von vornherein bezweifelt werden, ob *eine rein statische Theorie*, wie die Theorie *ÖKO*, in der von der Zeit völlig abstrahiert wird, überhaupt dafür geeignet ist, reale Gleichgewichtszustände zu erfassen. (Dazu die folgende gedankliche Gegenprobe: Kaum ein in der skizzierten Weise ‚realistisch' denkender Nationalökonom wird von einem System, dessen Preise,

Nutzenbewertungen und Nachfragefunktionen sich ständig ändern, sagen wollen, daß es sich im Gleichgewichtszustand befindet, selbst wenn die beiden erstgenannten Bedingungen: Nutzenmaximierung und Markträumung, zu jedem Zeitpunkt erfüllt sind.) Um den durch die realistische Denkneigung hervorgerufenen Gefahren zu begegnen, wäre es vielleicht zweckmäßig, den prätheoretischen Begriff mit „$Gleichgewicht_{real}$" abzukürzen, den auf die Tauschwirtschaft bezogenen mit „$Gleichgewicht_{ÖKO}$" und hinzuzufügen, daß diese beiden Begriffe in einem gewissen Sinn inkommensurabel sind. Denn der erste dieser Begriffe dient der Bezeichnung eines dynamischen Sachverhaltes, zu dessen Erfassung eine statische Theorie wie $ÖKO$, zu welcher der zweite Begriff gehört, prinzipiell außerstande ist.

14.2.4 Grenznutzen und Formen der Nutzenfunktion.

Im folgenden setzen wir stets eine bestimmte Tauschwirtschaft x als gegeben voraus mit $x = \langle \mathfrak{P}, G, q^a, U, p, d \rangle$ sowie $\mathfrak{P} = \{i_1, \ldots, i_n\}$ und $G = \{1, \ldots, m\}$. Wir betrachten eine Person $i \in \mathfrak{P}$, eine Güterart $k \in G$ und außerdem eine Verteilung q, welche die Tauschwertbedingung für x erfüllt, also $q \in TWB_x$. Relativ zu der tatsächlichen Ausstattung von i bei der individuellen Güterverteilung q_i kann man den Begriff des Grenznutzens des Gutes (der Art) k einführen als diejenige Änderung des Nutzens, die sich für die Person i dadurch ergibt, daß ihr eine Einheit des Gutes k mehr zur Verfügung steht als in der tatsächlichen Ausstattung. Genauer erhalten wir, wenn wir die fragliche Nutzenänderung als die Differenz des Nutzens definieren, den die Person i aus der größeren und kleineren Gütermenge zieht:

D14.2-7 (a) Es sei $i \in \mathfrak{P}$; $k \in G$; $q \in TWB_x$. Der *Grenznutzen* $\Delta_k U_i(q_i(1), \ldots, q_i(m))$ *des Gutes k für die Person i bei der individuellen Verteilung q_i* ist definiert durch:
$\Delta_k U_i(q_i(1), \ldots, q_i(m)) := U_i(q_i(1), \ldots, q_i(k-1), q_i(k)$
$+ 1, q_i(k+1), \ldots, q_i(m)) - U_i(q_i(1), \ldots, q_i(m))$.

(b) es sei $i \in \mathfrak{P}; k, j \in G; q \in TWB_x$. Die *Substitutionsrate der Person i für die Güter k und j bei der Verteilung q* ist definiert durch:

$$SubstR(i, k, j, q) := \frac{\Delta_k U_i(q_i(1), \ldots, q_i(m))}{\Delta_j U_i(q_i(1), \ldots, q_i(m))}.$$

Die Substitutionsrate (von i bei q) ist also nichts anderes als das Verhältnis der Grenznutzen der beiden fraglichen Güter k und j.

Wenn der Nutzen für eine Person mit größer werdender Gütermenge wächst, so sagt man, die Nutzenfunktion dieser Person sei eine *normale* Nutzenfunktion oder sie habe die *Normalform*. Dieser Begriff kann gleich für die in x vorkommende globale Nutzenfunktion definiert werden:

D14.2-8 U hat *Normalform* (oder ist eine *normale Nutzenfunktion*) gdw für alle $i \in \mathfrak{P}$ und $k \in G$ sowie für alle $r_1, \ldots, r_m \in \mathbb{R}_0^+$:
$\Delta_k U_i(r_1, \ldots, r_m) \geqq 0$.

Die Einsetzung in die vorangehende Definition zeigt, daß diese Bestimmung genau das liefert, was intendiert ist: Die Person i zieht aus derjenigen der beiden Ausstattungen, bei der vom k-ten Gut eine Einheit mehr verfügbar ist, während in bezug auf die Mengen der übrigen Güterarten alles gleich bleibt, einen größeren Nutzen als aus der anderen Ausstattung. (Vgl. bei BALZER, [Empirische Theorien], die Veranschaulichung des Sachverhaltes auf S. 96 sowie die Diskussion auf S. 97. Eine analoge Veranschaulichung zur folgenden Definition findet sich dort auf S. 99).

Für viele Zwecke ist es nützlich, den Begriff der Tauschwirtschaft mit normaler Nutzenfunktion zur Verfügung zu haben.

D14.2-9 $x \in M^2(\ddot{O}KO)$ (x ist eine *Tauschwirtschaft mit normaler Nutzenfunktion* gdw es ein $\mathfrak{P}, G, q^a, U, p, d$ gibt, so daß
(1) $x = \langle \mathfrak{P}, G, q^a, U, p, d \rangle$;
(2) $x \in M(\ddot{O}KO)$, d.h. x ist eine Tauschwirtschaft;
(3) U hat Normalform.

Analog wie im Fall der Markträumung handelt es sich auch hier um eine Spezialisierung der Theorie der Tauschwirtschaft, da gilt: $M^2(\ddot{O}KO) \subseteq M(\ddot{O}KO)$.

Als nächstes führen wir das Gesetz vom abnehmenden Grenznutzen ein, zunächst auf eine bestimmte Person und dann auf eine Tauschwirtschaft bezogen. Die leitende Grundidee ist dabei die folgende: Der Nutzenzuwachs, den eine Person aus einer zusätzlichen Einheit eines Gutes *bei gegebener Anfangsausstattung* zieht, ist größer als der Nutzen, den sie aus einer zusätzlichen Einheit dieses Gutes *bei größerer Anfangsausstattung* zieht. Genauer sagen wir:
Für die Person $i \in \mathfrak{P}$ gilt bezüglich des Gutes $k \in G$ *das Gesetz vom abnehmenden Grenznutzen* gdw für alle $r_1, \ldots, r_m \in \mathbb{R}_0^+$ gilt:

$$\Delta_k U_i(r_1, \ldots, r_{k-1}, r_k + 1, \ldots, r_m) \leq \Delta_k U_i(r_1, \ldots, r_m).$$

D14.2-10 $x \in M^3(\ddot{O}KO)$ (x ist eine *Tauschwirtschaft, in der das Gesetz vom abnehmenden Grenznutzen gilt*) gdw es ein $\mathfrak{P}, G, q^a, U, p, d$ gibt, so daß
(1) $x = \langle \mathfrak{P}, G, q^a, U, p, d \rangle$;
(2) $x \in M(\ddot{O}KO)$, d.h. x ist eine Tauschwirtschaft;
(3) für sämtliche Personen $i \in \mathfrak{P}$ gilt bezüglich jedes Gutes $k \in G$ das Gesetz vom abnehmenden Grenznutzen.

Es gilt: $M^3(\ddot{O}KO) \subseteq M^2(\ddot{O}KO)$.

In der heutigen Fachliteratur wird häufig eine andere Formulierung benützt, die mit dem Gesetz vom abnehmenden Grenznutzen äquivalent ist. Dafür benötigt man den mathematischen Begriff der strengen Konvexität. Eine Funktion $\varphi: \mathbb{R}^n \to \mathbb{R}$ heißt *streng konvex* gdw für alle $\mathfrak{x}_1, \mathfrak{x}_2 \in \mathbb{R}^n$ mit $\mathfrak{x}_1 \neq \mathfrak{x}_2$ sowie für alle $\alpha \in \mathbb{R}$ mit $0 < \alpha < 1$ gilt: $\alpha \varphi(\mathfrak{x}_1) + (1-\alpha)\varphi(\mathfrak{x}_2) < \varphi(\alpha \mathfrak{x}_1 + (1-\alpha)\mathfrak{x}_2)$. Wenn wir, wie üblich, das Argument rechts eine konvexe Kombination der Vektoren $\mathfrak{x}_1$ und $\mathfrak{x}_2$ nennen und analog den linken Wert als eine konvexe Kombination der beiden Funktionswerte bezeichnen, so besagt die Ungleichung: Die konvexe

Kombination zweier Funktionswerte ist kleiner als der Funktionswert der entsprechenden konvexen Kombination der Argumente, das Wort „entsprechend" in dem Sinn verstanden, daß beide Male dieselbe reelle Zahl α gewählt wird.

Unter Verwendung dieses Begriffs kann eine Tauschwirtschaft, für die das Gesetz vom abnehmenden Grenznutzen gilt, in der Weise definiert werden, daß die Bestimmung (1) der letzten Definition übernommen wird, während (2) und (3) durch die folgenden Aussagen ersetzt werden:

(2') $x \in M^2(\ddot{O}KO)$, d.h. x ist eine Tauschwirtschaft mit normaler Nutzenfunktion;
(3') U ist streng konvex.

Am Ende von 14.2.1 sind wir auf die Definitionsmöglichkeiten von d bei geeigneten Spezialisierungen zu sprechen gekommen. Wir haben hier getrennt die Spezialisierungen durch verschiedene besondere Annahmen über die Nutzenfunktion einerseits und durch die Markträumung andererseits betrachtet. Wenn man diejenige wählt, die HASLINGER in [Alternative View] für seine Darstellung benützt und auf die sich das fragliche Theorem von BALZER bezieht, so muß man in unserer Symbolik den Durchschnitt $M^1 \cap M^3$ bilden. Dann gilt also in der Tat:

Th. 14.2-1 Wählt man q^e statt d als Grundbegriff, so ist d in $M^1(\ddot{O}KO) \cap M^3(\ddot{O}KO)$ definierbar.

Für den Beweis vgl. BALZER, [Exchange Economics] und [Proper Reconstruction].

Bisweilen wird die mathematische Form der Nutzenfunktion noch wesentlich genauer beschrieben. Ein Beispiel bildet die Stone-Geary-Nutzenfunktion. (Vgl. dazu auch BALZER, [Empirische Theorien], S. 100f.) i sei eine beliebige Person. $g_1, \ldots, g_m$ seien reelle Konstante, die angeben, wieviele Einheiten von den jeweiligen Gütern $1, \ldots, m$ die Person zur Verfügung haben muß, um leben zu können. Die Zahlen $r_1, \ldots, r_m$ sollen die tatsächliche individuelle Ausstattung von i angeben. Weiter werde angenommen, daß die m verschiedenen Güterarten mit verschiedenen Wichtigkeitskoeffizienten oder Gewichten in die Nutzenfunktion eingehen; $\beta_1, \ldots, \beta_m$ seien diese Gewichte.

Für die Tauschwirtschaft x und die Person $i \in \mathfrak{P}$ heißt die individuelle Nutzenfunktion U_i eine *Stone-Geary-Nutzenfunktion* gdw es $\beta_1, \ldots, \beta_m$, $g_1, \ldots, g_m \in \mathbb{R}^+$ gibt, so daß für alle $r_1, \ldots, r_m \in \mathbb{R}$:

$$U_i(r_1, \ldots, r_m) = \sum_{i=1}^{m} \beta_i \cdot \log(r_i - g_i).$$

Wenn in D14.2-9 die Bestimmung (3) ersetzt wird durch:
(3) für alle $i \in \mathfrak{P}$ ist U_i eine Stone-Geary-Nutzenfunktion,
so erhalten wir das Definiens für das Prädikat „x ist eine Stone-Geary-Tauschwirtschaft" oder abgekürzt: „$x \in M^4(\ddot{O}KO)$".

Nachweislich ist in einer Stone-Geary-Tauschwirtschaft das Gesetz vom abnehmenden Grenznutzen erfüllt, d.h. es gilt:

$M^4(\ddot{O}KO) \subseteq M^3(\ddot{O}KO)$.

14.2.5 Theoretizität, partielle Tauschwirtschaften, Querverbindungen und Kerne.

Potentielle Modelle und Modelle der Theorie $\ddot{O}KO$ sind Strukturen von der Gestalt $x = \langle \mathfrak{P}, G, q^a, U, p, d \rangle$. In der Frage der Theoretizität ergaben sich im Verlauf der Diskussion, die darüber stattgefunden hat, Änderungen, die einerseits durch die Kritik von fachwissenschaftlicher Seite, andererseits durch die Entwicklung der vorliegenden Metatheorie bedingt waren. Ursprünglich hatte BALZER das intuitive Kriterium aus BALZER und MOULINES, [Theoreticity], zugrunde gelegt und war zu dem Ergebnis gelangt, daß der Begriff bzw. der Term $\bar{U}$, also der die Nutzenfunktion ausdrückende Term, theoretisch sei. (Die Ausdrücke „Begriff" bzw. „Term" wurden hier so verwendet wie in Kap. 5; vgl. insbesondere D 5-7.) Dies entspricht nicht den Auffassungen der Wirtschaftswissenschaftler. Den Grund dafür hat HASLINGER in [Alternative View] auf S. 121 klar formuliert. Der Nutzenfunktion liegt, wie dies auch BALZER in [Empirische Theorien] auf S. 107ff. ausführlich schildert, jeweils eine Präferenzordnung zugrunde. Diese Präferenzstruktur kann zumindest approximativ auf rein empirische Weise, und damit unabhängig von der Theorie, ermittelt werden, indem man das fragliche Wirtschaftssubjekt mit einer großen Anzahl von Güterbündeln konfrontiert und seine Reaktion darauf registriert. Dadurch gewinnt man eine Ordnung zwischen diesen Güterkombinationen.

Die Hauptquelle für die Gewinnung eines unrichtigen Resultates dürfte, wie BALZER in [Messung], S. 209 hervorhebt, darin zu erblicken sein, daß in jenem älteren Kriterium auch rein mathematische Bestimmungsmethoden als Meßmodelle zugelassen worden sind. Zum Unterschied davon gelangt man aufgrund des neuen, in Kap. 6 geschilderten Kriteriums von BALZER zu folgendem Resultat:

Th. 14.2-2 *Die Terme q^a und U sind $\ddot{O}KO$-nicht-theoretisch. Dagegen sind die beiden Terme p und d, bzw. p und q^e, $\ddot{O}KO$-theoretisch.*

Der Nachweis hierfür findet sich bei BALZER, [Messung], auf S. 207/208, unter Benützung von Lemma 4 bis 6 auf S. 205/206. Der dortige Beweis bezieht sich zwar nur auf den Begriff q^e und nicht auf den damals noch nicht verwendeten Begriff d. Er überträgt sich jedoch auf diesen komplexeren Begriff, durch den q^e in der früher angegebenen Weise definiert werden kann.

Dieser Lehrsatz ist nicht nur deshalb bemerkenswert, weil er den Einklang mit der Auffassung der Fachleute wiederherstellt, sondern auch deshalb, weil er zeigt, daß hier die Diskussion über die Natur der Theoretizität in einem Resultat einmündete, welches mit der *Änderung der Metatheorie* übereinstimmt. Anders ausgedrückt: Die beiden formalen Kriterien von GÄHDE und von BALZER liefern nicht bloß eine *Präzisierung* des Kriteriums, sondern *ändern* es auch inhaltlich. Den hier erzielten Einklang mit den fachwissenschaftlichen Vorstellungen kann man als ein empirisches Symptom für die Überlegenheit des formalen Kriteriums gegenüber dem intuitiven Kriterium betrachten.

D14.2-11 $y \in M_{pp}(\ddot{O}KO)$ (y ist ein *partielles potentielles Modell von ÖKO*) gdw es ein $\mathfrak{P}, G, q^a, U$ gibt, so daß gilt:
(1) $y = \langle \mathfrak{P}, G, q^a, U \rangle$;
(2) $\mathfrak{P} = \{i_1, \ldots, i_m\}$ ist eine endliche Menge von Personen;
(3) $G = \{1, \ldots, m\}$ ($= \mathbb{N}_m$) ist eine endliche Menge von Güterarten;
(4) q^a ist eine globale Anfangsverteilung der Güter, d.h. $q^a: \mathfrak{P} \times G \to \mathbb{R}_0^+$;
(5) U ist eine globale Nutzenfunktion, die beliebig oft differenzierbar ist, d.h. $U: \mathfrak{P} \times (\mathbb{R}_0^+)^m \to \mathbb{R}$ und U ist C^∞.

Hinsichtlich der Frage der Querverbindungen beschränken wir uns auf die Wahl eines einzigen solchen Gesetzes höherer Ordnung, nämlich des Analogons zum Identitätsconstraint für die Massenfunktion in der klassischen Partikelmechanik. Wir nennen sie die *Querverbindung der Konstanz* (oder, wie einige es vorziehen würden zu sagen: *der Stabilität*) *der Nutzenfunktion*.

D14.2-12 $X \in Q(\ddot{O}KO)$ (X erfüllt die *Querverbindung der Stabilität der Nutzenfunktion*) gdw gilt:
(1) $X \subseteq M_p(\ddot{O}KO)$;
(2) $X \neq \emptyset$;
(3) für alle $x, y \in X$ sowie für alle Personen i: wenn $i \in \mathfrak{P}^x \cap \mathfrak{P}^y$, dann $U_i^x = U_i^y$.

(Dabei sind $\mathfrak{P}^x$ und $\mathfrak{P}^y$ die Mengen der Personen der Strukturen x und y und analog U^x und U^y die Nutzenfunktionen der beiden Strukturen.)

Die erwähnte Analogie zur Mechanik beschränkt sich auf den rein formalen Aspekt. Denn inhaltlich betrachtet haben die beiden Querverbindungen in diesen beiden Disziplinen einen sehr verschiedenen Status. In der Mechanik ist die Identitätsquerverbindung für die Masse fast eine Selbstverständlichkeit. In der Tauschwirtschaft ist die eben definierte Querverbindung hingegen *das Produkt einer sehr starken Idealisierung*. Sie beinhaltet ja die Behauptung, daß die Nutzenfunktion einer Person sich nicht ändert, wenn diese Person von einem Modell in ein anderes überwechselt. Denn nur im Fall eines solchen ‚Überwechselns' überschneiden sich die Modelle in dieser Person. Tatsächlich dürfte diese Bedingung recht selten erfüllt sein, da die Menschen sich ändern und zwar gerade auch in den Eigenschaften, die für die Tauschwirtschaft von Relevanz sind. Darin liegt vermutlich einer der Gründe für die begrenzte Anwendbarkeit tauschwirtschaftlicher Theorien, ebenso wie anderer ökonomischer Theorien.

Der Kern des Basiselementes kann analog eingeführt werden wie in den übrigen Fällen.

D14.2-13 $K(\ddot{O}KO)$ ist der *Kern* des Basiselementes von $\ddot{O}KO$ gdw es ein M_p, M, M_{pp} und Q gibt, so daß
(1) $K = \langle M_p, M, M_{pp}, Q \rangle$;

(2) M_p ist die Klasse aller potentiellen Modelle von $ÖKO$
$(M_p := M_p(ÖKO))$;
(3) M ist die Klasse aller Modelle von $ÖKO$ $(M := M(ÖKO))$;
(4) M_{pp} ist die Klasse aller partiellen potentiellen Modelle von $ÖKO$
$(M_{pp} := M_{pp}(ÖKO))$;
(5) Q ist die Querverbindung der Stabilität der Nutzenfunktion.

14.2.6 Intendierte Anwendungen und empirische Behauptung.
Wie immer muß die Menge I der intendierten Anwendungen die formale Minimalbedingung erfüllen:

$$I \subseteq M_{pp}(ÖKO).$$

Als paradigmatische Beispiele aus I_0 kann man bestimmte kleine Gesellschaften wählen, welche die Bedingungen von D 14.2-11 erfüllen. Diese Gesellschaften bestehen aus endlich vielen Personen, denen allen je eine Nutzenfunktion (oder ein zugrunde liegendes Präferenzsystem) zugeschrieben werden kann und auf die Mengen endlich vieler Güterarten anfänglich verteilt sind. Die in BALZER, [Empirische Theorien], auf S. 68 ff. geschilderten Fälle können als derartige Beispiele angesehen werden.

Lassen wir für einen Moment die Querverbindungen außer Betracht, so können wir die empirische Behauptung in einer der beiden folgenden Fassungen formulieren:

(a) Zu jedem $y \in I$ gibt es eine Funktion p sowie eine Funktion (ein Funktional) d, so daß $\langle y, p, d \rangle \in M(ÖKO)$;
(b) zu jedem $y \in I$ gibt es ein $x \in M(ÖKO)$, so daß $y = r^0(x)$, oder noch kürzer: $I \subseteq r^1(M)$.

Das Problem der theoretischen Terme ist hier, woran nochmals erinnert sei, in der üblichen Weise zum Verschwinden gebracht worden. Da die Sätze (a) und (b) Ramsey-Gestalt haben, brauchen bei ihrer empirischen Überprüfung die beiden nur theorienabhängig meßbaren Größen nicht ermittelt zu werden; denn die Annahme, daß sie meßbar seien, wird hier abgeschwächt zu der Annahme ihrer bloßen Existenz. Die Beantwortung dieser Frage aber ist, nach erfolgter Ermittlung der relevanten nicht-theoretischen Daten, eine logisch-mathematische, also keine empirische Aufgabe.

Je nachdem, ob man derartige Funktionen stets finden kann oder nicht, ist diese abgeschwächte Behauptung empirisch gehaltleer oder empirisch gehaltvoll. Was uns jedoch im ersten Schritt wirklich zu interessieren hat, ist die Frage, ob die dem *Basiselement* $\langle K, I \rangle$, mit K aus D 14.2-13, zugeordnete empirische Aussage gehaltvoll ist oder nicht. Hier muß natürlich auch die Querverbindung Q verwendet werden. In diesem Fall ist die Antwort eindeutig bejahend, da die in verschiedenen intendierten Anwendungen vorkommenden Personen nicht die Stabilität der Nutzenfunktion zu erfüllen brauchen. Personen sind, wie wir bereits früher betonten, keine unveränderlichen Entitäten; insbesondere sind ihre Präferenzen meist einem Wandel unterworfen.

Gerade diese ‚Wirklichkeitsferne' in der Annahme der Stabilität der Nutzenfunktion könnte einen dazu veranlassen, anders zu reagieren, nämlich zu sagen: Nationalökonomische Theorien von der hier betrachteten Art beanspruchen überhaupt nicht, empirische Theorien zu sein, die bestimmte *reale Anwendungen* beschreiben und das, was darin vorkommt, erklären. Vielmehr handle es sich dabei um *reine Theorien*, die einerseits so starke Idealisierungen enthalten, daß jeder echte Wirklichkeitsbezug wegfällt, die aber andererseits doch dazu beitragen, eine prinzipielle Einsicht in gewisse Aspekte eines Bereiches von Phänomenen dadurch zu liefern, daß sie diesen Bereich in bestimmter Weise strukturieren. Nimmt man diese Position ein, so fallen alle Fragen fort, die mit intendierten Anwendungen und auf diese bezogenen empirischen Behauptungen zu tun haben. (Zum Begriff der *reinen Theorie* vgl. auch BALZER, [Empirische Theorien], S. 127f.)

Stellt man sich hingegen nicht auf diesen Standpunkt, sondern hält die empirische Anwendung für prinzipiell möglich, so kann die analoge Frage für die Spezialisierungen aufgeworfen werden. Und da muß dann die Antwort analog lauten wie in bezug auf Q: Ebenso wie die Aussage der Stabilität der Nutzenfunktion im Prinzip empirisch widerlegbar ist, so sind auch solche Prinzipien wie das der Markträumung oder der Normalität der Nutzenfunktion potentiell falsifizierbar: die Märkte *müssen nicht* nach Beendigung der Tauschprozesse geräumt sein; und die Nutzenfunktion *muß nicht* normale Gestalt haben (und sei letzteres auch nur wegen Übersättigung einiger Konsumenten). In allen diesen Fällen ist also der empirische Gehalt sicherlich gegeben.

Wenn die Theorie der Tauschwirtschaft und ähnliche ökonomische Theorien für interessante Fälle *empirisch erfolgreich* angewendet werden können, so nur dadurch, daß der Apparat entsprechend verfeinert wird und daß man Verfahren der sukzessiven Annäherung oder Approximation an die ökonomische Realität einführt. Ob man einen solchen Weg einschlagen oder sich auf die Position der reinen Theorie zurückziehen soll, ist eine Frage, die nicht der Wissenschaftsphilosoph zu beantworten hat, sondern allein der dafür zuständige Fachmann.

Technische Anmerkung. In der nationalökonomischen Fachliteratur werden Preise und Verteilungen gewöhnlich nicht als Funktionen p und q, sondern als *Vektoren* eingeführt. Wegen des endlichen Argumentbereiches von p und q ist diese Behandlungsweise stets im Prinzip möglich. Statt mit der Funktion wird bei diesem Alternativmodell mit dem endlichen Werte-Tupel dieser Funktion für alle Argumente gearbeitet. Der Vorteil dieses Verfahrens zeigt sich vor allem bei der Nachfragefunktion; denn diese kann dort als Funktion von Vektoren in Vektoren eingeführt werden, während wir sie als Funktional behandeln mußten. Dieser prima-facie-Vorteil wird jedoch kompensiert durch den Zwang, viele Indizes verwenden zu müssen. Wir haben uns hier für die Funktionenschreibweise entschieden, da diese bei physikalischen Theorien unvermeidlich ist und daher sowohl in den allgemeinen Teilen dieses Buches als auch für andere Beispiele verwendet wurde. Diejenigen Leser, welche sich für die mehrfach erwähnte Diskussion genauer interessieren, seien darauf aufmerksam gemacht, daß sich HASLINGER in [Alternative View] der Vektorenschreibweise bedient.

Historische Anmerkung. Die drei kritischen Problempunkte in der Diskussion zwischen BALZER und HASLINGER seien nochmals zusammenfassend hervorgehoben:
(1) Der erste Einwand von HASLINGER betraf die Auslassung der Nachfragefunktion. Diesen Punkt haben wir unmittelbar im Anschluß an D14.2-4 zur Sprache gebracht.

(2) Die zweite Kritik bezog sich auf das Fehlen der Markträumungsbedingung in den Grundaxiomen. Diese Frage wurde in 14.2.3 erörtert.

(3) In seinem dritten Einwand führte HASLINGER Gründe dafür an, warum die ursprüngliche Vermutung BALZERs, die Nutzenfunktion sei theoretisch, nicht zutreffend sei. Wie in 14.2.5 hervorgehoben wurde, ist diese Kritik berechtigt und steht im Einklang mit dem von BALZER in [Messung] benützten formalen Theoretizitätskriterium. Damit ist zugleich an einem konkreten Beispiel demonstriert wroden, daß der Übergang vom ursprünglichen intuitiven zum formalen Kriterium einen Wandel der metatheoretischen Auffassungen widerspiegelt und nicht bloß eine Präzisierung dieser Auffassungen darstellt. Zugleich darf man darin wohl einen wenn auch nur partiellen und indirekten Hinweis darauf erblicken, daß das neue Kriterium adäquat ist. Denn wenn die Fachleute der gemeinsamen Überzeugung sind, daß der Nutzen eine unabhängig von der tauschwirtschaftlichen Theorie meßbare Funktion ist, so sollte ein adäquates Kriterium diese Überzeugung respektieren, d.h. mit ihr im Einklang stehen. Und dies ist hier der Fall.

Literatur

BALZER, W. [Empirische Theorien], *Empirische Theorien: Modelle-Strukturen-Beispiele*, Braunschweig 1982.

BALZER, W. [Exchange Economics], "A Logical Reconstruction of Pure Exchange Economics", *Erkenntnis* 17 (1982), S. 23–46.

BALZER, W. [Messung], *Messung im strukturalistischen Theorienkonzept*, Habilitationsschrift, München 1982 (erscheint unter dem Titel *Theorie und Messung* bei Springer).

BALZER, W. [Proper Reconstruction], "The Proper Reconstruction of Exchange Economics", *Erkenntnis* 23 (1985), S. 185–200.

BALZER, W. und C.U. MOULINES [Theoreticity], "On Theoreticity", *Synthese* 44 (1980), S. 467–494.

HASLINGER, F. [Alternative View], "A Logical Reconstruction of Pure Exchange Economics: An Alternative View", *Erkenntnis* 20 (1983), S. 115–129.

14.3 Die Bayessche Entscheidungstheorie nach R. Jeffrey

14.3.0 Das Thema. SNEED hat in [Decision Theory] eine besonders elegante Fassung der Entscheidungstheorie, die auf R. JEFFREY zurückgeht, im strukturalistischen Rahmen rekonstruiert und diskutiert. Es kann als ein glücklicher Zufall betrachtet werden, daß eben diese Jeffreysche Variante der Entscheidungstheorie bereits viel früher im Kap. I des vierten Bandes dieser Reihe systematisch und ausführlich behandelt worden ist. (Vgl. [Rationale Entscheidung], S. 287–385, insbesondere Abschn. 7: *Die einheitliche Theorie von Jeffrey*, S. 323ff.) Wir können an dieser Stelle daher sowohl darauf verzichten, allgemeine Betrachtungen über die Entscheidungslogik anzustellen, als auch darauf, die Eigentümlichkeiten der Theorie von JEFFREY im einzelnen hervorzuheben. Der daran näher interessierte Leser findet diese Informationen a.a.O. auf S. 287ff. und S. 323ff.

Die gegenwärtige Behandlung dieser Variante der Entscheidungstheorie ist jedoch für sich abgeschlossen und von den Erörterungen in jenem Band unabhängig. Lediglich für gewisse beweistechnische Details werden wir auf dortige Resultate verweisen. Zwecks besserer Anpassung an die Formulierungen von SNEED sollen einige terminologische Änderungen vorgenommen werden.

Wo immer die dadurch entstehenden Unterschiede beim Vergleich mit der Darstellung in [Rationale Entscheidung] zu einer Konfusion führen könnten, machen wir ausdrücklich darauf aufmerksam. Zum Unterschied von der Behandlung bei SNEED werden wir jedoch die bisherige mengentheoretische Methode beibehalten. SNEED selbst benützt im zitierten Aufsatz bereits den abstrakteren kategorientheoretischen Formalismus.

Zunächst sei daran erinnert, daß die Entscheidungstheorie verschieden interpretiert werden kann. Nach *einer* möglichen Deutung handelt es sich um eine *deskriptive* Theorie, deren Aufgabe darin besteht, Erklärungen dafür zu liefern, wie Menschen tatsächlich Entscheidungen treffen. Gemäß einer *anderen* Deutung ist es eine *normative* Theorie, die Empfehlungen darüber ausspricht, wie Entscheidungen getroffen werden sollen. Vermutlich gibt es weitere Interpretationen, die zwischen diesen beiden Extremen liegen. Wir werden hier von der Frage, welche Deutung angemessen ist, vollkommen abstrahieren. Dazu sind wir aufgrund der folgenden Überlegung berechtigt: Worum es uns hier geht, ist die *logische Struktur* der Entscheidungstheorie in der Fassung von JEFFREY sowie die *logische Struktur* der dieser Theorie zugeordneten Behauptung. Die eben angedeuteten Unterschiede betreffen dagegen etwas anderes, nämlich den *Modus* dieser Behauptung. Den letzteren können wir vollkommen offen lassen. Wir sehen also einfach davon ab, ob diese Behauptung im deklarativen Modus, im imperativen Modus oder in einem von diesen beiden Modi verschiedenen Modus aufzufassen ist. Bei Vor- und Zwischenbetrachtungen, die allein der Erläuterung dienen, werden wir allerdings so tun, *als ob* die Theorie im deskriptiven Modus abgefaßt sei. Dies geschieht nur aus Gründen der Einfachheit. Die gewöhnlich benützte Deutung ist demgegenüber die normative. Legt man diese zugrunde, so erhält man erstmals eine im strukturalistischen Rahmen dargestellte normative Theorie. Die dieser Theorie zugeordnete Behauptung darf man dann natürlich *nicht* als *empirische* Behauptung der Theorie bezeichnen, wie wir dies in allen übrigen Fällen getan haben und noch tun werden.

14.3.1 Die nicht-theoretischen Strukturen und intendierten Anwendungen.

Wir nehmen an, daß den Gegenstand der Theorie von JEFFREY das Verhalten einer einzigen Person bildet, die wir als *den Handelnden* bezeichnen. Unter Zugrundelegung der oben erwähnten ‚deskriptiven Fiktion' beschreibt die Theorie das Verhalten dieser Person mittels der Präferenzen, die diese Person besitzt, und zwar sowohl mit Hilfe der Präferenzen bezüglich dessen, was sich ereignen könnte, als auch mit Hilfe der Präferenzen in bezug auf das, was die Person tun könnte.

Üblicherweise wird in der Entscheidungstheorie zwischen drei Arten von Entitäten unterschieden, nämlich den jeweiligen *Umständen*, den *Handlungen* und den *Resultaten* dieser Handlungen. Die Theorie von JEFFREY ist in dem Sinn eine *einheitliche* Theorie, als sie diese drei Arten von Entitäten auf eine einzige reduziert, nämlich auf *Propositionen*, welche dazu verwendet werden, um alle diese Dinge: Umstände, Handlungen und Handlungsresultate, zu beschreiben.

Dementsprechend können wir annehmen, daß eine einheitliche qualitative Präferenzordnung für Propositionen vorliegt, die für je zwei vorgegebene Propositionen angibt, welche davon der Handelnde subjektiv für wünschbarer hält. (Für Details vgl. [Rationale Entscheidung], S. 326.)

Das handelnde Verhalten unserer Person kommt in der Theorie selbst nicht vor. Daß die Person dasjenige tut, was sie für das Wünschenswerteste hält, wird innerhalb der gegenwärtigen Rekonstruktion Bestandteil *der informellen Beschreibung der intendierten Anwendungen* der Theorie.

Wir gehen jetzt zu einer präziseren Charakterisierung über. Die Präferenzen des Handelnden werden durch eine zweistellige Relation über einer Menge von Propositionen angegeben. Die Propositionen dienen dazu, sowohl dasjenige zu beschreiben, was sich ereignen könnte, als auch dasjenige, was die Person tun könnte. Die Gesamtheit der Propositionen soll die Struktur einer Booleschen Algebra haben mit „ $\wedge$ " für die Konjunktion, „ $\vee$ " für die Adjunktion, „ $\neg$ " für die Negation, „t" für die Tautologie (*Verum*) und „f" für die Kontradiktion (*Falsum*). (Im Unterschied zum Vorgehen von JEFFREY soll hier f in die Algebra der Propositionen eingeschlossen werden.)

Vollständigkeitshalber erinnern wir an die Definition des Begriffs der Booleschen Algebra (des Booleschen Verbandes). $\mathfrak{B}$ ist eine *Boolesche Algebra* gdw es eine Menge B, zwei zweistellige Operationen $\wedge$ und $\vee$ auf B, eine einstellige Operation $\neg$ auf B sowie zwei Elemente $t, f \in B$ gibt, so daß $\mathfrak{B} = \langle B, \wedge, \vee, \neg, t, f \rangle$ und alle $x, y, z \in B$ die folgenden Gesetze erfüllen:

1. *Idempotenz:*   (a) $x \wedge x = x$;
                            (b) $x \vee x = x$.
2. *Kommutativität:*   (a) $x \wedge y = y \wedge x$;
                            (b) $x \vee y = y \vee x$.
3. *Assoziativität:*   (a) $x \wedge (y \wedge z) = (x \wedge y) \wedge z$;
                            (b) $x \vee (y \vee z) = (x \vee y) \vee z$.
4. *Verschmelzung:*   (a) $x \wedge (x \vee y) = x$;
                            (b) $x \vee (x \wedge y) = x$.
5. *Distributivität:*   (a) $x \wedge (y \vee z) = (x \wedge y) \vee (x \wedge z)$;
                            (b) $x \vee (y \wedge z) = (x \vee y) \wedge (x \vee z)$.
6. *Komplementarität:* (a) $x \wedge \neg x = f$;
                            (b) $x \vee \neg x = t$;
                            (c) $f \wedge x = f$;
                            (d) $t \vee x = t$.

Wenn die Elemente der Booleschen Algebra so wie im folgenden als Propositionen aufgefaßt werden, ist „ = " als Zeichen für logische Äquivalenz zu lesen.

Die Theorie von JEFFREY werde mit „*Jeff*" abgekürzt. Jede der nichttheoretischen Strukturen dieser Theorie, also die Elemente von $M_{pp}(Jeff)$, auch *Präferenzstrukturen* genannt, haben die Gestalt einer Booleschen Algebra, zusammen mit einer zweistelligen Relation $\leqq$, die als Präferenzrelation verstanden wird. Sie soll die formalen Merkmale der Reflexivität, Konnexität und Transitivität besitzen. (Die Reflexivität wäre prinzipiell entbehrlich, da sie eine Folgerung des Ramsey-Sneed-Satzes der Theorie bildet.)

D14.3-1 $X \in M_{pp}(Jeff)$ (X ist ein *partielles potentielles Modell* von *Jeff* oder X ist eine *Präferenzstruktur*) gdw es ein $\mathfrak{B}$ und ein $\leqq$ gibt, so daß

(1) $X = \langle \mathfrak{B}, \leqq \rangle$;
(2) $\mathfrak{B} = \langle B, \wedge, \vee, \neg, t, f \rangle$ ist eine Boolesche Algebra;
(3) $\leqq$ ist eine zweistellige Relation auf B, so daß für alle $x, y, z \in B$:
  (a) $x \leqq x$ (Reflexivität);
  (b) $x \leqq y$ oder $y \leqq x$ (Konnexität);
  (c) wenn $x \leqq y$ und $y \leqq z$, dann $x \leqq z$.

Anmerkung. Falls man sich von vornherein auf die Theorie beschränkt, die mittels des Modellbegriffs von D 14.3-3 eingeführt wird, so kann man die Transitivitätsforderung (c) weglassen, da sie mittels (5) von D 14.3-3 beweisbar ist.

Bevor wir dazu übergehen, die Präferenzstrukturen durch theoretische Funktionen zu ergänzen und dadurch potentielle Modelle sowie Modelle der Theorie zu erzeugen, betrachten wir kurz die intendierten Anwendungen. Deren Menge I ist als Menge von Präferenzstrukturen zu rekonstruieren. Die Elemente dieser Menge erhalten wir über Beschreibungen der Präferenzen des Handelnden bezüglich einer kleinen Anzahl von Propositionen, die zusammen eine Boolesche Struktur ausmachen. Als Beispiel könnte etwa die Boolesche Algebra $\mathfrak{B}$ dienen, die aus der Menge $\{a, h\}$ der beiden Aussagen a und h mit

a := heute ist es stark bewölkt
h := der Handelnde macht heute im nahen Wald einen Spaziergang

erzeugt wird. Wir erhalten:

$B = \{h \vee a, h \vee \neg a, \neg h \vee a, \neg h \vee \neg a, a, \neg a, h, \neg h, (h \wedge a) \vee (\neg h \wedge \neg a),$
$(\neg h \wedge a) \vee (h \wedge \neg a), h \wedge a, h \wedge \neg a, \neg h \wedge a, \neg h \wedge \neg a, f, t\}.$

Die Präferenzrelation $\leqq$ auf $\mathfrak{B}$ werde in der Weise veranschaulicht, daß $x \leqq y$ genau dann gilt, wenn x in der folgenden Tabelle unterhalb von y steht:

$$h \wedge \neg a$$
$$\neg a$$
$$\neg h \wedge \neg a, (\neg h \wedge a) \vee (h \wedge \neg a)$$
$$h \vee \neg a$$
$$h$$
$$h \vee a$$
$$f, t$$
$$\neg h \vee \neg a$$
$$\neg h$$
$$\neg h \vee a$$
$$\neg h \wedge a, (h \wedge a) \vee (\neg h \wedge \neg a)$$
$$a$$
$$h \wedge a$$

Die auf diese Weise erhaltene Präferenzstruktur $\langle \mathfrak{B}, \leqq \rangle$ möge ein Element von I sein.

Man kann sich die Elemente von I als Resultate von Experimenten gewonnen denken. Das Experiment bestehe in einem Frage-Antwort-Spiel, wobei der Befrager die Rolle des Beobachters oder Experimentators übernimmt und die Experimente in der Befragung des Handelnden über dessen Präferenzen bestehen, die sich auf bestimmte Entscheidungssituationen beziehen. Dabei kann dieselbe Situation in verschiedenen Elementen von I auftreten und mit verschiedener Genauigkeit oder auch mit derselben Genauigkeit beschrieben werden. Dies ist die Art und Weise, wie diesmal intendierte Anwendungen andere einschließen oder wie sie sich wechselseitig überlappen können. In mehr technischer Sprechweise: Gewisse Elemente von I enthalten Boolesche Algebren, die sich als Teilalgebren von Algebren erweisen, die Glieder anderer Elemente von I sind. Die zur Teilalgebra gehörenden Propositionen sind dann diejenigen, die in der eben benützten intuitiven Sprechweise weniger genaue Beschreibungen derselben Situation enthalten (erster Fall). Oder: Verschiedene Elemente von I überschneiden sich in der Weise, daß die Booleschen Algebren, die in ihnen als Glieder vorkommen, eine gemeinsame, nicht-leere Boolesche Teilalgebra enthalten (zweiter Fall). Die soeben gewählte, etwas komplizierte Ausdrucksweise ist erforderlich, um dieses ‚Überlappen' angemessen zu charakterisieren. Mit anderen Worten könnte es etwa so beschrieben werden: Wenn man zwei Elemente von I herausgreift, so können die beiden darin (als Erstglieder) vorkommenden Booleschen Algebren in bezug auf ihre Erstglieder (Propositionenmengen) einen nicht-leeren Durchschnitt haben; dieser Durchschnitt muß abgeschlossen sein bezüglich der Booleschen Operationen.

Falls man zwar die Relativierung der Theorie von JEFFREY auf ein und dieselbe Person beibehält, jedoch verschiedene Zeiten betrachtet, also den Zeitablauf mitberücksichtigt, so kann in zwei Elementen von I sogar ein und dieselbe Boolesche Algebra in Verbindung mit verschiedenen Präferenzrelationen vorkommen. Inhaltlich würde dies bedeuten, daß hier zu zwei verschiedenen Zeiten verschiedene Präferenzen des Handelnden bezüglich derselben Situation beschrieben werden.

Jedenfalls erscheint es als sinnvoll und zweckmäßig, analog zu anderen Beispielen, insbesondere denen aus der Physik, die intendierten Anwendungen der Entscheidungstheorie von JEFFREY *als eine Menge I von Präferenzstrukturen* aufzufassen, *die einander überschneiden*, nicht jedoch als Anwendung *eine einzige ‚riesige' Präferenzstruktur* zu fingieren (analog der riesigen ‚kosmischen' Anwendung einer physikalischen Theorie in vielen herkömmlichen wissenschaftstheoretischen Konzepten). SNEED drückt dies in der Weise aus, daß er sagt: *Im einen wie im anderen Fall sind die intendierten Anwendungen vom Typus ‚kleine Welt'*. Auch jeder Versuch, die Theorie von JEFFREY deskriptiv oder normativ anzuwenden, würde zwangsläufig dazu führen, sich auf sehr begrenzte und fragmentarische Strukturen zu beschränken. Die Behauptung der Theorie muß dann entsprechend als eine Behauptung über Präferenzstrukturen von diesem kleinen-Welt-Typus rekonstruiert werden.

14.3.2 Potentielle Modelle als Wahrscheinlichkeits-Nutzen-Strukturen.

Wer noch nichts vom strukturalistischen Vorgehen gehört hat, wird vermuten, daß alles Theoretisieren über Präferenzstrukturen in der folgenden Weise verläuft: Durch Hinzufügung weiterer Axiome zu den Bestimmungen der Definition D 14.3-1 wird der Begriff der Präferenzstruktur eingeengt, z. B. durch eine Forderung von der Art, daß die Präferenzrelation $\leqq$ weitere Merkmale besitzen muß. Dadurch würde eine Teilmenge aus der Menge der Präferenzstrukturen ausgesondert. Die – sei es empirische, sei es normative – Behauptung der Theorie würde dann besagen, daß die Präferenzen unseres Handelnden stets diese Zusatzeigenschaften besitzen. Obwohl sich diese Methode aufgrund ihrer Unmittelbarkeit und Einfachheit geradezu aufzudrängen scheint, wird sie, wie wir bereits wissen, in den reiferen empirischen Wissenschaften wenig verwendet. Auch die Theorie von JEFFREY verfährt nicht in dieser Weise, sondern so, daß mit Hilfe von zwei theoretischen Begriffen eine Teilmenge aus der Menge aller Präferenzstrukturen *auf indirekte Weise* festgelegt wird. (Die Querverbindungen lassen wir für den Augenblick außer Betracht, um nicht bereits hier über Mengen reden zu müssen, die ‚um eine Stufe höher' liegen.)

Dazu machen wir die folgende Theoretizitätsannahme: Die theoretischen Begriffe von JEFFREY sind zwei numerische Funktionen, eine Wahrscheinlichkeitsfunktion und eine Nutzenfunktion. Wenn wir das, was JEFFREY damit zu erfassen versucht, vorwegnehmen, so spiegelt die Wahrscheinlichkeit den Grad des Glaubens unseres Handelnden an Propositionen wider; und der Nutzen gibt an, wie sehr der Handelnde wünscht, daß eine Proposition wahr sei. Im Augenblick abstrahieren wir von dieser Deutung und pfropfen bloß die beiden Strukturen den Präferenzstrukturen auf. Das Ergebnis soll Wahrscheinlichkeits-Nutzen-Struktur genannt werden.

D 14.3-2 $X \in M_p(\textit{Jeff})$ (X ist ein *potentielles Modell* von *Jeff* oder X ist eine *Wahrscheinlichkeits-Nutzen-Struktur*) gdw es ein $\mathfrak{B}$, ein $\leqq$, ein P und ein Nu gibt, so daß
(1) $X = \langle \mathfrak{B}, \leqq, P, Nu \rangle$;
(2) $\langle \mathfrak{B}, \leqq \rangle$ ist eine Präferenzstruktur;
(3) $P: B \to \mathbb{R}$;
(4) $Nu: B \to \mathbb{R}$.

Dadurch, daß wir oben in bezug auf P und Nu von einer Theoretizitätsannahme sprachen, könnte der Eindruck vermittelt worden sein, daß die Theoretizität dieser beiden Funktionen dogmatisch behauptet werden sollte. Doch so war diese Äußerung nicht gemeint. Denn die Annahme ist nur eine *vorläufige*; sie soll in 14.3.8 durch einen Beweis mit Hilfe eines formalen Theoretizitätskriteriums ersetzt werden.

14.3.3 Fundamentalgesetze, Modelle und zugeordnete Behauptung. Da nun der ganze Begriffsapparat bereitgestellt worden ist, können die theoretischen Gesetze formuliert werden. Von der Funktion P wird verlangt, daß sie die formalen Bedingungen einer Wahrscheinlichkeit erfüllt. Und die Funktion Nu muß erstens das Prinzip des erwarteten Nutzens erfüllen und zweitens die Präferenzordnung widerspiegeln. (In [Rationale Entscheidung] entsprechen diesen fünf Forderungen, mit geringfügigen Modifikationen in der Formulierung, die vier Postulate auf S. 301 und S. 305 sowie die rationale Präferenzbedingung auf S. 332.) In Anknüpfung an SNEED sollen Wahrscheinlichkeitsstrukturen, welche diesen zusätzlichen Bedingungen genügen, Jeffrey-Strukturen genannt werden.

D14.3-3 $X \in M(\mathit{Jeff})$ (X ist ein *Modell* von *Jeff* oder X ist eine *Jeffrey-Struktur*) gdw es ein $\mathfrak{B}$, $\leq$, P und Nu gibt, so daß
(1) $X = \langle \mathfrak{B}, \leq, P, Nu \rangle$;
(2) $X \in M_p(\mathit{Jeff} \rangle$;
für alle $x, y \in B$:
(3) (a) $P(t) = 1$;
    (b) $P(x) \geq 0$;
    (c) wenn $x \wedge y = f$, dann $P(x \vee y) = P(x) + P(y)$;
(4) wenn $x \wedge y = f$, dann $Nu(x \vee y) \cdot P(x \vee y) =$
    $= Nu(x) \cdot P(x) + Nu(y) \cdot P(y)$;
(5) $Nu(x) \leq Nu(y)$ gdw $x \leq y$.

Wer mit den Gedanken von JEFFREY bereits anderweitig vertraut ist, wird unmittelbar erkennen, daß es sich bei dieser Theorie um den *rationalen Entscheidungskalkül* in der Fassung von JEFFREY handelt.

Die dieser Theorie zugeordnete *Behauptung* kommt nicht auf die zu Beginn von 14.3.2 angedeutete Weise zustande, sondern folgt dem uns bekannten strukturalistischen Muster: Die Theorie behauptet, daß jede Präferenzstruktur unseres Handelnden – also jede Präferenzstruktur, die zu *I* gehört – mindestens auf eine Weise durch Hinzufügung einer Wahrscheinlichkeitsfunktion sowie einer Nutzenfunktion zu einer Wahrscheinlichkeits-Nutzen-Struktur ergänzt werden kann, die sich als eine Jeffrey-Struktur erweist. Dabei haben wir allein aus dem früher angegebenen Einfachheitsgrund die Wendung „die Theorie behauptet, daß ..." gebraucht. Denn nach der üblichen Deutung von „rational" im gegenwärtigen Kontext hat die der Theorie zugeordnete Aussage *normativen* Charakter. Unter Zugrundelegung dieser normativen Deutung müßte es heißen: „Die Theorie *fordert*, daß ...".

Ist diese Behauptung nicht-trivial? Sie wäre trivial, wenn sich jede Präferenzstruktur zu einer Jeffrey-Struktur ergänzen ließe. Diese Möglichkeit wäre jedoch ausgeschlossen, falls sich zeigen ließe, daß Präferenzstrukturen *zusätzliche*, in ihrem Definiens nicht vorkommende *notwendige Bedingungen* erfüllen müssen, um durch Hinzufügung zweier theoretischer Funktionen zu Jeffrey-Strukturen ergänzbar zu sein. Der folgende Lehrsatz gibt uns darüber genauer Auskunft. (Ebenso wie in [Rationale Entscheidung] verwenden wir hier „$\sim$" als Zeichen für Gleichrangigkeit bezüglich Präferenz, d.h. $x \sim y$ besagt dasselbe wie die Konjunktion von $x \leq y$ und $y \leq x$.)

Th.14.3-1 *Es sei* $\langle \mathfrak{B}, \leq, P, Nu \rangle \in M(\mathit{Jeff})$. *Dann gilt:*
(1) $\leq$ *ist transitiv;*
(2) *für alle* $x, y \in B$: *wenn* $x \wedge y = f$ *und* $x \leq y$, *dann*
    (a) $x \leq x \vee y$ *und* $x \vee y \leq y$;
    (b) *es gilt weder* $y \leq x$ *noch* $x \vee y \leq x$ *noch* $y \leq x \vee y$;
(3) *für alle* $x \in B$: *entweder* $x \leq t \leq \neg x$ *oder* $\neg x \leq t \leq x$.

Bezüglich (1) ist die Anmerkung im Anschluß an die Definition von M_{pp} zu beachten. Wir verzichten hier auf die Wiedergabe des zwar elementaren, aber etwas umständlichen Beweises dieses Theorems.

Die drei notwendigen Bedingungen (1)–(3), die erfüllt sein müssen, damit die Präferenzstruktur zu einer Jeffrey-Struktur ergänzbar ist, enthalten nur Aussagen über die Glieder der Präferenzstruktur. Sie beinhalten somit eine eindeutige, nämlich eine *eindeutig negative* Antwort auf die obige Frage: Die der Theorie *Jeff* zugeordnete Behauptung ist in dem Sinn nicht-trivial, daß nicht jede Präferenzstruktur zu einer Jeffrey-Struktur ergänzt werden kann.

Man könnte noch einen Schritt weiter gehen und fragen, ob man nicht zusätzliche Merkmale der Präferenzrelation angeben kann, die zusammen mit den im obigen Theorem angeführten Eigenschaften notwendige *und hinreichende* Bedingungen für die Ergänzbarkeit von Präferenzstrukturen zu Jeffrey-Strukturen liefern. Diese Frage ist gleichwertig mit der Frage nach der Ramsey-Eliminierbarkeit der beiden theoretischen Funktionen. Für die vorliegende Theorie scheint diese Frage bisher unbeantwortet zu sein. (Dabei muß man sich allerdings vor Augen halten, daß die Fragestellung in der eben gegebenen Formulierung nicht völlig klar ist und daß ihre präzise Behandlung ein formalsprachliches Vorgehen erforderlich machen dürfte.)

14.3.4 Querverbindungen. Bei den Constraints oder Querverbindungen handelt es sich, wie wir wissen, um zusätzliche einschränkende Bedingungen, die den in verschiedenen Anwendungen der Theorie vorkommenden theoretischen Strukturen auferlegt werden. Die Querverbindungen informieren uns darüber, in welcher Weise die in verschiedenen Anwendungen vorkommenden theoretischen Strukturen aufeinander bezogen sein müssen. In vielen Fällen werden Querverbindungen erst dann wirksam, wenn sich verschiedene Anwendungen der Theorie in der Weise überschneiden, daß sie dieselben Objekte enthalten. Im vorletzten Absatz von 14.3.1 ist bereits darauf hingewiesen worden, daß sich die Präferenzstrukturen des Handelnden in dieser Weise überlappen können, sofern man davon ausgeht, daß diese verschiedenen Anwendungen die Präferenzen des Handelnden in derselben Situation zu verschiedenen Zeiten beschreiben. Was nach den dortigen Überlegungen im mengentheoretischen Durchschnitt vorkommt, sind stets Gebilde von der Art Boolescher Algebren. (Ob es auch Anwendungen gibt, die einen nicht-leeren Durchschnitt von Propositionen haben, der in bezug auf die Booleschen Operationen nicht abgeschlossen ist, kann offen bleiben.)

Wenn es möglich sein sollte, das bereits mehrfach mit Erfolg angewendete Schema für die Einführung von Querverbindungen auch hier zu benützen, so würde dies folgendes beinhalten: Es kann nicht bloß jedes *isolierte*, für sich allein betrachtete Element von *I* auf solche Weise durch Funktionen *P* und *Nu* ergänzt werden, daß eine Jeffrey-Struktur entsteht. Vielmehr gelingt eine solche Ergänzung selbst dann, wenn man ganze *Scharen von* Querverbindungen erfüllende *P*- und *Nu*-Funktionen verwendet. In ihrer Gesamtheit zeichnen diese

Querverbindungen in der bekannten indirekten Weise eine Teilmenge Q der Potenzmenge von $M_{pp}(Jeff)$ aus.

In physikalischen Theorien besteht die elementarste und grundlegendste Querverbindung darin, für gewisse theoretische Funktionen zu verlangen, daß ein und dasselbe, in mehreren Anwendungen vorkommende Objekt stets denselben Funktionswert liefert. Im gegenwärtigen Fall liegt es nahe, sowohl für P als auch für Nu eine Analogiekonstruktion dazu vorzunehmen. Intuitiv gesprochen handelt es sich darum, daß sich die Präferenzen unseres Handelnden im Verlauf der Zeit nicht ändern. Wir wollen diesen Fall formal präzisieren.

D14.3-4 Q_{konst} ist die *Querverbindung der Konstanz der Präferenzen* gdw gilt:
(1) Q_{konst} ist eine Teilmenge von $Pot(M_p(Jeff))$;
(2) für alle $Y \in Q_{konst}$ sowie für alle $\langle \mathfrak{B}_i \leq_i, P_i, Nu_i \rangle, \langle \mathfrak{B}_j, \leq_j, P_j, Nu_j \rangle \in Y$: wenn es ein $\mathfrak{B}$ gibt, welches eine Teilalgebra sowohl von $\mathfrak{B}_i$ als auch von $\mathfrak{B}_j$ ist, dann gilt für alle $x \in B$: $P_i(x) = P_j(x)$ und $Nu_i(x) = Nu_j(x)$.

Vermutlich ist dies keine allzu interessante Querverbindung. Denn für eine größere Menge von Präferenzstrukturen unseres Handelnden aus I wird unter Verwendung von Q_{konst} kaum eine wahre Behauptung der Theorie zu gewinnen sein.

Eine interessante Querverbindung $Q_{konst\,P}$, die Querverbindung der *Wahrscheinlichkeitskonstanz*, erhalten wir, wenn wir bloß die schwächere Annahme machen, daß ein und dieselbe Proposition in allen Anwendungen der Theorie dieselbe Wahrscheinlichkeit besitzt, ohne eine analoge Annahme bezüglich des Nutzens hinzuzufügen. $Q_{konst\,P}$ würde es gestatten, alle diejenigen, vermutlich wesentlich häufigeren Fälle adäquat zu erfassen, in denen die Überzeugungen des Handelnden konstant bleiben, während sich sein Geschmack („sein Wertsystem") im Verlauf der Zeit ändert.

Eine analoge ‚duale' Annahme der Konstanz der Nutzenfunktion allein wäre dagegen nicht zweckmäßig; denn in der Theorie von JEFFREY ist die Wahrscheinlichkeitsfunktion durch die Nutzenfunktion eindeutig festgelegt, während die Umkehrung nicht gilt. Dies *scheint* übrigens nur mit der plausiblen Forderung im Widerspruch zu stehen, daß Werte konstant bleiben können, auch wenn sich die Überzeugungen ändern. In der Theorie von JEFFREY gilt letzteres tatsächlich unter der Voraussetzung, daß man unter den Werten die ‚letzten' Werte versteht, d.h. wenn man die Präferenzen des Handelnden bezüglich solcher Propositionen betrachtet, die maximal detaillierte Weltbeschreibungen liefern.

SNEED weist überdies darauf hin, daß man JEFFREYS Begriff des *lokalen Überzeugungswandels* durch eine spezielle Querverbindung Q_{lok} wiedergeben könnte, welche die Wahrscheinlichkeitsfunktion betrifft. Gegeben sei eine Zerlegung der Booleschen Algebra, d.h. eine Menge von Propositionen, die miteinander logisch unverträglich sind und deren Adjunktion die Tautologie ist. In den erwähnten lokalen Überzeugungsänderungen bleiben dann die *bedingten* Wahrscheinlichkeiten aller Propositionen in bezug auf Glieder dieser Zerlegung konstant. Für Einzelheiten vgl. SNEED, [Decision Theory], D 8.

14.3.5 Kern und Basiselement.
Entschließt man sich dazu, keine allgemeinen Querverbindungen zu postulieren, so hat der Kern des grundlegenden Theorie-Elementes die folgende Gestalt:

$$K(Jeff) = \langle M_p(Jeff), M(Jeff), M_{pp}(Jeff), Pot(M_p(Jeff)) \rangle,$$

und das Basiselement wäre dann unter Heranziehung der in 14.3.1 geschilderten Menge I wiederzugeben durch

$$T(Jeff) = \langle K(Jeff), I \rangle.$$

Das vierte Glied im Kern K ist dabei als ‚Leerstelle' für Querverbindungen aufzufassen. Technisch geschieht dies dadurch, daß wir diejenige Menge anschreiben, die Obermenge aller Querverbindungen ist. Konkrete Querverbindungen werden dann möglicherweise erst in Spezialisierungen eingeführt.

Aus denselben Gründen, die in 14.2 angegeben wurden, kann es sich ergeben, daß die Dinge anders darzustellen sind, je nachdem, ob wissenschaftstheoretische oder fachwissenschaftliche Gesichtspunkte im Vordergrund stehen. So etwa kann es vom philosophischen Standpunkt aus als ratsam erscheinen, das Netz möglichst weit ‚auseinanderzuziehen' und dafür das oben angeschriebene $K(Jeff)$ als Basiskern zu wählen, während es für spezielle Forschungszwecke aus Einfachheitsgründen zweckmäßig ist, bereits für den Basiskern als viertes Glied eine der benützten Querverbindungen, etwa $Q_{konst\,P}$, zu wählen.

14.3.6 Das Eindeutigkeitsproblem. Gödel-Bolker-Transformationen.
Gegeben sei eine Präferenzstruktur $\langle \mathfrak{B}, \leqq \rangle$. Wenn es zwei Funktionen P und Nu gibt, welche die Präferenzstruktur zu einer Jeffrey-Struktur ergänzen, so liegen diese beiden Funktionen niemals eindeutig fest. Vielmehr kann die Ergänzung auf verschiedene Weise vorgenommen werden. Läßt sich angeben, bis auf welche Transformationen Eindeutigkeit vorliegt? Diese Aufgabe ist von GÖDEL und BOLKER gelöst worden. In [Rationale Entscheidung] wird darüber auf S. 353 ff. ausführlich berichtet. Wir wiederholen das Wesentliche, soweit es für die Einführung in den gegenwärtigen Rahmen erforderlich ist.

Gegeben sei $\langle \mathfrak{B}, \leqq, P, Nu \rangle \in M_p(Jeff)$. Wir übernehmen zunächst die beiden Transformationsregeln aus [Rationale Entscheidung], S. 356, die für vier vorgegebene reelle Zahlen α, β, γ und δ aus zwei vorgegebenen Funktionen P und Nu zwei neue Funktionen p und nu erzeugen:

(**TR$_1$**) $\quad p(x) = P(x) \cdot (\gamma Nu(x) + \delta);$

(**TR$_2$**) $\quad nu(x) = \dfrac{\alpha Nu(x) + \beta}{\gamma Nu(x) + \delta}.$

Dabei sei in beiden Fällen x ein Element von B.

Eine Abbildung Φ, die einem Paar von Funktionen $\langle P, Nu \rangle$ ein Paar neuer Funktionen $\langle p, nu \rangle$ zuordnet, so daß die beiden Regeln (**TR$_1$**) und (**TR$_2$**) erfüllt sind, heißt *Gödel-Bolker-Transformation bezüglich* α, β, γ und δ, sofern außerdem gilt:

(a) $\alpha\delta - \beta\gamma > 0$;
(b) für alle $x \in B$: $\gamma Nu(x) + \delta > 0$.

(Diejenigen Leser, die bisher hauptsächlich mit physikalischen Theorien vertraut geworden sind, seien darauf aufmerksam gemacht, daß die Gödel-Bolker-Transformation im Fall unserer gegenwärtigen Theorie der Galilei-Transformation im Fall der klassischen Mechanik entspricht.)
Jetzt können wir den folgenden Lehrsatz formulieren:

Th. 14.3-2 *Die folgenden vier Bedingungen seien erfüllt:*
(1) $\langle \mathfrak{B}, \leqq, P, Nu \rangle \in M(Jeff)$;
(2) $\langle \mathfrak{B}, \leqq, P', Nu' \rangle \in M_p(Jeff)$;
(3) $\langle P', Nu' \rangle$ *geht aus* $\langle P, Nu \rangle$ *durch eine Gödel-Bolker-Transformation bezüglich* α, β, γ, δ *hervor*;
(4) $\gamma Nu(t) + \delta = 1$.
Dann gilt: $\langle \mathfrak{B}, \leqq, P', Nu' \rangle \in M(Jeff)$.

Dies ist genau die erste Hälfte des Eindeutigkeitstheorems, die in [Rationale Entscheidung] auf S. 356–358 bewiesen wird. Inhaltlich besagt sie: Wenn eine Jeffrey-Struktur $\langle \mathfrak{B}, \leqq, P, Nu \rangle$ gegeben ist, so können wir vier Zahlen α, β, γ, δ wählen, welche die obigen Bedingungen (a) und (b) erfüllen und deren zwei letzte außerdem der Forderung $\gamma Nu(t) + \delta = 1$ genügen, die jedoch im übrigen ganz beliebig sind, um mit diesen vier Zahlen eine Gödel-Bolker-Transformation Φ zu konstruieren. Sofern wir dann diese Transformation auf das dritte und vierte Glied P und Nu unserer vorgegebenen Jeffrey-Struktur anwenden, so gewinnen wir eine neue Jeffrey-Struktur, welche denselben nicht-theoretischen Teil enthält wie die vorgegebene Jeffrey-Struktur, nämlich die Präferenzstruktur $\langle \mathfrak{B}, \leqq \rangle$. Damit ist die eingangs gestellte Frage beantwortet: Die beiden theoretischen Funktionen P und Nu, durch die eine gegebene Präferenzstruktur zu einer Jeffrey-Struktur ergänzt wird, sind *eindeutig nur bis auf Gödel-Bolker-Transformationen*.
In der Sprechweise der Theorie metrischer Skalen könnten wir sagen, daß diese Transformationen nichts anderes bewirken als die Wahl einer neuen Skala, in welcher die Einheiten zur Messung der Wahrscheinlichkeit und des Nutzens geändert worden sind. Φ kann also im Sinn der Metrisierungstheorie als eine Skalentransformation aufgefaßt werden. Und das obige Theorem liefert uns die Information, daß die empirischen Daten über die Präferenzen einer Person die numerischen Wahrscheinlichkeiten und Nützlichkeiten höchstens bis auf die Wahl der Einheiten, in denen sie gemessen werden, festlegen.
Man kann die interessante Frage aufwerfen, ob es möglich ist, Bedingungen zu formulieren, welche nur Präferenzstrukturen, also nur ‚Nicht-Theoretisches', betreffen und bei deren Erfüllung auch die Umkehrung von Th. 14.3-2 gilt. Dies ist in der Tat der Fall. Aus Gründen der Zweckmäßigkeit verfolgen wir dieses Problem im Augenblick nicht weiter, sondern kommen erst bei der Diskussion der Spezialisierungen unseres Basiselementes darauf genauer zu sprechen.

Abschließend noch eine Bemerkung zum Vorkommen des Namens „BAYES". Die vorliegende Theorie dient dazu, die theoretischen Größen P und Nu auf der Grundlage anderer Größen einzuführen. Dadurch wird es möglich, den Begriff des *erwarteten Nutzens* zu definieren. Sodann kann die im Formalismus gar nicht explizit vorkommende *Regel von BAYES* angewendet werden, wonach der erwartete Nutzen zu maximieren ist.

14.3.7 Spezialisierungen.

Zum Unterschied von den meisten anderen Theorien ist im vorliegenden Fall das Spezialisierungsverfahren nicht klar vorgezeichnet. Dies ist nicht weiter verwunderlich, da diese anderen Theorien empirische Theorien sind, während die bevorzugte Interpretation der Theorie von JEFFREY die normative Deutung ist und kein Grund für die Annahme besteht, daß empirische und normative Theorien parallel verlaufende formale Detailspezialisierungen besitzen.

Die bisher angestellten Betrachtungen legen es nahe, zwei ‚Spezialisierungsketten' zu betrachten, die voneinander unabhängig sind, obwohl sie kombiniert auftreten können. Zunächst stoßen wir vermutlich erstmals auf so etwas wie auf eine Folge von Kernspezialisierungen, für deren Zustandekommen nur die Querverbindungen verantwortlich sind. Diese Möglichkeit ist bereits in 14.3.4 angedeutet worden. Das vierte Glied unseres Kernes, nämlich die eine Leerstelle vertretende Menge $Pot(M_p(Jeff))$, würde dann durch immer schärfer werdende Bedingungen ersetzt, etwa durch die drei dort genannten: Q_{lok} (lokaler Überzeugungswandel), $Q_{konst\,P}$ (Wahrscheinlichkeitskonstanz), Q_{konst} (Konstanz der Präferenzen). Die *Leistung* dieser Spezialisierungen wäre ganz analog zu charakterisieren wie bei empirischen, z.B. physikalischen Theorien: Das Ergebnis der Ermittlung der Wahrscheinlichkeiten bzw. der Wahrscheinlichkeiten und des Nutzens, in speziellen Modellen der Theorie *Jeff* könnte auf andere Modelle übertragen werden, und zwar mit Hilfe der jeweils einschlägigen Querverbindungen, welche die ersteren Modelle mit den letzteren verknüpfen.

Für die zweite Spezialisierungskette greifen wir auf 14.3.6 zurück. Die dortigen Ausführungen legen es nahe, durch Gödel-Bolker-Transformationen verbundene Jeffrey-Strukturen als äquivalent aufzufassen und dementsprechend die dadurch erzeugten Äquivalenzklassen als die eigentlichen theoretischen Strukturen der Entscheidungstheorie von JEFFREY zu deuten. Leider aber liegen die Dinge nicht so einfach. (Daß sie auch in der Physik meist nicht so einfach liegen, hat SNEED in [Invariance Principles] gezeigt.) Im allgemeinen Fall sind nämlich die P- und Nu-Funktionen nicht einmal bis auf Gödel-Bolker-Transformationen eindeutig bestimmt. Für die Gewinnung eines adäquaten Bildes, das auch für den allgemeinen Fall zutrifft, muß man noch eine mengentheoretische Stufe ‚höher' steigen. Die Totalität aller Jeffrey-Strukturen über einer gegebenen Präferenzstruktur hat man sich dann als eine Klasse vorzustellen, die ihrerseits in Gödel-Bolker-Äquivalenzklassen unterteilt ist. Die verfügbaren Daten über die Präferenzen unseres Handelnden sind, so könnte man sagen, nicht reichhaltig genug, um eine bis auf die Wahl der Einheiten eindeutige Bestimmung der Wahrscheinlichkeit und des Nutzens zu liefern.

Interessanterweise ist es möglich, in *nicht-theoretischer* Weise Bedingungen für die *Reichhaltigkeit* von Präferenzstrukturen zu beschreiben, die dafür hinreichend sind zu gewährleisten, daß die *P*- und *Nu*-Funktionen, welche diese Präferenzstrukturen zu Jeffrey-Strukturen ergänzen, durch Gödel-Bolker-Transformationen ineinander überführbar sind.

Als Hilfsbegriff führen wir dazu den Begriff der Nullproposition von JEFFREY ein (vgl. auch [Rationale Entscheidung], S. 344). Für eine gegebene Präferenzstruktur $\langle \mathfrak{B}, \leqq \rangle$ sei eine *Nullproposition* ein $x \in B$, welches von f verschieden ist und zu dem es ein $z \in B$ gibt, welches die folgenden drei Bedingungen erfüllt.

(a) x und z sind miteinander logisch unverträglich, d.h. $x \wedge z = f$;
(b) $x \vee z$ ist gleichrangig mit z, d.h. $x \vee z \backsim z$;
(c) x ist nicht gleichrangig mit z, d.h. nicht-$(x \backsim z)$.

Die Rechtfertigung für die Bezeichnung „Nullproposition" liegt in dem unten angeführten Lehrsatz Th. 14.3-3.

Unter Verwendung dieses Hilfsbegriffs definieren wir den Begriff der *reichhaltigen Präferenzstruktur*. Danach beweisen wir, daß alle *P*- und *Nu*-Funktionen, welche diese speziellen Präferenzstrukturen zu Jeffrey-Strukturen ergänzen, durch Gödel-Bolker-Transformationen miteinander verknüpft sind. Die Abkürzung „M_{pp}^{reich}" dafür verwenden wir wegen ihrer Suggestivität. Es soll dadurch zum Ausdruck gebracht werden, daß in den definitorischen Bestimmungen dieses Begriffs nur solche Entitäten erwähnt werden, die sich später als nicht-theoretisch erweisen.

D 14.3-5 $X \in M_{pp}^{reich}$ (X ist eine *reichhaltige Präferenzstruktur*) gdw es ein $\mathfrak{B}$ und ein $\leqq$ gibt, so daß
(1) $X = \langle \mathfrak{B}, \leqq \rangle$;
(2) $X \in M_{pp}(Jeff)$ (d.h. X ist eine Präferenzstruktur);
(3) für kein $x \in B$ ist x eine Nullproposition;
(4) es gibt eine Proposition $g \in B$ (eine ‚gute' Proposition), die gemäß $\leqq$ höherrangig ist als t und deren Negation $\neg g$ gemäß $\leqq$ einen niedrigeren Rang hat als t;
(5) für alle $x \in B$, welche die Bedingung (4), eine gute Proposition zu sein, erfüllen, gibt es ein y_1 und ein y_2, so daß gilt:
   (a) x, y_1 und y_2 sind wechselseitig verschieden voneinander;
   (b) y_1 und y_2 sind logisch unverträglich, d.h. $y_1 \wedge y_2 = f$;
   (c) $y_1 \vee y_2$ ist logisch äquivalent mit x;
   (d) $y_1 \backsim y_2$, d.h. y_1 und y_2 sind gleichrangig;
   (e) $\neg y_1 \backsim \neg y_2$, d.h. $\neg y_1$ und $\neg y_2$ sind gleichrangig.

Zunächst führen wir den bereits angekündigten Lehrsatz an:

Th. 14.3-3 *Es sei* $\langle \mathfrak{B}, \leqq, P, Nu \rangle \in M(Jeff)$ *und* $\langle \mathfrak{B}, \leqq \rangle \in M_{pp}^{reich}$. *Dann gilt für alle* $x \in B$ *mit* $x \neq f$: $P(x) = 0$ *gdw* x *eine Nullproposition ist.*

Allen Nullpropositionen, die aus einer reichhaltigen Präferenzstruktur stammen, muß also in den ‚darüber aufgebauten' Jeffrey-Strukturen die Wahrscheinlichkeit 0 zugeordnet werden.

<small>Dieses Theorem ist dem Inhalt nach identisch mit dem in [Rationale Entscheidung] auf S. 344 bewiesenen Hilfssatz 8. Es ist lediglich die Tatsache zu berücksichtigen, daß wir hier, im Unterschied zum Vorgehen von JEFFREY, f nicht aus dem Definitionsbereich der Präferenzrelation ausgeschlossen haben.</small>

Th. 14.3-4 *Es seien sowohl $\langle \mathfrak{B}, \leqq, P, Nu \rangle$ als auch $\langle \mathfrak{B}, \leqq, P', Nu' \rangle$ Elemente von $M(Jeff)$ und für die gemeinsame Präferenzstruktur gelte: $\langle \mathfrak{B}, \leqq \rangle \in M_{pp}^{reich}$. Dann existiert eine Gödel-Bolker-Transformation Φ bezüglich vier geeigneter Zahlen α, β, γ, δ, so daß $\langle P', Nu' \rangle$ durch die Transformation Φ aus $\langle P, Nu \rangle$ hervorgeht.*

Inhaltlich besagt dieses Theorem folgendes: Wenn die einer Jeffrey-Struktur zugrunde liegende nicht-theoretische Präferenzstruktur reichhaltig im Sinne von D 14.3-5 ist, dann sind die Funktionen P und Nu der Jeffrey-Struktur bereits eindeutig festgelegt, nämlich eindeutig bis auf Gödel-Bolker-Transformationen. Es ist dies genau die zweite Hälfte des Eindeutigkeitstheorems von [Rationale Entscheidung] auf S. 356, dessen ausführlicher Beweis dort auf S. 358–370 geliefert wird. (Für den Zweck einer rascheren Orientierung sei erwähnt, daß die vier ‚Fundamentalbedingungen', die dort benützt werden, a.a.O. zwischen S. 332 und 334 definiert sind. Außerdem sei nochmals daran erinnert, daß wir hier f in die Präferenzrelation $\leqq$ einbeziehen, während dort diese Proposition auf S. 328 davon ausgeschlossen worden ist.)

Nachdem wir damit einen tieferen Einblick in die für Jeffrey-Strukturen geltenden Skaleninvarianzen bekommen haben, müssen wir nochmals kurz zum Thema „Spezialisierung" zurückkehren. Falls wir D 14.3-5 so auffassen, daß darin ein *Spezialgesetz* formuliert wird, so haben wir es – in einer gewissen formalen Analogie zur früher erwähnten ersten Art von Spezialisierung – wieder mit einem ziemlich ungewöhnlichen Fall zu tun. Denn das neue ‚Gesetz' wurde ja *auf der rein nicht-theoretischen Ebene* formuliert. Wir haben diese Tatsache auch symbolisch dadurch zum Ausdruck gebracht, daß wir die Menge der reichhaltigen Präferenzstrukturen durch ein mit oberem Index versehenes „M_{pp}" bezeichneten.

Der früher erwähnte potentielle Widerstreit zwischen fachwissenschaftlicher und philosophischer Betrachtungsweise von Theorie-Elementen und Theoriennetzen ist auch hier denkbar. Und die Kluft zwischen den beiden Auffassungen ist diesmal vielleicht noch größer. Es wäre z. B. durchaus möglich, daß sich ein Entscheidungstheoretiker von vornherein auf reichhaltige Präferenzstrukturen beschränkt, und sei es auch nur aus dem ‚akademischen' Grund, die durch Gödel-Bolker-Transformationen erzeugten Äquivalenzklassen von Jeffrey-Strukturen als die theoretischen Strukturen der Theorie *Jeff* auffassen zu können. Im Kern *seines* Basiselementes wäre dann „$M_{pp}(Jeff)$" durch „M_{pp}^{reich}" zu ersetzen. Der Philosoph dagegen wird sich weder durch solche noch durch andere, selbst überzeugendere Argumente des Fachmannes davon abbringen lassen, D14.3-5 höchstens als Einführung eines *Spezial*gesetzes aufzufassen. Sein Argument lautet: „*Nur Verknüpfungsgesetze* sind in den Kern des Basiselementes einzubeziehen. Ein Gesetz, welches überhaupt keinen theoretischen Begriff der zuständigen Theorie enthält, kommt daher für den Zweck einer adäquaten Rekonstruktion der fraglichen Theorie nicht einmal als Kandidat für ein Fundamentalgesetz in Frage."

Die unterschiedlichen Einstellungen müssen nicht zu einem Konflikt führen. Wir wissen, wie ein solcher vermieden werden kann: Was der Fachwissenschaftler aufgrund seiner speziellen Interessen in ein einziges Theorien- oder Kernelement ‚zusammenbündelt‘, das kann der Wissenschaftstheoretiker, wenn seine logischen Erwägungen dies erforderlich machen, wieder zu einem Theorien- oder Kernnetz ‚auseinanderziehen‘.

14.3.8 Die Theoretizität der Funktionen P und Nu. Bisher haben wir die Theoretizität von P sowie von Nu ohne weitere Rechtfertigung angenommen. Es soll jetzt gezeigt werden, daß sich diese Annahme mit Hilfe eines formalen Theoretizitätskriteriums präzise beweisen läßt.

Zunächst wiederholen wir BALZERS Theoretizitätsdefinition D6-14 in einer etwas anschaulicheren Form. Es sei T eine Theorie mit den Mengen M_p und M der potentiellen Modelle und der Modelle, wobei die potentiellen Modelle Strukturen $x = \langle D_1, \ldots, D_k; R_1, \ldots, R_m \rangle$ mit Mengen $D_1, \ldots, D_k$ und Relationen $R_1, \ldots, R_m$ über $D_1, \ldots, D_k$ sind. Der i-te Term von T sei definiert durch

$$\bar{R}_i := \{\pi_{k+i}(x) | x \in M_p\}$$

mit der Projektionsfunktion π. Ferner sei $\sim_i \subseteq \bar{R}_i \times \bar{R}_i$ für $i \leq m$ *eine Äquivalenzrelation, die eine Skaleninvarianz von $\bar{R}_i$ darstellt.*

Um im Einklang mit den Bestimmungen von D6-6 zu bleiben, müssen wir für das Vorliegen von $R \sim_i R'$ eine Fallunterscheidung vornehmen. Und zwar soll $R \sim_i R'$ gelten gdw entweder R und R' reelle Funktionen, also Funktionen eines Bereiches D in $\mathbb{R}$, sind und für alle $a \in D$ der R-Wert von a mit dem R'-Wert von a im Sinn der Skala gleichwertig ist, oder R und R' keine reelle Funktionen sind und R mit R' identisch ist. Die vage Formulierung „gleichwertig im Sinn der Skala" haben wir deshalb benützt, weil die beiden in D6-6 vorkommenden Skalenformen in der gegenwärtigen Anwendung keine Rolle spielen und deshalb weiter unten die Äquivalenzrelation auf solche Weise zu spezifizieren ist, daß sie genau die durch eine Gödel-Bolker-Transformation festgelegte Skala charakterisiert.

$x_{-i}[R]$ sei, analog dem Vorgehen in Kap. 6, das Resultat der Ersetzung von R_i durch R in x. Dann können wir die Theoretizitätsdefinition wie folgt formulieren:

$\bar{R}_i$ ist *T-theoretisch* gdw es ein Spezialgesetz $G \subseteq M$ gibt, so daß
(1) für alle R und R': wenn $x_{-i}[R] \in G$ und $x_{-i}[R'] \in G$, dann $R \sim_i R'$;
(2) für alle x und alle R^*: wenn $x \in G$ und $x_{-i}[R^*] \in M$, dann $x_{-i}[R^*] \in G$.

Die Bestimmung (1) beinhaltet, daß die Relation R_i im Gesetz G bis auf Skalenäquivalenz $\sim_i$ eindeutig bestimmt ist. Und die Bestimmung (2) entspricht der früheren Forderung der M-i-Invarianz, d. h. (2) besagt: wenn man in einem das Spezialgesetz G erfüllenden x die i-te Relation R_i durch R^* ersetzt und dabei ein Modell der Theorie herauskommt, so muß das Resultat dieser Ersetzung sogar das Spezialgesetz erfüllen. Wir erinnern an die frühere Erläuterung, wonach diese Bestimmung besagt, daß G den Spielraum von R_i in x nicht stärker einschränkt als M selbst. Die Klasse der hierdurch zugelassenen Spezialgesetze hingegen *wird* natürlich durch diese Bestimmung (2) mehr oder weniger stark eingeschränkt, da nur solche G's zugelassen sind, die denselben Spielraum für R_i haben wie M selbst.

Zwecks Übertragung auf die Theorie von JEFFREY sind drei Modifikationen erforderlich:

(i) Die Skaleninvarianzen müssen statt für einzelne Terme simultan für Termpaare, nämlich für Paare der Gestalt $\langle P, Nu \rangle$, definiert werden. Als Symbol verwenden wir „$\approx$".

(ii) Es ist erforderlich, kompliziertere Typen von Skaleninvarianzen zuzulassen, wie z. B. solche aufgrund von Gödel-Bolker-Transformationen. In diesem letzten Fall werden wir statt $R \sim_i R'$ schreiben:

$$\langle P, Nu \rangle \approx \langle P', Nu' \rangle.$$

Diese Formel, welche die Gleichwertigkeit von $\langle P, Nu \rangle$ und $\langle P', Nu' \rangle$ im Sinn der Skala ausdrückt, soll beinhalten, daß erstens die Definitionsbereiche der vier Funktionen P, Nu, P', Nu' identisch sind und daß zweitens eine Gödel-Bolker-Transformation ψ existiert, so daß für alle Elemente a aus dem Definitionsbereich die folgende Gleichung gilt:

$$\langle P'(a), Nu'(a) \rangle = \psi(\langle P(a), Nu(a) \rangle).$$

(iii) Auch in der Theoretizitätsdefinition muß die simultane Ersetzung von zwei Termen zugelassen werden. Da die jetzt zu unseren Modellen gehörenden Strukturen Quadrupel von der Gestalt $x = \langle \mathfrak{B}, \leqq, P, Nu \rangle$ sind, erhalten wir in sinngemäßer Verallgemeinerung der obigen Notation $x_{-\langle 3,4 \rangle}[P^*, Nu^*]$ als das Resultat der Ersetzung von P durch P^* und von Nu durch Nu^* in x.

Schließlich soll die Wendung „T-theoretisch" durch „M_p, M-theoretisch" ersetzt werden, da die Ermittlung der Theoretizität von Termen möglich ist, sobald die beiden Mengen M_p und M gegeben sind. Und zwar sollen diese beiden Mengenbezeichnungen in den folgenden Anwendungen stets Abkürzungen sein für „$M_p(Jeff)$" und „$M(Jeff)$". Der Kürze halber beziehen wir die im geschilderten Sinn modifizierte Theoretizitätsdefinition gleich in das nächste Theorem ein.

Th. 14.3-5 *Das Termpaar* $\langle \bar{P}, \overline{Nu} \rangle$ *ist* M_p, M-*theoretisch, d.h. es gibt ein* $G \subseteq M$, *so daß*
(1) $\wedge x, P, Nu, P', Nu' (x_{-\langle 3,4 \rangle}[P, Nu] \in G \wedge x_{-\langle 3,4 \rangle}[P', Nu'] \in G \to \langle P, Nu \rangle \approx \langle P', Nu' \rangle)$;

(2) $\wedge x, P, Nu, P', Nu'(x_{-\langle 3,4\rangle}[P, Nu]\in G \wedge x_{-\langle 3,4\rangle}[P', Nu']\in M$
$\to x_{-\langle 3,4\rangle}[P', Nu']\in G).$

Die Bestimmung (1) enthält gerade die erste Komponente der obigen Theoretizitätsdefinition mit der Spezialisierung der Eindeutigkeitsforderung zur Forderung der Eindeutigkeit bis auf Gödel-Bolker-Transformationen. Und die Bestimmung (2) ist die gegenwärtige Fassung der Forderung der M-i-Invarianz des Gesetzes G.

Beweis: Wir führen die Behauptung dadurch auf frühere Resultate zurück, daß wir für G eine geeignete Definition geben, die nur bereits eingeführte Begriffe benützt. Dabei sei nochmals daran erinnert, daß in der Definition von M_{pp}^{reich} kein Gebrauch von der theoretisch – nicht-theoretisch – Dichotomie gemacht worden ist, so daß der Rückgriff auf diesen Begriff keinen Zirkel enthält. (Man kann sich davon sofort dadurch überzeugen, daß man D14.3-5 als Definition eines Spezialgesetzes M^* von M deutet, in welchem den jeweiligen dritten und vierten Gliedern P und Nu keine Beschränkungen auferlegt werden.)

Es sei „$x\in G$" definiert durch: „$x=\langle \mathfrak{B}, \leqq, P, Nu\rangle \in M(\textit{Jeff})$
und $\langle \mathfrak{B}, \leqq\rangle \in M_{pp}^{reich}$".

Dann folgt die Bestimmung (2) unmittelbar aus der Definition von M_{pp}^{reich}, da die beiden gemäß (2) zu ersetzenden Terme im Begriff M_{pp}^{reich} keine Rolle spielen. Und die Bestimmung (1) folgt aus Th.14.3-4. Tatsächlich ist diese Bestimmung sogar mit diesem Theorem *identisch*, wenn man die Definitionen von „G" und „$\approx$" einsetzt.

Damit haben wir abermals für eine neue Anwendung, und zwar sogar für eine Theorie, deren bevorzugte Deutung die *normative Interpretation* ist, einen präzisen Nachweis dafür gewonnen, daß die intuitiv als ‚theoretischer Überbau' konzipierte Superstruktur, welche durch Wahrscheinlichkeits- und Nutzenfunktion repräsentiert wird, *theoretisch im Sinne dieser Theorie* ist. Eine Besonderheit des gegenwärtigen Falles besteht darin, daß das benützte Spezialgesetz nur den nicht-theoretischen Gliedern von Modellen einschränkende Bedingungen auferlegt.

Im nachhinein können wir jetzt auch die intuitiv bereits vorweggenommene Menge M_{pp} in präziser Weise einführen, nämlich:

$M_{pp}(\textit{Jeff}):=\{\langle \mathfrak{B}, \leqq\rangle | \vee P \vee Nu(\langle \mathfrak{B}, \leqq, P, Nu\rangle \in M_p(\textit{Jeff}))\}.$

Das zuletzt gewonnene Theorem Th.14.3-5 enthält die zusätzliche Information, daß M_{pp} identisch ist mit der Klasse der M_p, M-nicht-theoretischen Strukturen.

Vollständigkeitshalber führen wir noch die Restriktionsfunktion für die 0-te und erste Stufe an:

(a) $r^0 : M_p \to M_{pp}$
$r^0(\langle \mathfrak{B}, \leqq, P, Nu\rangle) = \langle \mathfrak{B}, \leqq\rangle;$
(b) $r^1 : Pot(M_p) \to Pot(M_{pp})$
$r^1(X):=$ das r^0-Bild von X, d. h. die Menge der r^0-Bilder von Elementen aus X.

14.3.9 Übergang zur Tauschwirtschaft. Es existiert eine dritte mögliche Weise der Bildung von Spezialisierungsnetzen, die darauf hinausläuft, einen intertheoretischen Zusammenhang herzustellen. Darin wird die Theorie von JEFFREY mit der klassischen Mikroökonomie in Verbindung gesetzt. Die Leitidee ist die folgende: Die Theorie von JEFFREY liefert die zugrundeliegenden Wahrscheinlichkeits- und Präferenzstrukturen; und die Tauschwirtschaft wird auf dieser Basis aufgebaut.

Das Konstruktionsverfahren werde kurz angedeutet. Die mikroökonomische Theorie muß dazu etwas umgeformt und mit Hilfe des Begriffs des Gütervektors, manchmal auch „Warenkorb" genannt, formuliert werden, während umgekehrt der Begriff der Jeffrey-Struktur auf Gütervektoren übertragen wird. (Ein Gütervektor repräsentiert eine individuelle Ausstattung im Sinn von 14.2.) Die mikroökonomische Theorie kann man dann als ein *Teilnetz* auffassen, wobei das Basiselement, also die ‚Spitze' dieses Netzes, eine ‚Jeffrey-Struktur von Gütervektoren' bildet. Das letztere ist eine Jeffrey-Struktur von solcher Art, daß ein Erstglied eines Elementes $\langle \mathfrak{B}, \leq, P, Nu \rangle$ dieser Struktur eine Boolesche Algebra bildet, die isomorph ist zu der Algebra von Teilmengen einer Menge von Gütervektoren. Jeder Gütervektor wird dabei formal einfach als ein n-Tupel von natürlichen Zahlen eingeführt. Inhaltlich ist diese Zuordnung folgendermaßen zu interpretieren: Eine Proposition aus B besagt, daß unser Handelnder eine individuelle Güterausstattung besitzt, welche durch eines der n-Tupel aus derjenigen Menge von n-Tupeln angegeben wird, die der Proposition entspricht. Schließlich wird noch verlangt, daß der Nutzen einer atomaren Proposition aus B eine Funktion der Menge der dieser Proposition entsprechenden Gütervektoren ist. Diese Funktion werde mit δ bezeichnet, während C für den oben erwähnten Isomorphismus stehen möge. (Für eine Proposition a ist $C(a)$ eine Menge von Gütervektoren, die der Handelnde besitzen *könnte*, z.B. die Menge derjenigen Gütervektoren, welche die Tauschwertbedingung im Sinn von 14.2 erfüllen.)

D14.3-6 $X \in M^{GV}(\textit{Jeff})$ (X ist eine *Jeffrey-Struktur von Gütervektoren*) gdw
(I) $X \in M(\textit{Jeff})$;
(II) zu jedem $\langle \mathfrak{B}, \leq, P, Nu \rangle \in M^{GV}(\textit{Jeff})$ existiert eine Zahl n, so daß gilt:
  (1) es existiert ein Isomorphismus C zwischen B und der Booleschen Algebra von Teilmengen aus $\mathbb{R}^n_+$ (mit $\mathbb{R}^n_+ := \{\langle x_1, \ldots, x_n \rangle \in \mathbb{R}^n | x_i > 0$ für $1 \leq i \leq n\}$);
  (2) es gibt eine Funktion $\delta: Pot(\mathbb{R}^n_+) \to \mathbb{R}$, so daß für alle atomaren Propositionen a aus B: $Nu(a) = \delta(C(a))$.

Der Kern des neuen Basiselementes unterscheidet sich vom früheren nur durch das zweite Glied, d.h. dieser Kern hat die Gestalt:

$$\langle M_p(\textit{Jeff}), M^{GV}(\textit{Jeff}), M_{pp}(\textit{Jeff}), Pot(M_p(\textit{Jeff})) \rangle$$

Außer den bereits früher angeführten Spezialisierungen treten hier noch solche hinzu, welche der Funktion δ besondere Einschränkungen auferlegen, wie z.B. die, daß es sich um eine monoton wachsende oder um eine konvexe Funktion handeln soll.

Literatur

JEFFREY, R.C., *The Logic of Decision*, 2. Aufl. Chicago und London 1983.
SNEED, J.D. [Invariance Principles], "Invariance Principles and Theoretization", in: I. NIINILUOTO und R. TUOMELA (Hrsg.), *The Logic and Epistemology of Scientific Change* (Acta Philosophica Fennica 30, Nr. 2–4), Amsterdam 1979, S. 130–178.
SNEED, J.D. [Decision Theory], "The Logical Structure of Bayesian Decision Theory", Manuskript 1984, im Erscheinen.
STEGMÜLLER, W. [Rationale Entscheidung], *Personelle und Statistische Wahrscheinlichkeit*, Erster Halbband: *Personelle Wahrscheinlichkeit und Rationale Entscheidung*, Berlin-Heidelberg-New York 1973.

14.4 Die Theorie der Neurose von S. Freud. Eine Skizze

14.4.0 Die Aufgabenstellung. Bei allen an früheren Stellen sowie im bisherigen Verlauf dieses Kapitels analysierten Beispielen handelte es sich um Theorien, deren Wissenschaftlichkeit außer Frage stand und die entweder zu einer früheren Zeit als wohletablierte Theorien galten oder die auch heute noch ein ähnliches Ansehen genießen, mag ihr Anwendungsbereich vielleicht auch sehr begrenzt sein. In bezug auf die hier zu diskutierende Theorie stehen wir erstmals vor einer andersartigen Situation. Dazu erinnern wir daran, daß K. POPPER sein Falsifizierbarkeitskriterium, im Gegensatz zu Ergebnissen analoger Bemühungen im Wiener Kreis, nicht dazu benützte, um aus der Wissenschaft ‚sinnlose Metaphysik' auszuschließen, sondern um echte Wissenschaft von Pseudowissenschaft abzugrenzen. Und als drei typische Beispiele von Pseudowissenschaften werden dabei angeführt: die Astrologie, die Psychoanalyse und der Marxismus. Während diese Pauschalbeurteilung in bezug auf die Astrologie eine opinio communis unter den Fachleuten bilden dürfte, sind die beiden anderen Disziplinen auch heute noch nicht nur in dem Sinn umstritten, daß ihre Haltbarkeit in Frage gestellt wird, sondern daß bereits erhebliche Bedenken bestehen, hier überhaupt von Disziplinen zu reden, die mit wissenschaftlichem Erkenntnisanspruch auftreten.

Es dürfte kaum möglich sein, eine derartige Streitfrage auf präsystematischer Ebene zu entscheiden. Die Vertreter der Unwissenschaftlichkeitsthese werden auf zahlreiche Unklarheiten, Mehrdeutigkeiten, ‚metaphysische' Annahmen, ja sogar auf logische Widersprüche in den Formulierungen des Urhebers der Theorie hinweisen. Aber in bezug auf welche Theorie könnte man nicht ähnlich verfahren und zwar mit Erfolg? Nach unserer Auffassung besteht die einzige aussichtsreiche Bewältigung dieser Aufgabe darin, den Versuch zu unternehmen, die fragliche Theorie so weit zu rekonstruieren, um im positiven Fall die Einsicht zu gewinnen, daß es sich zumindest um eine *mögliche* empirische Theorie handelt. Wenn sie dann dennoch von vielen verworfen wird, so deshalb, weil nach der Auffassung dieser Kritiker einige der in sie eingehenden hypothetischen Annahmen sich als unhaltbar erweisen. Das Problem der Wissenschaftlichkeit wird damit im positiven Fall auf die Frage der empirischen Haltbarkeit abgeschoben. Und darin erblicken wir eher einen Gewinn als einen Verlust. Denn im negativen Fall braucht man überhaupt kein Urteil abzugeben, sondern kann abwarten, ob in Zukunft eine Rekonstruktion als empirische Theorie gelingen wird, während man im positiven Fall nun weiß, worum der Streit geht.

Ein solches Wissen fehlt in der Regel, wenn keine logische Rekonstruktion versucht worden ist. Als deutliches Symptom dafür mag die zu beobachtende Reaktion der Opponenten im Disput um die Wissenschaftlichkeit einer Theorie dienen. Diese Opponenten vermögen in der Regel z.B. auf die Frage: „Worin besteht denn nun die Neurosentheorie von Freud?" keine Antwort zu geben, sondern setzen nur ihren Streit fort, allerdings mit Änderung des Streitobjektes: An die Stelle der Diskussion über die bloß angebliche oder tatsächliche Wissenschaftlichkeit dieser Theorie tritt eine Diskussion über textexegetische Detailfragen.

All dies sollte man sich vor Augen halten, bevor man dem folgenden Rekonstruktionsversuch skeptische Einwendungen entgegenhält. Je umstrittener eine Theorie ist, die es zu rekonstruieren gilt, desto leichter wird es sein, solche Einwendungen zu finden. Doch sollte man sich durch solche Zweifel nicht daran hindern lassen, den Versuch trotzdem zu unternehmen. *Denn eine in vielen Hinsichten unvollständige und in gewissen Hinsichten sogar inadäquate Rekonstruktion ist noch immer besser als eine verschwommene Darstellung.* Dies gilt um so mehr, als man damit die Hoffnung verbinden kann, daß Wissenschaftsphilosophen, die in das betreffende Fachgebiet besser eingearbeitet sind, dazu angeregt werden, vollständigere und adäquatere Rekonstruktionen zu liefern.

Zugleich sind wir hier mit einer Herausforderung an das strukturalistische Theorienkonzept konfrontiert. Obwohl dieses nicht von vornherein auf physikalische Theorien zugeschnitten war, bildeten solche Theorien doch an allen wichtigen logischen Gabelungsstellen die entscheidenden Orientierungspunkte. Daß sich der Begriffsapparat, der sich dabei herausbildete, dafür eignete, um auch Theorien ganz anderer Art zu präzisieren, kann als ein Zeichen für die große Flexibilität des strukturalistischen Konzeptes betrachtet werden. Wenn es darüber hinaus gelingen sollte, mit Hilfe eben dieses Begriffsapparates sogar Theorien zu rekonstruieren, deren Wissenschaftscharakter bis heute umstritten blieb, so hätte der strukturalistische Ansatz damit eine weitere Bewährungsprobe bestanden.

Was nun das Anliegen von FREUD betrifft, so ist zu beachten, daß er nicht *eine* Theorie, sondern *zwei* Theorien anstrebte. Wie jedem sowohl theoretisch forschenden als auch praktisch tätigen Arzt war es ihm nicht nur darum zu tun, für bestimmte bislang nicht oder nur unzulänglich erklärte Phänomene eine adäquate Erklärung zu liefern, sondern außerdem darum, seinen von bestimmten Erkrankungen befallenen Patienten zu helfen. Beim ersten geht es um eine deskriptive Aussagen formulierende explanatorische oder erklärende Theorie; beim zweiten geht es um eine therapeutische Theorie, deren Aufgaben technologischer Art sind, ähnlich wie die der Erzeihungswissenschaft, und deren Sätze die Struktur hypothetischer Imperative haben.[2] Hier soll allein FREUDS deskriptiv-erklärende Theorie den Gegenstand der Betrachtung bilden. Diese Beschränkung ist zulässig, da wir von allen Fragen empirischer Bewährung abstrahieren. Würden wir auch diesen Fragenkomplex einbeziehen, so wäre es vermutlich nicht statthaft, die therapeutische Theorie außer Betracht zu lassen, da ein empirischer Mißerfolg der letzteren auch ein negatives Verdikt über die explanatorische Theorie begründen könnte.

Diese deskriptiv-erklärende Theorie wird von W. BALZER in [Empirische Theorien] als erste Theorie auf S. 6–67 behandelt. Wenn wir dieses Thema trotzdem hier nochmals aufgreifen, so hat dies vor allem die folgenden vier Gründe: Erstens benützt BALZER a.a.O. dieses Beispiel dazu, um den Leser mit dem Begriffsapparat des neuen Theorienkonzeptes vertraut zu machen. Dadurch nimmt die Darstellung einen viel breiteren Raum ein, als es für Leser, die mit dem Begriffsgerüst bereits vetraut sind, nötig wäre. Dadurch könnte bei manchen der Eindruck entstehen, die Grundstruktur dieser Theorie sei komplizierter als es tatsächlich der Fall ist. Zweitens erschien es als ratsam, einige allgemeine Betrachtungen voranzustellen, um der potentiellen Gefahr zu begegnen, wegen der hier von der philosophischen Tradition zum Teil stark abweichenden Terminologie keine künstlichen Schwierigkeiten aufzubauen. So sind z.B. Philosophen, die von der Aktpsychologie oder Aktphänomenologie herkommen, geneigt, psychoanalytische Theorien für begrifflich inkonsistent zu halten. Drittens haben sich in die eben zitierten Ausführungen von BALZER leider sinnstörende Druckfehler eingeschlichen, die bei manchen Lesern das Verständnis erschweren dürften. Schließlich werden sich auch einige inhaltliche Abweichungen ergeben, und zwar sowohl beim begrifflichen Aufbau als auch bei der Präsentation der Freudschen Theorie.

14.4.1 Inhaltliche und terminologische Vorbemerkungen. Die Theorie von S. FREUD ist eine psychologische Theorie, welche die Lebensabschnitte einzelner Personen und deren Verlauf zu beschreiben und darüber hinaus in gewissen Hinsichten zu erklären versucht. Wie für alle psychologischen Theorien kommt es auch hier in erster Linie darauf an, den psychischen Ablauf im Leben von ‚normalen' oder ‚gesunden' Menschen zu erfassen. Daneben aber geht es dieser Theorie vor allem um die Erfassung der Neurosen, also bestimmter Arten von seelischen Erkrankungen.

---

2   In bezug auf die Erziehungswissenschaften vgl. W. BREZINKA, [Gegenstandsbereich], insbes. S. 149ff. Unter „Technik" ist dabei ein Verfahren zu verstehen, von dem angenommen wird, daß man mit seiner Hilfe bestimmte Zwecke erreichen kann. „Technologie" ist eine Theorie der Technik, deren Sätze von der Gestalt sind: „Wenn du das Ziel z erreichen willst, dann handle so und so!"

Zwei Beispiele von solchen Erkrankungen seien kurz angedeutet. Im einen Fall handelt es sich um eine 38-jährige Dame. Sie hatte mit 17 Jahren an einem Ball teilnehmen wollen und dafür einige Besorgungen gemacht. Dabei ging sie damals durch eine Straße, in der vor einigen Tagen ihre Freundin gestorben war. Wegen ihrer gedanklichen Konzentration auf den Ball war von ihr die Erinnerung an den Tod ihrer Freundin zurückgedrängt worden. Am selben Tag hatte sie ihre einzige Periode in diesem ganzen Jahr. Bereits ein kurzes Stück hinter dem Haus ihrer Freundin bekam sie einen Schwindelanfall, der mit Angst und Ohnmachtsgefühlen verbunden war. Seither leidet sie unter Agoraphobie und Anfällen von Todesangst. Im zweiten Fall geht es um ein Bauernmädchen, das bei seinem Onkel lebte und in dessen Hof mithelfen mußte. Mehrmals war es vom Onkel bedroht worden, ohne daß ihm der Charakter der Drohung klar wurde. Zwischendurch hatte es zweimal den Onkel, ohne ihm nachspioniert zu haben, beim Geschlechtsakt mit einer Magd gesehen. Seither leidet das Mädchen unter Depressionen und bekommt vor allem auf dem längeren Weg ins Dorf häufig Angstzustände.

Das Freudsche Erklärungsschema ist in beiden Fällen dasselbe: In allen Menschen vollziehen sich laufend unbewußte psychische Akte, die nach Realisierung in Form von Handlungen und bewußten Erlebnissen drängen. Im ersten Fall z. B. sind dies Vorstellungen über den in Kürze stattfindenden Ball und die Teilnahme an diesem Ball. Ist nun die Realisierung eines unbewußten Aktes mit sehr unangenehmen Erlebnissen assoziiert, wie z. B. mit der Erinnerung an den Tod der Freundin und der Periode, so kann es passieren, daß in Zukunft jede Realisierung dieses Aktes bereits im Keim unterdrückt wird und die Krankheitssymptome entstehen.

Es ist nicht von vornherein ersichtlich, wie man die beiden oben genannten Zielsetzungen, die theoretische Erfassung gesunder und psychisch kranker Menschen, überhaupt unter einen Hut bringen kann. Dies macht man sich am besten durch einen Vergleich mit anderen, bekannten Krankheitstypen klar. Bei Krankheiten, mit denen sich Menschen durch äußere Einwirkung infizieren, ist man für ihre adäquate Deutung genötigt, über den menschlichen Bereich hinauszugreifen und die Krankheitsträger, wie Bakterien und Viren, mit einzubeziehen. Bei spontan auftretenden Erkrankungen ohne äußeren Erreger ist zwar ein solcher Rückgriff nicht erforderlich. Doch muß man auch hier, je nach Beschaffenheit der zugrunde liegenden erklärenden Hypothese, über das bewußte Erleben hinausgehen, selbst dann, wenn es sich um rein seelische Erkrankungen handelt, wie etwa im Fall einer endogenen Depression. Wer die letztere für eine Gehirnerkrankung hält, ist genötigt, entsprechende neurophysiologische Prozesse in den Gegenstandsbereich seiner Theorie einzubeziehen. Wer die Auffassung vertritt, es handle sich um eine Stoffwechselerkrankung, muß den begrifflichen Apparat so erweitern, daß Stoffwechselvorgänge in Teilen des menschlichen Organismus beschrieben werden können.

Neurotische Erkrankungen jedoch sind weder Infektionskrankheiten noch spontan auftretende Erkrankungen von der Art der endogenen Depression, zumindest nicht nach der Hypothese von FREUD. Gemäß dieser Hypothese geht der Neurose stets ein normaler, also gesunder Lebenslauf voran. Ein Mensch *ist* nicht von vornherein neurotisch; vielmehr *wird* er nach vorausgegangener seelischer Gesundheit zu einer bestimmten Zeit neurotisch, und zwar trotz fehlender äußerer Infektion und (mutmaßlich) fehlender organischer Erkrankung. Die prinzipielle Vereinbarkeit der beiden eingangs erwähnten Ziele kann dadurch erreicht werden, daß man den Begriff der Neurose zeitlich relativiert, also den Begriff „neurotisch ab Zeitpunkt t" einführt.

Die Theorie von FREUD ist keine bloß beschreibende Theorie, sondern zumindest ihrem Anspruch nach geradezu der Prototyp einer *erklärenden* Theorie. Und zwar will sie Neurosen ‚gesetzmäßig' erklären mit Hilfe von bestimmten Arten von Vorgängen im Verlauf des gesunden Lebensabschnittes, welcher dem Auftreten der Neurose voranging. Unsere erste Aufgabe wird darin bestehen, FREUDS begrifflichen Apparat innerhalb des strukturalistischen Ansatzes so weit aufzubereiten, daß sich die Grundzüge der Theorie von FREUD in diesem Rahmen rekonstruieren lassen.

In einer formalen Hinsicht, so könnte man sagen, ähnelt auch die Theorie von FREUD den beiden genannten andersartigen Krankheitstheorien, nämlich in der Hinsicht, daß auch in ihr neue Entitäten hinzugenommen werden; ‚neu' zumindest in dem Sinn, daß diese Entitäten in den damals vorliegenden psychologischen Theorien nicht erwähnt wurden. Allerdings gehören diese Entitäten weder zur außermenschlichen Natur noch sind sie Bestandteil der physischen Konstitution des Menschen. Vielmehr beinhaltet FREUDS Annahme eine Erweiterung des Psychischen um die unbewußten seelischen Akte. Beim Reden über diese Prozesse werden wir uns in diesen einleitenden Betrachtungen einer Sprechweise bedienen, die gewöhnlich als „naiv-realistisch" bezeichnet wird. Wir werden also über die unbewußten Akte einer Person ebenso reden wie über deren bewußte Erlebnisse. Dies bedeutet nicht, daß wir FREUDS Realismus bezüglich des Unbewußten – falls FREUD einen solchen wirklich vertreten hat – unkritisch übernehmen. Für uns ist diese Sprechweise ein bloßes Provisorium; und die Rechtfertigung für sie liegt allein darin, daß sie es gestattet, diese einleitenden Überlegungen knapp und einfach zu formulieren. Erst nachdem der begriffliche Apparat feststeht, müssen wir uns überlegen, welche darin vorkommenden Terme nicht-theoretisch sind und welche theoretisch.

Um überflüssige philosophische Pseudodiskussionen zu vermeiden, ist es zweckmäßig, zwei vorbereitende begriffliche Klärungen vorzunehmen. Die erste betrifft den Begriff des *unbewußten psychischen Aktes* oder kürzer: des *unbewußten Aktes*. Dieser Begriff ist damals auf große Verständnisschwierigkeiten gestoßen und gibt auch heute noch oft Anlaß für Verwirrungen. Zu der Zeit, als FREUD mit seinen Arbeiten über Neurose an die Öffentlichkeit heranzutreten begann, waren die Aktpsychologie (BRENTANO) und Aktphänomenologie (HUSSERL) bereits etablierte philosophische Richtungen. Und innerhalb dieser Richtungen wird der Begriff des psychischen Aktes mit dem des Bewußtseinsvorganges, Bewußtseinsprozesses oder Bewußtseinsphänomens gleichgesetzt. Ausdrücke wie „Akt" oder „psychischer Akt" wurden als synonym mit irgendwelchen Sammelbezeichnungen für alle Bewußtseinsvorgänge verwendet.

Ein unbewußter psychischer Akt war für Vertreter dieser Richtungen so etwas wie ein hölzernes Eisen, nämlich ein Bewußtseinsvorgang, der doch kein Bewußtseinsvorgang ist.

In der Tat: Wenn man „psychischer Akt" als synonym betrachtet mit „Bewußtseinsvorgang", dann ergibt die Rede von unbewußten seelischen Akten keinen Sinn. Und es ist zwar richtig, daß sich in den genannten, aber auch in anderen Denkrichtungen eine Terminologie herausgebildet hatte, gemäß welcher nur bewußte Prozesse „Akte" genannt werden dürfen. Doch man kann FREUD, der sich keiner dieser Traditionen angeschlossen hat, nicht daraus einen Vorwurf machen, daß er die innerhalb dieser Traditionen geltenden *Sprachregelungen* nicht übernimmt. Es ist sein gutes Recht, für den Zweck der von ihm zu errichtenden erklärenden Theorie den Bereich des Psychischen um die unbewußten Akte zu erweitern. Wenn jemand sich dazu entschlossen hat, nur Bewußtseinsvorgänge als Akte zu bezeichnen, so muß er für diese unbewußten Vorgänge einen neuen Namen prägen. Eine Diskussion darüber, ob wir *berechtigt* seien, derartige Vorgänge „Akte" zu nennen, würde in einen reinen Wortstreit entarten. Jedenfalls werden wir uns im folgenden der Rede von unbewußten Akten ohne Bedenken bedienen. Und zur Vermeidung von begrifflichen Konfusionen werden wir, genau umgekehrt als die Aktpsychologen, dieses Wort „Akt" niemals zur Bezeichnung von Bewußtseinsvorgängen benützen. Meist werden wir hier einfach von Erlebnissen sprechen.

Ein zweiter Punkt betrifft die spätere formale Charakterisierung des *Bewußten* und *Unbewußten*. Wir beginnen mit den bewußten Erlebnissen. Darunter verstehen wir nicht bloß die von einer bestimmten Person (zu einem Zeitpunkt) tatsächlich gehabten Erlebnisse, sondern alle Erlebnisse, die diese Person haben könnte. Unter „Erlebnis" verstehen wir daher stets eine Erlebnisart, unabhängig davon, ob sie zu dem jeweils betrachteten Zeitpunkt *verwirklicht* ist (von der Person ‚*gehabt*' wird) oder nicht. Die Totalität der so verstandenen Erlebnisse werde „E" genannt. Den Begriff des Bewußtseins B führen wir demgegenüber als eine Funktion ein mit Zeitpunkten als Argumenten und Werten aus der Potenzmenge von E. Darin darf keinesfalls so etwas erblickt werden wie eine begriffliche Vergewaltigung dessen, was FREUD oder auch andere Psychologen meinen, wenn sie von Bewußtsein sprechen. Vielmehr wird hier bloß von einer Methode Gebrauch gemacht, die in anderen Disziplinen, wie z. B. der Physik, als völlig selbstverständlich vorausgesetzt wird, nämlich daß man Entitäten, die von der Zeit abhängen, als Funktionen mit Zeitpunkten als Argumenten definiert. Die Temperatur ist z. B. eine derartige Funktion. (Daß die Temperaturfunktion als Werte Größen annimmt, während das als Funktion konstruierte Bewußtsein dagegen nur qualitativ beschriebene Erlebnisse als Werte annimmt, ist in diesem Zusammenhang irrelevant.)

Ein Vorteil dieses Verfahrens besteht darin, daß man dadurch den Begriff des ‚Erlebnisstromes' (einer Person während einer gegebenen Zeitspanne) mühelos präzisieren kann. Dieser Erlebnisstrom wird formal erfaßt durch die (auf diese Person relativierte) Funktion B zwischen den Zeitpunkten, die den Anfang und das Ende der fraglichen Zeitspanne auszeichnen: Für jeden einzelnen Zeitpunkt

t aus diesem Zeitraum liefert die Funktion B als Wert $B(t)$ die Menge derjenigen Erlebnisse aus E, welche die Person zu t ‚hat'. (Daß dabei als Wertebereich von B nicht die Menge E, sondern deren Potenzmenge $Pot(E)$ gewählt wird, hat seinen Grund darin, daß eine Person zu ein und derselben Zeit mehrere Erlebnisse haben kann, z. B. Zahnschmerzen und gleichzeitig ein Erinnerungsbild eines verstorbenen Freundes.)

Mit dem Begriff des Unbewußten werden wir ähnlich verfahren. A sei die Gesamtheit der irgendwie artmäßig charakterisierten, möglichen unbewußten psychischen Akte. Dann soll das Unbewußte als eine Funktion U eingeführt werden, welche für jeden Zeitpunkt aus einer vorgegebenen Zeitspanne als Wert die zu diesem Zeitpunkt realisierten Akte liefert. Aus dem analogen Grund wie bei B muß daher der Wertebereich von U als $Pot(A)$ gewählt werden.

14.4.2 Die Grundbegriffe.
Mit den vorangehenden Betrachtungen wurde nur einiges über die Grundbegriffe ausgesagt, das hauptsächlich dazu dienen sollte, Mißverständnissen vorzubeugen. Welche Begriffe man insgesamt benötigt, hängt davon ab, wie die Theorie formuliert wird. Wenn wir somit diese Grundbegriffe bereits jetzt vollständig auflisten, so geschieht dies im Vorblick auf die Theorie, für die wir später den Begriff des potentiellen Modells und des Modells einführen werden.

Bei der Formulierung dieser Theorie werden wir einige Vereinfachungen vornehmen. Zwei davon seien hier ausdrücklich angeführt. Wie die Beispiele von FREUD zeigen, treten die Krankheitssymptome nur innerhalb eines bestimmten soziokulturellen Umfeldes auf. Es soll hier kein Versuch unternommen werden, die von FREUD offenbar intendierte Relativierung der einschlägigen Gesetzmäßigkeit auf ein derartiges Umfeld explizit zu machen. Ferner zeigen die Erläuterungen zu den Beispielen, daß selbst bei Annahme einer präzisen Beschreibung dieses Umfeldes die fragliche Gesetzmäßigkeit kaum eine streng deterministische, sondern eine statistische sein dürfte. Wir werden dennoch so tun, als hätten wir es mit einem strikten Gesetz zu tun, um die technischen Komplikationen zu vermeiden, die mit der Einführung des statistischen Wahrscheinlichkeitsbegriffs in unseren Begriffsapparat zwangsläufig verbunden wären.

Insgesamt werden wir zehn Begriffe benötigen. T sei die als Menge von Zeitpunkten aufgefaßte *Zeitspanne*, in welche die Lebensabschnitte der betrachteten Person hineinfallen. Eine Zeitmetrik wird für diese Menge nicht vorausgesetzt, wohl aber eine *Ordnung der Zeitpunkte* in bezug auf früher und später. Diese Ordnung wird beschrieben durch eine zweistellige Relation $\leq$, die inhaltlich das „nicht später als" ausdrückt. E sei die Menge der im obigen Sinn zu verstehenden *möglichen Erlebnisse* unserer Person. Das *Bewußtsein B* werde, wie ebenfalls bereits geschildert, als Funktion $B: T \to Pot(E)$ eingeführt. Für $W \subseteq E$ und $t \in T$ besage $B(t) = W$, daß die Person zur Zeit t genau die Erlebnisse aus W hat, daß also alle und nur die Elemente von W *verwirklicht* sind. Dieses Verbum „verwirklichen" werden wir neben dem Hilfszeitwort „haben" nicht nur bei

Erlebnissen verwenden, sondern auch bei den unbewußten Akten, also den Elementen aus A.

Eine für die Formulierung der Theorie benötigte Relation zwischen möglichen Erlebnissen ist die *Assoziationsrelation* $Ass \subseteq E \times E$. Sind die beiden Erlebnisse e und e' miteinander verbunden oder assoziiert, so schreiben wir wie üblich $\langle e, e' \rangle \in Ass$. Würde es uns darum gehen, die Theorie von FREUD als einen möglichst vollständigen Theorienkomplex im Sinn von Kap. 9 zu behandeln, so müßte insbesondere auch die dieser Theorie ‚zugrunde liegende' Theorie der Assoziation rekonstruiert werden. Für unsere Zwecke ist dies aber nicht erforderlich, da alle Zusammenhänge, in welche die Assoziationsrelation innerhalb der Theorie von FREUD Eingang findet, explizit angegeben werden und andere Zusammenhänge hier nicht interessieren. Streng genommen müßte eigentlich eine Relativierung auf einen Zeitpunkt vorgenommen werden, da zwei Erlebnisse stets *ab einem bestimmten Zeitpunkt* miteinander assoziiert sind. Trotzdem brauchen wir diesen Aspekt nicht in die Definition mit einzubeziehen; denn die jeweils relevanten Zeitpunkte werden in den einschlägigen Bestimmungen in anderer Weise zur Geltung gebracht.

Die Begriffe „(unbewußter psychischer) Akt" und „Unbewußtes" sollen, wie angekündigt, völlig analog zu den Begriffen „Erlebnis" und „Bewußtsein" eingeführt werden. A sei die Menge der möglichen unbewußten psychischen Akte. U werde definiert als Funktion $U: T \rightarrow Pot(A)$. Für $R \subseteq A$ und $t \in T$ besagt $U(t) = R$, daß in der Person zur Zeit t genau die unbewußten Akte aus R verwirklicht sind.

Bevor wir die Liste der Grundbegriffe vervollständigen, sei eine Bemerkung zum Begriff des Psychischen eingefügt. Man könnte den Begriff P des Psychischen, vermutlich im Einklang mit FREUDS Intuition, einführen als die Vereinigung von E und A, also $P := E \cup A$, versehen mit der Zusatzbestimmung $E \cap A = \emptyset$. Was hätte man dann unter einer gegnerischen Theorie zu verstehen, welche ‚die Existenz des Unbewußten leugnet'? Es müßte dies nicht unbedingt eine Theorie sein, die $A = \emptyset$ behauptet, für die also die Elemente von A überhaupt nicht existieren. Vielmehr könnte es sich dabei um eine Theorie handeln, deren Vertreter nur leugnen, daß A *Psychisches* enthalte, da die Elemente von A im Rahmen dieser Theorie als *physische* Zustände und Prozesse, etwa als neurologische Prozesse bestimmter Art, gedeutet werden. Wenn es uns darum ginge, FREUDS Auffassung von derartigen anderen Theorien abzugrenzen, würde man vermutlich diesen Begriff P benötigen. Da wir eine solche Abgrenzung aber gar nicht anstreben, brauchen wir diesen Begriff nicht einzuführen und können es somit offen lassen, wie der allgemeine Begriff des Psychischen im Rahmen der Freudschen Auffassung zu charakterisieren sei und ob für einen derartigen Begriff dort überhaupt Platz ist.

Auch in bezug auf den nächsten Begriff, den des negativen Erlebnisses, versuchen wir es mit einer Parallelisierung des Bewußtseinsbegriffs. Dazu führen wir zunächst die echte Teilmenge L von E ein: $L \subsetneq E$, welche genau diejenigen möglichen Erlebnisse enthält, die bei ihrer Verwirklichung von der Person als *leidvoll empfunden* werden. Wir verwenden dieses Wort deshalb, weil z. B. nicht nur Schmerzen leidvolle Erlebnisse sind. Andere leidvolle Erlebnisse sind z. B. starker Juckreiz, Angstzustände, Depressionen. Den Begriff *negatives Erlebnis* konstruieren wir in Analogie zu den Begriffen B und U als Funktion $N: T \to Pot(L)$. Auch die Begründung dafür, als Wertebereich von N die Potenzmenge von L und nicht L selbst zu wählen, ist dieselbe wie früher: Nur durch diese Wahl wird dem Umstand Rechnung getragen, daß in unserer Person zu ein und demselben Zeitpunkt mehrere Arten von leidvollen Erlebnissen verwirklicht sein können.

Der letzte benötigte Grundbegriff ist wieder eine Relation, nämlich die Relation der *Realisierung*, die Elemente aus A und aus E zueinander in Beziehung setzt. Darin kommt erstmals sowohl das Neuartige als auch das spezifisch Hypothetische an der Freudschen Theorie zur Geltung. Nach dieser Theorie wird jeder unbewußte Akt a gleichzeitig oder später durch ein Erlebnis e realisiert. Da diesmal die Einbeziehung der Zeit wesentlich ist, soll die Realisierungsrelation *Real* formal als dreistellige Relation eingeführt werden: $Real \subseteq T \times A \times E$. $\langle t, a, e \rangle \in Real$ kann man umgangssprachlich durch die Aussage wiedergeben, daß t, a und e (in dieser Reihenfolge) in der Realisierungsrelation stehen. Dabei wird hier bloß verlangt, daß a bzw. e *mögliche* unbewußte Akte bzw. Erlebnisse sind. Zu beachten ist, daß es sich hier um einen technischen Begriff der zu konstruierenden Theorie handelt, der natürlich nicht mit unserer umgangssprachlichen Verwendung des Wortes „verwirklichen" verwechselt werden darf. Dieses letztere verwenden wir stets für Akte und Erlebnisse *allein*, so daß es sinnvoll ist, sowohl von der Verwirklichung von Akten als auch von Erlebnissen zu bestimmten Zeiten zu reden.

Wer mit der Theorie von FREUD anderweitig vertraut ist, wird vermutlich den Begriff der *Verdrängung*, der doch ein zentraler Begriff bei FREUD zu sein scheint, vermissen. Zweckmäßigerweise beantworten wir die Frage, warum dieser Begriff nicht unter den Grundbegriffen vorkommt, unmittelbar im Anschluß an die Definition des Modellbegriffs.

14.4.3 Potentielle Modelle und Modelle. Wir können jetzt unmittelbar dazu übergehen, den Begriff des potentiellen Modells zu definieren. Dabei erweist es sich als überflüssig, die jeweils betrachtete Person explizit anzuführen. Denn die zu skizzierende Theorie bezieht sich ohnehin stets nur auf eine einzelne Person bzw. auf die Lebensabschnitte dieser Person. Und alles, was es dabei an relevanten Aspekten zu erfassen gilt, läßt sich mit dem angeführten Begriffsapparat bewältigen. Begriffe für einzelne Personen müßten nur dann eingeführt werden, wenn es Fälle gäbe, in denen die Theorie gleichzeitig mehrere Personen sowie die Interaktionen zwischen ihnen beschriebe. Aber solche Fälle gibt es nicht. Jedes potentielle Modell ist nur auf eine ganz bestimmte Person bezogen. Insbesondere sind die intendierten Anwendungen stets einzelne Personen.

Die Theorie soll den Namen *Freud* bekommen, was aber nicht als Abkürzung für „die Neurosentheorie von FREUD" zu verstehen ist; denn der Modellbegriff wird sich, wie erwähnt, auf die gesunden Fälle beziehen, während die neurotischen Erkrankungen erst durch eine geeignete Spezialisierung erfaßt werden.

D 14.4-1 $x \in M_p(\textit{Freud})$ (x ist ein *potentielles Modell* der Theorie *Freud*) gdw es ein $T, E, L, \leq, \textit{Ass}, B, N, A, U, \textit{Real}$ gibt, so daß:
(1) $x = \langle T, E, L, \leq, \textit{Ass}, B, N, A, U, \textit{Real} \rangle$;
(2) (a) T ist eine nicht-leere Menge (von Zeitpunkten);
  (b) E ist eine nicht-leere Menge (von möglichen Erlebnissen);
  (c) A ist eine nicht-leere Menge (von möglichen unbewußten Akten);
  (d) L ist eine echte Teilmenge von E, d.h. $L \subsetneq E$;
(3) die Durchschnitte von je zwei der drei Mengen T, A und E sind leer;
(4) $\leq$ ist eine schwache Ordnung auf T, d.h. $\leq$ ist reflexiv, transitiv und konnex;
(5) (a) $B: T \to \textit{Pot}(E)$;
  (b) $N: T \to \textit{Pot}(L)$;
  (c) $U: T \to \textit{Pot}(A)$;
(6) für alle $t \in T: U(t) \neq \emptyset$ und $B(t) \neq \emptyset$;
(7) $\textit{Ass} \subseteq E \times E$;
(8) $\textit{Real} \subseteq T \times A \times E$.

Die inhaltlichen Erläuterungen zu diesen Begriffen sind größtenteils bereits in 14.4.2 gegeben worden. In (6) wird verlangt, daß zu jeder der betrachteten Zeiten sowohl unbewußte Akte als auch bewußte Erlebnisse verwirklicht worden sind. Während in die erste dieser Annahmen bereits so etwas wie eine Freudsche Hypothese Eingang findet, ist die zweite Annahme unproblematisch, da man Zeiten, zu denen in unserer Person keine bewußten Erlebnisse stattfinden (z.B. wegen Bewußtlosigkeit oder traumlosen Schlafes), aus der Menge T entfernen kann. Eine Alternative bestünde darin, diese beiden Bestimmungen erst in den Modellbegriff mit aufzunehmen.

Den Modellbegriff führen wir jetzt sofort ein und stellen die Erläuterungen nach. Die zeitliche Gleichheit sowie die früher-Relation seien wie üblich mittels $\leq$ definiert, d.h. $t = t'$ ist eine Abkürzung für $t \leq t' \wedge t' \leq t$; und $t < t'$ ist eine Abkürzung für $t \leq t' \wedge \neg t = t'$.

D 14.4-2 $x \in M(\textit{Freud})$ (x ist ein *Modell* der Theorie *Freud*) gdw es ein $T, E, L, \leq, \textit{Ass}, B, N, A, U, \textit{Real}$ gibt, so daß
(1) $x = \langle T, E, L, \leq, \textit{Ass}, B, N, A, U, \textit{Real} \rangle$;
(2) $x \in M_p(\textit{Freud})$;
(3) für alle t, a und e: wenn $\textit{Real}(t, a, e)$, dann $a \in U(t)$ und $e \in B(t)$;
(4) für alle t und alle e:
  (a) $N(t) \subseteq B(t)$;
  (b) $\textit{Ass}(e, e)$;
(5) für alle e, e', t, t': wenn $e \in N(t)$ und $\textit{Ass}(e, e')$ und $t < t'$, dann $e' \notin B(t')$;
(6) es gibt t, a, e, so daß gilt: $a \in U(t)$ und $e \in B(t)$ und nicht $\textit{Real}(t, a, e)$;
(7) für alle e, e', a, t, t': wenn $\textit{Real}(t, a, e)$ und $\textit{Real}(t', a, e')$, dann $\textit{Ass}(e, e')$;

(8) für alle t, a: wenn $a \in U(t)$, dann gibt es ein t' und ein e, so daß $t \leq t'$ und $Real(t', a, e)$.

Die Bestimmung (3) verlangt, daß im Fall der Realisierung von a durch e zu t, also bei Vorliegen von $Real(t, a, e)$, a ein zu t verwirklichter unbewußter Akt und e ein zu t verwirklichtes Erlebnis ist. Dies geht offenbar über die definitorische Einführung von $Real$ in M_p weit hinaus; denn darin werden der zweite und dritte Bereich dieser Relation bloß als *mögliche* unbewußte Akte und *mögliche* Erlebnisse festgelegt, während von Verwirklichung dort keine Rede ist.

Nach (4)(a) ist jedes zu t verwirklichte leidvolle Erlebnis zu diesem Zeitpunkt auch bewußt. Und (4)(b) formuliert für die Assoziationsrelation die Minimalbedingung, daß jedes Erlebnis mit sich selbst assoziiert sein soll.

(5) ist ein wichtiges inhaltliches Axiom. Es besagt: Wenn zur Zeit t das negative (leidvolle) Erlebnis e bewußt wird, so tritt ab diesem Zeitpunkt kein mit e assoziiertes Erlebnis mehr ins Bewußtsein. Man könnte diese Bestimmung das *Verdrängungsaxiom* nennen. Denn daß das mit e assoziierte e' ab dem Zeitpunkt t nicht mehr bewußt wird, bedeutet per definitionem nichts anderes, als daß e' ab t verdrängt wird. Jetzt erkennen wir, warum es nicht erforderlich war, den Begriff der Verdrängung in die Grundbegriffe mit aufzunehmen: in der Bestimmung (5) kommt eine Wendung vor, welche als explizite Definition dieses Begriffs dienen kann. Umgangssprachlich wird das Verdrängungsaxiom am einfachsten mit Hilfe dieses Begriffs formuliert: Negative Erlebnisse werden, ebenso wie alle mit ihnen assoziierten Erlebnisse, für alle späteren Zeitpunkte verdrängt.

(6) drückt eine sehr schwache – vielleicht *zu* schwache – negative Minimalbedingung für die Realisierungsrelation aus. Danach müssen zu mindestens einem Zeitpunkt sowohl ein unbewußter psychischer Akt a als auch ein Erlebnis e verwirklicht sein, ohne daß e eine Realisierung von a ist. Würde man auf diese Forderung verzichten, so wäre möglicherweise zu jedem Zeitpunkt jedes bewußte Erlebnis eine Realisierung jedes zu diesem Zeitpunkt gerade verwirklichten unbewußten Aktes. Dies war von FREUD natürlich nicht intendiert.

In (7) wird die Assoziationsrelation mit der Realisierungsrelation verknüpft: Wenn ein und derselbe unbewußte Akt a einmal durch das Erlebnis e und ein anderes Mal (oder zur selben Zeit) durch das Erlebnis e' realisiert wird, so sind die beiden Erlebnisse e und e' miteinander assoziiert. Es ist dies eine vielleicht bedenklich starke Annahme, die weit über die zu FREUDS Zeiten vorliegenden Assoziationshypothesen hinausgeht, die man aber entweder in dieser oder vielleicht in einer abgeschwächten Form machen muß, um FREUDS Theorie formulieren zu können.

Die Bestimmung (8) enthält das entscheidende Axiom über die Wirksamkeit des Unbewußten. Man kann es auf eine Weise aussprechen, welche seine metaphorische Analogie zu physikalischen Prozessen, etwa in einem Dampfkessel, nahelegt: Das Unbewußte übt in der Gestalt der unbewußten Akte auf die Person einen ‚Druck' aus, der dadurch ‚abgelassen' wird, daß sich die fraglichen Akte gleichzeitig oder später durch bewußte Erlebnisse realisieren.

14.4.4 Spezialisierungen. Neurose und Sublimierung.

Die bisher geschilderte Theorie von FREUD ist eine Theorie des zunächst Gesunden. Die durch den Modellbegriff erfaßten Merkmale von Lebensabschnitten sind Merkmale gesunder Personen. Die intuitive Grundidee, welche das Auftreten von neurotischen Erkrankungen erklären soll, ist in dem Gedanken enthalten, daß der Prozeß der späteren Realisierung unbewußter psychischer Akte durch Erlebnisse gestoppt wird, die besonders leidvolle Erlebnisse sind.

In der uns zur Verfügung stehenden Terminologie können wir diesen Gedanken folgendermaßen ausdrücken: Zu einem bestimmten Zeitpunkt t_1 tritt in der Person ein unbewußter Akt a_1 auf, der durch ein stark negatives Erlebnis e_1 realisiert wird, kurz: $Real(t_1, a_1, e_1) \wedge e_1 \in N(t_1)$. Sofern ein Modell diese Zusatzbestimmung erfüllt, sagen wir, daß x ein Modell der Neurosentheorie von FREUD ist, abgekürzt: $x \in M^1(Freud)$.

D 14.4-3 $x \in M^1(Freud)$ (x ist ein *Modell der Neurosentheorie von Freud*) gdw
(1) $x \in M(Freud)$;
(2) es gibt ein $t_1 \in T$, ein $e_1 \in E$ sowie ein $a_1 \in A$, so daß gilt: $Real(t_1, a_1, e_1) \wedge e_1 \in N(t_1)$.

Wenn wir auf die Person, die durch diese Modellspezialisierung erfaßt wird, bezug nehmen, so können wir sagen, daß diese Person *ab t_1 neurotisch* ist, während sie vorher psychisch gesund war. Da es beim Umgang mit dieser Spezialisierung gewöhnlich nicht darauf ankommt, zu erfahren, welches negative Erlebnis verwirklicht war, während es von Wichtigkeit werden kann, zu wissen, *welcher Akt* verwirklicht war, ist es vermutlich zweckmäßiger, den Begriff der Neurose zweifach zu relativieren und im vorliegenden Fall zu sagen, daß die Person *ab t_1 neurotisch bezüglich a_1* ist. Tatsächlich wird gemäß der Theorie von FREUD nicht nur *dieses* Erlebnis e_1 von der erkrankten Person künftig verdrängt, sondern der unbewußte Akt a_1 wird überhaupt nie mehr erlebnismäßig realisiert. Wir halten dies in einem eigenen Lehrsatz fest.

Th. 14.4-1 *Es sei $x \in M^1 \wedge Real(t, a, e) \wedge e \in N(t)$.*[3] *Dann gilt für alle $t' \in T$: Wenn $t < t'$, dann gibt es kein $e' \in E$, so daß $Real(t', a, e')$.*

Beweis: Angenommen, es gäbe ein t' mit $t < t'$ sowie ein e', so daß $Real(t', a, e')$. Dann müßte nach D14.4-2,(3) gelten: $e' \in B(t')$. Da andererseits außer $Real(t', a, e')$ nach Voraussetzung auch $Real(t, a, e)$ gilt, erhalten wir gemäß Bestimmung (7) dieser Definition: $Ass(e, e')$. Daraus sowie aus den beiden Voraussetzungen $e \in N(t)$ und $t < t'$ gewinnen wir nach Bestimmung (5) dieser Definition: $e' \notin B(t')$. Dies ist ein Widerspruch.

Man könnte, im Einklang mit FREUDS Intention, die folgende Verfeinerung der Theorie anstreben: Nach FREUD führt nicht jedes negative Erlebnis zu einer krankhaften Verdrängung und im Verein mit unbewußten Akten zu einer

---

3 Es wird hier stillschweigend vorausgesetzt, daß N bzw. *Real* das siebente bzw. zehnte Glied von x ist.

Neurosenbildung. Bisweilen haben nämlich die negativen Erlebnisse keinen ‚negativen' Effekt, sondern führen zur *Sublimierung*, die in einer Ersatzrealisation von unbewußten Akten besteht. Zwecks Präzisierung dieses Gedankens müßte man zunächst leidvolle oder negative Erlebnisse in zwei Klassen unterteilen: die stark negativen N_{st} und die schwach negativen N_{sch} mit den entsprechenden disjunkten, zusammen L erschöpfenden Klassen L_{st} und L_{sch}. Die Neurosentheorie wäre dann auf den ‚starken' Fall zu beschränken. Der ‚schwache' Fall hingegen würde die Sublimierungstheorie liefern, sofern noch ein geeignetes Gesetz über den Zusammenhang des Auftretens schwach negativer Erlebnisse und späterer, als positiv empfundener erlebnismäßiger Ersatzrealisationen hinzugefügt würde. Falls man unterstellt, daß dieser Gedanke erfolgreich zu Ende geführt ist, hätte man mit der Neurosentheorie und der Sublimierungstheorie *zwei verschiedene Spezialisierungen* der Basistheorie von FREUD erhalten. Ob die mit diesen Spezialisierungen versehene Theorie auch prognostisch verwendbar wäre, hinge zum Teil von der hier nicht erörterten Frage ab, ob N (bzw. N_{st} und N_{sch}) nicht-theoretisch oder theoretisch relativ zur Theorie von FREUD sind. Denn nur wenn diese Begriffe nicht-theoretisch sind, hätten wir in konkret vorliegenden Fällen die Möglichkeit, vorauszusagen, ob eine krankhafte Verdrängung oder eine Sublimierung eintreten wird.

14.4.5 Theoretizität. Wegen des skizzenhaften Charakters dieser Rekonstruktion der Freudschen Theorie ist es nicht möglich, die Entscheidung darüber, welche Terme relativ zur Theorie *Freud* nicht-theoretisch und welche theoretisch sind, einem *formalen* Kriterium zu überlassen. Vielmehr müssen wir uns mit intuitiven Plausibilitätsüberlegungen begnügen. Diese reichen allerdings, vielleicht mit Ausnahme eines etwas strittigen Grenzfalles, für eine eindeutige Entscheidung aus.

Am zweckmäßigsten beginnen wir mit denjenigen Termen, die rasch als nicht-theoretisch erkennbar sind. Es sind dies: T, $\leq$, E, Ass und B. (Wir verzichten hier einfachheitshalber stets auf die beiden oberen Querstriche, die streng genommen erst jeweils den einem dieser Begriffe entsprechenden Term anzeigen.) Bezüglich der Zeit und ihrer Ordnung ist dies selbstverständlich. Für die drei anderen Begriffe gilt das, was bereits für *Ass* angedeutet worden ist: Soweit diese Begriffe nicht einfach dem nichtwissenschaftlichen Alltag entnommen, sondern teilweise durch eine Theorie bestimmt sind, ist dies sicherlich nicht die Theorie *Freud*, sondern eine davon verschiedene, möglicherweise der ersteren ‚zugrunde' liegende' Theorie (im Sinn der Sprechweise der Theorienkomplexe von Kap. 9).

Den potentiellen Einwand, daß doch zumindest der Begriff des Psychischen wegen der Einführung unbewußter psychischer Prozesse durch die Theorie von FREUD eine entscheidende Änderung erfahren habe, können wir sofort beantworten: Diese Feststellung gilt nur, wenn man, wie wir dies andeuteten, den Begriff des Psychischen als einen Begriff von Entitäten einführt, der sowohl die Elemente aus E als auch die Elemente aus A umfaßt. Einen derartigen Begriff benötigt man jedoch für die Rekonstruktion der Theorie von FREUD nicht, wie in 14.4.2 ausgeführt worden ist.

Wenn wir für den Augenblick unterstellen daß sich auch der Begriff N als nicht-theoretisch erweist, so verbleiben noch die drei Terme $\bar{A}$, $\bar{U}$ und $\overline{Real}$. Zweckmäßigerweise betrachten wir sie nicht isoliert, sondern zusammen. Denn einerseits erfolgte die Aufsplitterung des Begriffs des Unbewußten in A und U nur aus technischen Gründen, nämlich um einen dem Begriff des zeitlichen Erlebnisstromes ähnlichen Begriff der zeitlichen Abfolge von verwirklichten unbewußten Akten einer Person zu bekommen. Und andererseits geht der Begriff A als wesentliche Komponente, nämlich als zweiter Bereich, in die Charakterisierung der dreistelligen Realisierungsrelation ein, so daß man erwarten kann, daß sich ein eventueller Theoretizitätsstatus von A auch auf $Real$ überträgt.

Tatsächlich spricht alles dafür, daß *jede* Bestimmungsmethode für A und U wesentlich von der Freudschen Theorie abhängt. Denn weder in der deutschen Umgangssprache noch in den vor FREUD errichteten psychologischen Theorien konnte man über das Unbewußte irgend eine vernünftige Aussage machen. Solche Aussagen über eine Person werden erst möglich, *wenn man voraussetzt, daß alle relevanten Aspekte dieser Person durch ein Modell der Theorie Freud erfaßt werden*, oder knapper formuliert: wenn man voraussetzt, daß diese Person ein Modell von *Freud* ist.

Ein Experte könnte vielleicht auf die Idee kommen, an speziellere Bestimmungsmethoden zu denken, etwa an solche mit Hilfe der sogenannten *Traumdeutung*. Aber selbst wenn wir für diesen Zweck voraussetzen wollten, der ideale Fall einer ‚Theorie der Auslegung von Träumen' mit strengen Regeln sei verwirklicht, so würde uns dies im gegenwärtigen Kontext nicht weiterführen. Denn wie immer auch die Details einer solchen Theorie aussehen mögen, sie wäre jedenfalls sicherlich nicht von der Freudschen Theorie unabhängig, sondern würde selbst eine Spezialisierung der Theorie *Freud* bilden. Der theoretische Status des Unbewußten würde dadurch eher untermauert als in Frage gestellt werden. (Vgl. zum Thema „Traumdeutung" auch die Ausführungen bei BALZER, [Empirische Theorien], auf S. 39 und 40.) Wir wollen daher im folgenden voraussetzen, daß die Terme $\bar{A}$, $\bar{U}$ und $\overline{Real}$ als *Freud-theoretisch* im Sinn von SNEED aufzufassen sind.

Für einen etwas problematischen Grenzfall könnte man N halten. Innerhalb unseres Rekonstruktionsverfahrens, in welchem die ‚Negativität' von Erlebnissen aufgespalten wird in die Menge L und die Funktion N, wird allerdings von vornherein die Auffassung nahegelegt, daß dieser Begriff als nicht-theoretisch zu behandeln ist. Denn darüber, ob ein Erlebnis leidvoll ist oder nicht, müßte die Person eine klare Entscheidung treffen können. Doch die gegenwärtige Form der Rekonstruktion kann zwar, muß aber nicht unbedingt gewählt werden. BALZER führt z. B. in [Empriische Theorien] auf S. 19 nur die Funktion N ein, ohne Analogon zu unserem L. Das Motiv dafür dürfte aus einer Bemerkung auf S. 37 hervorgehen: Nicht jedes als schrecklich empfundene Erlebnis ist für die Freudsche Theorie von Relevanz, etwa bestimmte Schockerlebnisse oder, um ein ganz anderes Beispiel zu nennen, extremer Juckreiz, der subjektiv als ebenso schlimm empfunden werden kann wie die größten Schmerzen. In Weiterverfolgung dieses Gedankens ließe sich die Meinung vertreten, daß erst die Freudsche Theorie selbst darüber entscheidet, was als ‚negatives Erlebnis' zu gelten habe, so daß also $\bar{N}$ den Status eines theoretischen Terms erhielte. Doch uns erscheint eine solche Interpretation von FREUDs Theorie, die dieser eine wesentliche abstraktere Natur verleihen würde, als gemeinhin angenommen wird, doch als zu weit hergeholt. Solange keine zwingenden Argumente dagegen vorgebracht werden, sollte man es daher mit der naheliegenderen Annahme versuchen, außer N auch den Begriff L einzuführen und beide als nicht-theoretisch aufzufassen.

Jetzt kann der Begriff des partiellen Modells in der üblichen Weise eingeführt werden.

D14.4-4 $M_{pp}(Freud) := \{\langle T, E, L, \leq, Ass, B, N \rangle | \vee A \vee U \vee Real$
$(\langle T, E, L, \leq, Ass, B, N, A, U, Real \rangle \in M_p(Freud))\}.$

14.4.6 Zur Frage der Querverbindungen. Bei den Querverbindungen geraten wir prima facie in eine verwirrende Situation hinein. Wie wir wissen, können solche Constraints nur dort wirksam werden, wo sich die Anwendungen teilweise überschneiden. Da sich jedes Modell der Theorie *Freud* aber auf eine einzige Person bezieht, scheint es hier keine Querverbindungen geben zu können. Denn Personen überlappen sich nicht (außer im Grenzfall siamesischer Zwillinge, denen sicherlich nicht das Interesse von FREUD galt).

Doch ein solcher Schluß wäre voreilig. Es ist zwar richtig, daß sich die zur Diskussion stehende Theorie stets auf eine einzige, individuelle Person bezieht. Aber ein Begriff für diese Person kommt in der Theorie nicht vor. Wenn wir nach den möglichen Überschneidungen in bezug auf die Gegenstände der Theorie fragen, müssen wir uns ganz auf den formalen Standpunkt zurückziehen und die in den potentiellen Modellen tatsächlich vorkommenden Grundmengen und Grundrelationen betrachten. Und hier sind, wie wir sogleich sehen werden, Querverbindungen ohne weiteres formulierbar. Dabei muß man sich nur daran erinnern, daß die beiden Mengen E und A nicht individuelle Vorkommnisse, sondern Arten – Erlebnis- bzw. Aktarten – enthalten.

So z.B. liegt es in bezug auf die Assoziationsrelation nahe, die folgende Hypothese zugrunde zu legen: Zwei Erlebnisse, die von zwei verschiedenen Personen gemacht werden, sind in der einen Person genau dann miteinander assoziiert, wenn sie auch in der anderen Person miteinander assoziiert sind. Wir nennen dies die Querverbindung der Assoziationsgleichheit und definieren sie formal in der üblichen Weise.

D14.4-5 $X \in Q(Freud)$ (X erfüllt die *Querverbindung der Assoziationsgleichheit*) gdw für alle x und $x' \in X$ mit
$x = \langle T, E, L, \leq, Ass, B, N, A, U, Real \rangle \in M_p,$
$x' = \langle T', E', L', \leq', Ass', B', N', A', U', Real' \rangle \in M_p$
sowie für alle e_i, e_k gilt: wenn $e_i, e_k \in E \cap E'$, dann
$Ass(e_i, e_k) \leftrightarrow Ass'(e_i, e_k).$

Dabei sind, wie erwähnt, e_i und e_k keine individuellen Erlebnisse, sondern gemäß unserer früheren Festsetzung Erlebnisarten. Individuelle Erlebnisse sind dagegen Verwirklichungen von Erlebnisarten in bestimmten Personen zu bestimmten Zeiten.

Gegen diese Formulierung kann der Einwand vorgebracht werden, daß ihr eine zu primitive Vorstellung vom Assoziationsmechanismus zugrunde liegt. Denn die Assoziationen finden stets in einem sprachlich-kulturellen Umfeld statt und müssen daher auf dieses relativiert werden. Dieser Einwand ist im Kern zutreffend. Ihm kann nur durch Erinnerung daran begegnet werden, daß es sich hier um eine versuchsweise, approximative und zugestandenermaßen rohe Skizze einer Rekonstruktion handelt sowie daß der Einwand in einer genau angebbaren Weise nichts Wesentliches beinhaltet. Er beinhaltet in dem Sinn nichts Wesentliches, als er sich nicht gegen die Deutung der Assoziationsgleichheit *als Querverbindung* richtet, sondern nur eine differenziertere Formulierung dieser Querverbindung verlangt, welche das erwähnte Umfeld mitberücksichtigt.

Eines ist allerdings zuzugeben: Bei dieser Querverbindung fällt auch in logischer Hinsicht eine Merkwürdigkeit auf, die man als „Grenzverwischung zwischen Gesetzen und Querverbindungen" bezeichnen könnte. Dabei ist nicht die Tatsache als solche merkwürdig, daß diese Querverbindung ‚wie ein Gesetz aussieht'; denn Constraints sind ja stets, wie wir wissen, nichts anderes als ‚Gesetze höherer Ordnung'. Was seltsam erscheint, ist vielmehr die Tatsache, daß hier ein ganz normales Gesetz als Querverbindung eingeführt wird. Dies ist jedoch eine Konsequenz zweier Entscheidungen, die zur vorliegenden Rekonstruktion führten, nämlich erstens des zwingend motivierten Beschlusses, daß jedes Modell, und damit auch alle Komponenten dieses Modells, sich *auf eine einzige Person* beziehen, und zweitens der ebenfalls an früherer Stelle begründeten Entscheidung, über Erlebnisse nur im Sinne von Erlebnis*arten* zu reden. Es würde ja offenbar keinen Sinn ergeben, zu sagen, daß zwei individuelle Erlebnisse in einer bestimmten Person genau dann miteinander assoziiert sind, wenn dies auch für eine andere, von der ersten räumlich getrennten Person gilt. Denn diese individuellen Erlebnisse können nach Voraussetzung in der zweiten Person überhaupt nicht stattgefunden haben. Als *individuelle* Erlebnisse sind sie gerade dadurch ausgezeichnet, daß sie in der ersten Person verwirklicht sind und eben deshalb in der zweiten nicht vorkommen können.

Für den, der sich dieser Überlegung anschließt, eröffnen sich zahlreiche Möglichkeiten, weitere Querverbindungen einzuführen trotz der räumlichen Trennung der Personen, welche deren Einführung zu blockieren schien. Auf der anderen Seite kann man zumindest die prinzipielle Frage aufwerfen, ob nicht ein andersartiges Vorgehen die Einführung von Querverbindungen im bisher üblichen Sinn gestatten würde. Eine Möglichkeit bestünde darin, den Begriff des *Lebensabschnittes* in den Vordergrund zu rücken und, statt eine Relativierung der Modellbegriffe auf einzelne Personen, deren Relativierung auf Lebensabschnitte solcher Personen zu fordern. Die Lebensabschnitte ein und derselben Person sind nicht unbedingt voneinander getrennt. Sie können sich überschneiden, so daß damit die Voraussetzung für die Einführung von Querverbindungen im früheren Sinn, z. B. des Identitätsconstraints, gegeben wären. Wir werden uns jedoch auf diese gedankliche Möglichkeit nicht weiter einlassen und überlassen es dem Leser, diesen Faden weiterzuspinnen.

Anmerkung. Der Haupteinwand gegen das geschilderte Vorgehen dürfte darin bestehen, daß die Deutung der Elemente von E und A als Arten statt als konkreter Vorkommnisse künstlich sei und nicht den üblichen Vorstellungen entspreche. Dieser Einwand läßt sich mit dem Gegenargument kontern, daß die vorliegende Interpretation *die logisch einzig mögliche* ist. Statt ein kompliziertes Argument dafür vorzutragen, soll eine Begründung dafür angedeutet werden, daß die hier vorgetragene Auffassung mit dem übereinstimmt, was WITTGENSTEIN im Rahmen seines sogenannten Privatsprachenargumentes über die Identität von Schmerzen vorbringt.

Beginnen wir statt mit Schmerzen mit Farben. Wenn jemand auf eine Blüte zeigt und von *dieser* Farbe spricht, so bezieht er sich mit dem „diese" weder auf die angezeigte Raum-Zeit-Stelle noch auf das Vorkommnis der Farbe an dieser Stelle, sondern auf die *Art* der Farbe, die vielleicht so speziell ist, daß es dafür in unserer Sprache keine Bezeichnung gibt. Analog verhält es sich, wenn jemand auf seine Brust zeigt und von *diesem* Schmerz redet. Er meint nicht die Stelle oder das Vorkommnis, sondern die Art; und er verwendet das „diese" vielleicht wieder aus dem Grund, daß er für diese spezielle Art von Schmerzen keine Bezeichnungsweise kennt. WITTGENSTEINS Bemerkung, die für manche Ohren rätselvoll klingt, daß die Wendung „dieser Schmerz" in dem erwähnten Beispiel nur so weit sinnvoll ist, als auch jeder andere *diese* Schmerzen haben kann, wird von daher nicht nur verständlich, sondern beinhaltet danach eine *offenbar zutreffende* Feststellung.

14.4.7 Intendierte Anwendungen, empirischer Gehalt und empirische Behauptung. Wie in allen übrigen Fällen empirischer Theorien enthält auch diesmal die Menge I der intendierten Anwendungen reale Fälle, die sich mit Hilfe des nicht-theoretischen Vokabulars der Theorie beschreiben lassen. Als Ausgangsmenge kann wiederum eine Menge I_0 von *paradigmatischen Beispielen* dienen, die von FREUD selbst angegeben worden sind, insbesondere also die Patientinnen mit Agoraphobie, neurotischen Depressionen und Angstzuständen. (Dabei spielt es keine Rolle, daß diese Beispiele teilweise aus einer Zeit stammen, da FREUD seine neue Theorie noch gar nicht entwickelt hatte, da er sich damals erst langsam von der ursprünglich benützten Hypnosetechnik loslöste.) Die Erweiterung über diesen engen Bereich hinaus erfolgt ebenfalls mittels des – mit einer unbehebbaren Vagheit versehenen – Begriffs der ‚hinreichenden Ähnlichkeit' zu den Fällen aus dieser paradigmatischen Urmenge. Kürzer formuliert: Zu I gehören zunächst alle von FREUD beschriebenen realen Fälle, auf die er seine Theorie anwendete, sowie alle damit hinreichend ähnlichen Fälle. Ebenso wie in allen anderen Fällen von Theorien, die den Anspruch erheben, *empirische* Theorien zu sein, besteht somit auch im gegenwärtigen Fall eine relative Unabhängigkeit des begrifflichen Apparates der

Theorie von den intendierten Anwendungen. Von einer bloß *relativen* Unabhängigkeit sprechen wir deshalb, weil bei zweifelhaften Fällen, die den paradigmatischen Beispielen nur in einigen, nicht aber in allen Hinsichten gleichen, die endgültige Entscheidung dem Verfahren der *Autodetermination* überlassen bleibt. Intuitiv gesprochen, überläßt man in solchen Fällen *der Theorie selbst* die Entscheidung darüber, ob eine weitere Anwendung vorliegt oder nicht. Korrekter gesprochen: Man bezieht derartige Zweifelsfälle erst dann in den Bereich der intendierten Anwendungen ein, wenn sich die Theorie in dem Sinn *erfolgreich* auf sie anwenden läßt, daß man die nicht-theoretischen Beschreibungen auf solche Weise durch theoretische Terme ergänzen kann, daß die Ergänzungen Modelle der Theorie bilden, die überdies die grundlegenden Querverbindungen erfüllen.

Wie diese Andeutungen zeigen, ist es wegen des primären Interesses am Krankheits- und nicht am Gesundheitsfall in der gegenwärtigen Theorie sinnvoll und ratsam, die intendierten Anwendungen nicht schon für die Rahmentheorie, sondern von vornherein erst relativ auf die Spezialisierung M^1 festzulegen.

Wenn wir uns nun der Frage des empirischen Gehaltes zuwenden, so finden wir diesmal eine Situation vor, die verschieden ist von allen Fällen, mit denen wir es bisher zu tun hatten. Die letzteren waren dadurch charakterisiert, daß alle eigentlichen Axiome theoretische Terme enthielten. In solchen Fällen reduziert sich die Frage, ob die dem Basiselement zugeordnete Behauptung einen empirischen Gehalt besitzt, auf das Problem, ob nur einige oder sämtliche partiellen Modelle zu Modellen ergänzbar sind.

Demgegenüber müssen wir im gegenwärtigen Fall bereits die Frage nach dem empirischen Gehalt als solche in *zwei* Fragen zerlegen, die zu zwei verschiedenen Stufen gehören. Der Grund dafür liegt darin, daß wir es diesmal auch mit nicht-theoretischen eigentlichen Axiomen zu tun haben, nämlich den beiden Bestimmungen (4) und (5) von D14.4-2. Die Frage erster Stufe bezieht sich somit auf den nicht-theoretischen Gehalt, den wir in Anknüpfung an die Terminologie von BALZER auch den *absoluten empirischen Gehalt* nennen: Erfüllt jedes Element von M_{pp} auch die beiden Bestimmungen (4) und (5)? Dies ist offenbar nicht der Fall. Die Theorie *Freud* besitzt also einen absoluten empirischen Gehalt.

Um eine analoge Frage in bezug auf die übrigen Axiome zu stellen, müssen wir zunächst genau sagen, worum es dabei eigentlich geht. Was uns interessiert, ist allein die Frage, ob die Axiome, in denen theoretische Terme vorkommen, zu diesem absoluten Gehalt einen ‚zusätzlichen' Beitrag liefern. Zwecks präziser Formulierung bezeichnen wir die Klasse der partiellen Modelle, welche außerdem die beiden genannten Bedingungen (4) und (5) erfüllen, mit M_{pp}^*. Dann lautet die Frage:

Lassen sich alle Elemente aus M_{pp}^* zu Modellen der Theorie *Freud* ergänzen?

Nur dann, wenn dies nicht der Fall ist, wollen wir sagen, daß diese Theorie auch einen *relativen empirischen Gehalt* besitzt. Denn nur in diesem Fall würden durch die ‚theoretischen' Axiome (3), (6), (7) und (8) von D14.4-2 in der bekannten indirekten Weise zusätzliche partielle Modelle ausgeschlossen, so daß wir eine echte Teilmenge nicht nur von M_{pp}, sondern sogar von M_{pp}^* erhielten. Tatsächlich ist, wie unten gezeigt wird, auch diese zweite Frage verneinend zu beantworten. Wir halten das Resultat in einem eigenen Lehrsatz fest, wobei wir für den zweiten Fall der Prägnanz und Kürze halber eine Fassung benützen, welche sich der Restriktionsfunktion bedient.

Th. 14.4-2 *Die Theorie Freud hat sowohl einen absoluten als auch einen relativen empirischen Gehalt, d.h. es gilt:*
(a) $M_{pp}^* \subsetneq M_{pp}$;
(b) *nicht für alle* $Y \subseteq M_{pp}^*$ *ist* $Y \subseteq r^1(M(Freud))$.

Beweis: Nur die Richtigkeit von (b) ist noch zu zeigen. Für je ein festes t_0 und e_0 definieren wir:
$T:=\{t_0\}$; $E:=\{e_0\}$; $L:=\emptyset$; $\leq:=\{\langle t_0,t_0\rangle\}$; $Ass:=\{\langle e_0,e_0\rangle\}$; $B(t_0):=\{\emptyset,e_0\}$; $N(t_0):=\{\emptyset\}$.
Bezugnehmend auf diese 7 Definitionen führen wir das partielle Modell y wie folgt ein:

$y = \langle T, E, L, \leq, Ass, B, N \rangle$.

Dieses y ist nicht nur ein Element von M_{pp}, sondern genügt überdies den beiden Bedingungen (4) und (5) von D 14.4-2. Also gilt:

$y \in M_{pp}^*$.

Um zu zeigen, daß die Theorie *Freud* einen relativen empirischen Gehalt besitzt, genügt es somit, nachzuweisen, daß es kein $x \in M(Freud)$ gibt, so daß $r(x) = y$ für *dieses* y.

Wir beweisen dies indirekt. Angenommen, es gibt ein derartiges x. Dann existiert also ein A, U und *Real*, so daß

$x = \langle T, E, L, \leq, Ass, B, N, A, U, Real \rangle \in M$.

Wegen (6) von D 14.4-2 gilt dann:

$\bigvee t_1 \bigvee a_1 \bigvee e_1 (a_1 \in U(t) \wedge e_1 \in B(t_1) \wedge \neg Real(t_1, a_1, e_1))$.

Aufgrund der Definition von y folgt daraus: $t_1 = t_0$ und $e_1 = e_0$, weshalb wir für ein geeignetes a_1 erhalten:

(1) $a_1 \in U(t_0) \wedge \neg Real(t_0, a_1, e_0)$.

Nach Bestimmung (8) von D 14.4-2 gilt:

(2) $\bigwedge t \bigwedge a [a \in U(t) \rightarrow \bigvee t' \bigvee e' (t \leq t' \wedge Real(t', a, e))]$.

Wir spezialisieren (2) durch Wahl von $t = t_0$ und $a = a_1$. Wegen des ersten Konjunktionsgliedes von (1) ist dann das Vorderglied $a_1 \in U(t_0)$ richtig und wir erhalten:

(3) $\bigvee t' \bigvee e (t_0 \leq t' \wedge Real(t', a_1, e))$.

Wiederum gehen wir auf die Definition von y zurück und gewinnen: $t' = t = t_0$ und $e = e_0$, so daß aus (3) folgt:

(4) $Real(t_0, a_1, e_0)$.

Diese Aussage (4) widerspricht dem zweiten Konjunktionsglied von (1). Der indirekte Beweis dafür, daß es kein x mit den angegebenen Eigenschaften gibt, ist damit beendet.

Dieser Lehrsatz liefert uns eine etwas überraschende Einsicht. Sie zeigt, daß selbst die hier gegebene rudimentäre Skizze der Theorie von FREUD in der Frage des empirischen Gehaltes ‚besser dasteht' als die klassische Partikelmechanik. Sie steht sogar dann besser da als die letztere, wenn man für sie alle Querverbindungen unberücksichtigt läßt, während man für die klassische Partikelmechanik die grundlegenden Querverbindungen (Konservativität und

Extensivität der Massenfunktion) einbezieht. Um dies zu erkennen, hat man nur das soeben bewiesene Theorem mit dem folgenden Resultat aus Kap. 8 zu vergleichen: „Jede Teilmenge Y von $M_{pp}(KPM)$ läßt sich theoretisch zu einer Teilmenge von $M(KPM)$ ergänzen, in der überdies die grundlegenden Querverbindungen $Q(KPM)$ erfüllt sind."

Selbst die vorliegende vereinfachende Skizze genügt also, um den Vorwurf, es handle sich bei der Theorie von FREUD um ein pseudowissenschaftliches Unterfangen, in Frage zu stellen. Wollte man den Einwand dennoch aufrecht erhalten, so müßte man sich dabei auf detaillierte Betrachtungen über mangelnde Bestätigungsfähigkeit oder Nichtbewährbarkeit Freudscher Hypothesen stützen. Aber selbst in dieser Hinsicht dürften die hier gewonnenen Informationen ausreichen, um einem derartigen Vorhaben keine allzu großen Erfolgschancen einzuräumen.

Literatur

BALZER, W. [Empirische Theorien], *Empirische Theorien: Modelle-Strukturen-Beispiele*, Braunschweig 1982.
BREZINKA, W. [Gegenstandsbereich], „Über den Gegenstandsbereich der Erziehungswissenschaft und die technologischen Aufgaben der erziehungswissenschaftlichen Forschung", in: *Jahrbuch für Jugendsozialarbeit IV*, 1983, S. 137–155.
FREUD, S. *Gesammelte Werke*, 18 Bände, 5. Aufl. Frankfurt/Main 1967.
GRÜNBAUM, A. „Logical Foundations of Psychoanalytic Theory", *Erkenntnis* Bd. 19 (1983), S. 109–152.
GRÜNBAUM, A. *The Foundations of Psychoanalysis, A Philosophical Critique*, Berkeley-Los Angeles-London 1984.

14.5 Die Kapital- und Mehrwerttheorie von K. Marx. Ein Schema

14.5.0 Vorbemerkungen zur Problemstellung. Ähnlich wie im Fall der Theorie von FREUD stoßen wir auch in bezug auf die Theorie von MARX auf eine doppelte Kontroverse. Die Meinungen gehen nicht nur darüber auseinander, *wie* die einzelnen Marxschen Theorien genau zu formulieren sind. Vielmehr besteht bis heute keine Einmütigkeit darüber, *ob* diese Theorien überhaupt ganz oder teilweise modernen Ansprüchen an Wissenschaftlichkeit genügen. Nach der hier vertretenen Auffassung sind diese beiden Fragenkomplexe nicht trennbar voneinander. Denn auch bei der zweiten, grundlegenderen Frage kann der Versuch, zu einer überzeugenden Antwort zu gelangen, zumindest in seinen ersten Schritten in nichts anderem bestehen als in einem Bemühen darum, die Theorien von MARX präzise zu rekonstruieren.

Allerdings stoßen wir hier auf eine weitere Schwierigkeit, zu der es in dem bislang einzigen, prinzipiell umstrittenen Fall des vorigen Unterabschnittes kein Analogon gab. Man kann entweder die Auffassung vertreten, daß beide Fragen für spezielle Theorien von MARX gesondert gestellt werden müssen und daß dementsprechend die jeweiligen Antworten verschieden ausfallen können. Oder man nimmt die Position ein, daß das Werk von MARX überhaupt nur ‚holistisch' angegangen werden darf und daß spezielle Marxsche Theorien, sofern man davon überhaupt sprechen kann, nur im Kontext seines Gesamtsystems rekonstruiert und analysiert werden dürfen.

Obwohl man gewichtige Gründe, systematische wie historische, zugunsten der zweiten These vortragen kann, soll hier versuchsweise der erste Standpunkt akzeptiert werden, um zum Kern der ökonomischen Theorien von MARX vordringen zu können. Dabei knüpfen wir an die Arbeiten von W. DIEDERICH und F. FULDA an, worin erstmals Aspekte der Theorien von MARX unter Zugrundelegung des Sneedschen Begriffsapparates analysiert worden sind.

Die Übernahme der ersten These beansprucht nicht, zwingend motiviert zu sein. Daher kann dieses Vorgehen natürlich auch nicht mit einem Anspruch auf Endgültigkeit auftreten. Es ist vielmehr rein praktisch vorgezeichnet: Es erscheint als zweckmäßig, bei einem Rekonstruktionsversuch der Kapital- und Werttheorie von MARX ‚so zu tun, als handle es sich um das Werk eines Nationalökonomen', also eine Haltung einzunehmen, die gegenüber jedem anderen als selbstverständlich gilt, der beansprucht, ein Experte auf diesem Gebiet zu sein. Denn dort fragen wir ja auch nicht, ob der betreffende Nationalökonom außerdem bestimmte philosophische Ansichten vertreten habe und wie diese lauten. Von der genannten Hypothese auszugehen, hat somit u. a. auch *den* Vorteil, daß sie es gestattet, von den spekulativ-metaphysischen und mystischen Zügen, die nach der Ansicht vieler Marxforscher in dessen Werk vorzufinden sind, zu abstrahieren.

Doch diese Annahme aussprechen, und sei es auch nur als Arbeitshypothese, schließt unmittelbar die Gefahr ein, dem folgenden Einwand ausgesetzt zu sein: „MARX war nicht nur einerseits Nationalökonom und andererseits Philosoph. Er war darüber hinaus, und zwar ganz unabhängig von diesen beiden Seiten seines Interesses, Soziologe." Wir halten einen derartigen Einwand für zutreffend, da man in der Tat wesentliche Aspekte seiner ökonomischen Theorie weder richtig zu deuten noch richtig zu beurteilen vermag, ohne bestimmte zugrunde liegende soziologische Theorien wenigstens in Umrissen skizziert zu haben. Es wird sich daher als notwendig erweisen, an gegebener Stelle die Aufmerksamkeit auch auf gewisse soziologische Hintergrundannahmen bei MARX zu richten. Darin wird zugleich der erwähnte holistische Aspekt eine wenigstens bruchstückhafte Berücksichtigung finden.

Im übrigen dürfte durch diese Hinweise von vornherein klargestellt sein, daß die folgende Marx-Rekonstruktion wesentlich unvollständig sein wird. Diese Unvollständigkeit ist allerdings eine andere als im Falle der Neurosentheorie von FREUD. Während wir uns dort, um zum Ziel zu gelangen, über die mutmaßlich recht komplexe Gestalt der Grundprinzipien hinwegsetzen mußten und stark vereinfachte Gesetzmäßigkeiten zu postulieren genötigt waren, wird es im vorliegenden Fall gar nicht möglich sein, derartige Gesetze explizit anzugeben. Wir werden uns damit begnügen müssen, deren *allgemeine Form* oder *Struktur* zu beschreiben. Wir nennen daher das Resultat der Rekonstruktion ein *bloßes*

Schema der Marxschen Theorie, analog wie wir im Fall von FREUD aus den angegebenen Gründen von einer bloßen Skizze sprachen.

Ungeachtet dieses Zugeständnisses, das den Wert der angestrebten Rekonstruktion stark einschränkt, wird auch diesmal der strukturalistische Ansatz einige interessante Resultate zutage fördern. Nicht das unwichtigste darunter bildet vielleicht die Tatsache, daß das Verständnis der Theorien von MARX wesentlich gefördert wird, wenn man, ähnlich wie im Fall von NEWTON, ein *zweistufiges Verfahren* unterstellt, nämlich neben dem Arbeiten auf der *theoretischen* Ebene eine davon relativ unabhängige Forschung auf der *nichttheoretischen* Ebene zugrunde legt.

Anmerkung. Damit, daß hier ein bloßes Schema der Theorie von MARX zu geben beansprucht wird, soll nicht die implizite Behauptung ausgesprochen werden, daß auch andere Darstellungen über eine bloß schematische Behandlungsweise nicht hinausgelangt sind. Insbesondere die im Literaturverzeichnis angeführte Arbeit von DE LA SIENRA geht viel mehr ins Einzelne, und es könnte sich sehr wohl erweisen, daß auf dieser Basis eine Detailrekonstruktion der Marxschen Theorie möglich ist.

14.5.1 Die Grundbegriffe. MARX unterscheidet zwischen Gebrauchswerten und objektiven Werten. Beide Ausdrücke sind dabei nicht, wie heute meist üblich, in einem abstrakten Sinn, sondern in einem sehr konkreten Sinn zu verstehen, nämlich im Sinn von *Trägern* entsprechender abstrakter Werte. Unter einem Gebrauchswert versteht MARX gewöhnlich ein individuelles Gut. Die Menge G der Güter ist daher gemäß seiner Terminologie dasselbe wie die Menge der Gebrauchswerte. Die Menge V der objektiven Werte ist identisch mit der Menge der Träger objektiver Werte.

Um im Fall des objektiven Wertes eine Konfusion zu vermeiden, müssen wir drei Begriffe unterscheiden. Dabei ist beim dritten Begriff die Gefahr einer Äquivokation besonders groß, da hier zwei völlig heterogene Bedeutungen des Ausdrucks „Wert" miteinander verschmelzen, nämlich eine ökonomische Verwendung und eine Verwendung im Sinne der Theorie der Funktionen, wonach „Wert" das Ergebnis der Anwendung einer vorgegebenen Funktion auf ein bestimmtes Argument bedeutet.

V: die Menge der *Wertträger* $a, b, c, \ldots$

v: die *Wertzuordnung* oder *Wertfunktion* $v: V \to \mathbb{R}^+$

die *(ökonomischen) Werte*: die Zahlen $v(a), v(b), \ldots$, welche die Funktion v für die Wertträger annimmt, also die ‚Werte' (im Sinn der Funktionensprechweise) der Funktion v für die als Argumente gewählten Objekte a, b, $\ldots$

Reichlich (noch) vorhandene, nicht knappe Güter sind *keine* Träger objektiver Werte, wie z.B. Luft oder wildwachsendes Holz. Also gilt:

$V \subsetneq G$.

Eine wichtige Teilmenge der Güter sind die durch menschliche Mitwirkung erzeugten oder produzierten Güter.

P: produzierte Güter

Nur einige Güter sind produziert. Keineswegs jede produzierende Tätigkeit schafft Werte. Also gilt:

$V \subsetneq P \subsetneq G$.

Die folgenden Begriffe beziehen sich auf die einschlägigen menschlichen Tätigkeiten.

L: die Menge aller konkreten, Güter produzierenden Verrichtungen (der Buchstabe „L" kommt vom lateinischen Wort „labores")
f: die Produktionsfunktion, die jedem Element von L (also jeder konkreten, Güter produzierenden Verrichtung) das Produkt dieser Tätigkeit zuordnet:

$f: L \to G$

$f(L) = P$ (d.h. P ist genau das f-Bild der Menge L)
A: die Menge der Güter produzierenden Verrichtungen, die ‚unter den Bedingungen abstrakter Arbeit' stattfinden

Die Wendung „abstrakte Arbeit" hat dabei einen fiktiven Begriff zum Inhalt, d.h. abstrakte Arbeit ist ebensowenig eine Arbeit wie eine angebliche Entdeckung eine Entdeckung ist. Dieser Begriff A ist so eingeführt zu denken, *daß die f-Bilder von A genau die Wertträger sind*:

$f(A) = V$.

Insgesamt ergibt sich daraus das folgende *Grundschema* für das Zusammenspiel der sechs Begriffe V, G, P, A, L sowie f:

$$\begin{array}{c} A \subsetneq L \\ f\downarrow \quad f\downarrow \\ V \subsetneq P \subsetneq G \end{array}$$

Bei MARX wird die Teilmenge A von L nicht durch definitorische Merkmale ausgezeichnet; dasselbe gilt für V in bezug auf P. Es liegt daher nahe, V und A als *theoretisch bezüglich der Theorie Marx* auszuzeichnen. (Zur Diskussion des Theoretizitätsproblems bei MARX vgl. auch DIEDERICH und FULDA, [MARX], insbesondere S. 63 unten.) Formal würde es genügen, wegen der Gültigkeit von $V = D_I(v)$ die Funktion v statt der Menge V als theoretischen Begriff zu wählen. Man könnte übrigens auch auf P verzichten, da gilt: $P = f(L)$.

Zusätzlich werden noch zwei weitere Begriffe benötigt. Erstens die nichttheoretische Funktion d, die für L definiert ist und jedem $l \in L$ die *zeitliche Dauer* $d(l)$ dieser Verrichtung zuordnet. Zweitens die auf G definierte *Tauschrelation* T mit xTy, $x, y \in G$, für potentiellen Tausch.

Bei Vorliegen eines Geldgutes läßt sich die Relation T mittels einer Preisfunktion p darstellen, die den Gütern $x, y, \ldots$ deren *Preise* $p(x), p(y), \ldots$, d.h. auf eine Geldeinheit bezogene Zahlen, zuordnet. Es gilt für alle $x, y \in G$:

xTy gdw $p(x) = p(y)$.

Tatsächlich werden wir jedoch zu Beginn noch nicht mit dem Geldgut arbeiten, sondern seine Einführung auf eine der später betrachteten Spezialisierungen verschieben.

14.5.2 Potentielle Modelle, partielle Modelle und Modelle.

Bezüglich der Terminologie verfahren wir in gewisser Analogie zum Fall der Theorie von FREUD und bezeichnen die (präexplikative) Theorie selbst als *Marx*. Daneben sollen diesmal, um im Einklang mit der Terminologie von DIEDERICH und FULDA zu bleiben, drei Prädikate eingeführt werden, deren Extensionen die Mengen M_p, M_{pp} und M der Theorie *Marx* bilden.

Die potentiellen Modelle sollen *Waren produzierende Systeme (WS)* heißen.

D14.5-1 $x \in M_p(Marx)$ bzw. x ist ein *WS* (x ist ein *potentielles Modell* der Theorie *Marx* bzw. x ist ein *Waren produzierendes System*) gdw es ein G, T, L, f, d, A, v gibt, so daß
(1) $x = \langle G, T, L, f, d, A, v \rangle$;
(2) $G \neq \emptyset$;
(3) $T \subseteq G \times G$ und $T \neq \emptyset$;
(4) $P \subsetneq G$;
(5) $f: L \to G$, $P := f(L) \neq \emptyset$,
(6) $d: L \to \mathbb{R}^+$;
(7) $A \subseteq L$ und $A \neq \emptyset$;
(8) $V := f(A) \subsetneq P$;
(9) $v: V \to \mathbb{R}^+$.

Unsere partiellen potentiellen Modelle sind die *Tauschsysteme TS*.

D14.5-2 $y \in M_{pp}(Marx)$ bzw. y ist ein *TS* (y ist ein *partielles potentielles Modell* der Theorie *Marx* bzw. y ist ein *Tauschsystem*) gdw es ein G, T, L, f, d gibt, so daß
(1) $y = \langle G, T, L, f, d \rangle$;
(2) $G \neq \emptyset$;
(3) $T \subseteq G \times G$ und $T \neq \emptyset$;
(4) $P \subsetneq G$;
(5) $f: L \to G$, $P := f(L) \neq \emptyset$,
(6) $d: L \to \mathbb{R}^+$.

Alternativ könnte diese Menge M_{pp} in Analogie zum früheren Vorgehen definiert werden durch:

$$M_{pp}(Marx) := \{\langle G, T, L, f, d \rangle \mid \vee A \vee v(\langle G, T, L, f, d, A, v \rangle \in M_p(Marx))\}.$$

Modelle entstehen diesmal aus potentiellen Modellen durch Hinzufügung der Forderung, daß das *Arbeitswertgesetz* erfüllt sein muß. Dieses bildet die Konjunktion von Arbeitswertlehre und Wertgesetz. Die *Arbeitswertlehre* besagt, daß die Arbeitszeiten die objektiven Werte bestimmen. Und das *Wertgesetz* beinhaltet die Behauptung, daß die Tauschbeziehungen durch die objektiven Werte festgelegt sind. Für beide Prinzipien wird nur die allgemeine Form angegeben, was durch das Symbol „↝" zum Ausdruck gebracht werden soll:

$d \leadsto v$ (allgemeine Form der Arbeitswertlehre)
$v \leadsto T$ (allgemeine Form des Wertgesetzes)

Von Gesetzen im eigentlichen Sinn des Wortes dürfte in beiden Fällen erst dann gesprochen werden, wenn es geglückt wäre, das *schematische* Symbol „↝" durch *genaue funktionelle Beziehungen* zu ersetzen, die angeben, *auf welche Weise* Arbeitszeiten Werte bestimmen (Arbeitswertlehre) und *auf welche Weise* die Werte die Tauschbeziehungen festlegen (Wertgesetz).

Als allgemeine Form des Arbeitswertgesetzes *AWG* erhalten wir folgendes:

$d \leadsto v \wedge v \leadsto T$, abgekürzt: $d \leadsto v \leadsto T$.

Angenommen, die erwähnten Funktionen stünden zur Verfügung. Dann würden sich die Werte aus den Arbeitszeiten mittels einer Funktion Φ und evtl. endlich vieler Parameter $\varphi_1, \varphi_2, \ldots$ berechnen lassen. Ein wichtiger derartiger Parameter hätte z.B. anzugeben, wie man qualifizierte Arbeit auf einfache, ungelernte Arbeit reduzieren kann, indem man die erstere als entsprechend länger dauernde einfache Arbeit deutet. (Vermutlich bildet dies nicht nur eines der zentralen Probleme der Theorie von MARX, sondern von *jeder* Variante eines ‚Sozialismus der Leistungsgerechtigkeit', der objektive Wertschöpfung mit leistungsgerechter Beurteilung der die Wertschöpfung bewirkenden menschlichen Tätigkeiten gleichsetzt.) Angenommen, diese Funktion sowie die fraglichen Parameter stünden zur Verfügung. Erst dann könnte das Schema $d \leadsto v$ durch eine Funktionalgleichung von folgender Gestalt ersetzt werden:

$v = \Phi(d, \varphi_1, \varphi_2, \ldots)$.

Analog würden sich die Tauschrelationen mit Hilfe einer Funktion Ψ aus den Werten sowie endlich vielen Parametern $\psi_1, \psi_2, \ldots$ berechnen lassen:

$T = \Psi(v, \psi_1, \psi_2, \ldots)$.

Das *AWG* hätte dann die Gestalt der folgenden komplexen Funktionalgleichung:

$T = \Psi(\Phi(d, \varphi_1, \varphi_2, \ldots), \psi_1, \psi_2, \ldots)$,

in welcher der Wertbegriff überhaupt nicht mehr explizit auftritt.

Für die Modelle der Theorie *Marx*, die *Marxsche Waren produzierende Systeme*, abgekürzt: *MWS*, heißen sollen, benützen wir nur die allgemeine Form des Arbeitswertgesetzes. Wegen des Vorkommens des schematischen Zeichens „↝" ist die folgende Begriffsbestimmung nur als ein *Definitionsschema* zu betrachten.

D 14.5-3 $x \in M$ (*Marx*) bzw. *x* ist ein *MWS* (*x* ist ein *Modell* der Theorie *Marx* bzw. *x* ist ein *Marxsches Waren produzierendes System*) gdw gilt:
(1) *x* ist ein *WS*;
(2) $d \leadsto v \leadsto T$ (*AWG*).

Anmerkung: Für das *AWG* könnte man die folgende komplexere Formulierung geben, sofern man vorher in der Definition von *WS* die dortigen Teilbestimmungen wegließe, die dem jetzigen (2)(a) entsprechen:

neues *AWG* $\begin{cases} (2)(a) & f(A) = V \wedge V \subsetneq P; \\ (b) & d \rightsquigarrow v \rightsquigarrow T. \end{cases}$

14.5.3 Querverbindungen.
Um den Kern des Basiselementes anzugeben, benötigen wir noch die aus drei Teilen bestehende Querverbindung. Die ersten beiden Teile erinnern an entsprechende Bestimmungen in der klassischen Partikelmechanik, nämlich an die Konservativität und Extensivität der Massenfunktion.

(1) *Identitätsconstraint* Q_1: Gegeben seien zwei Tauschsysteme mit sich überschneidenden Gütermengen G_1 und G_2: $G_1 \cap G_2 \neq \emptyset$. Die in den entsprechenden *WS*'s hinzutretenden ergänzenden Wertfunktionen $v_1: G_1 \rightarrow \mathbb{R}^+$ und $v_2: G_2 \rightarrow \mathbb{R}^+$ sollen den G_1 und G_2 gemeinsamen Gütern dieselben Werte zuordnen:

$\bigwedge g (g \in G_1 \cap G_2 \rightarrow v_1(g) = v_2(g))$.

Diese Bestimmung fordert also, daß $v_1 \cup v_2$ auf $G_1 \cup G_2$ eine Funktion ist.

(2) *Extensivitätsconstraint* Q_2: Es seien g_1, g_2, g_3 Güter, die aus den Gütermengen G_1, G_2 und G_3 dreier Tauschsysteme stammen; dabei sei g_3 – effektiv oder ‚bloß gedanklich' – aus g_1 und g_2 zusammengesetzt: $g_3 = g_1 \circ g_2$. Dann soll gelten:

$v_3(g_3) = v_2(g_2) + v_1(g_1)$.

(3) *Mehrstufigkeitsconstraint* Q_3: Es sei g_n das Endprodukt einer mehrstufigen Produktion mit den Zwischenprodukten $g_1, g_2, \ldots, g_{n-1}$. Für $i = 1, \ldots, n$ gehe g_i mittels der Arbeit l_i aus g_{i-1} hervor:

$\xrightarrow{l_1} g_1 \xrightarrow{l_2} g_2 \xrightarrow{l_3} \ldots \xrightarrow{l_{n-1}} g_{n-1} \xrightarrow{l_n} g_n$.

Die Wertdifferenz von je zwei Gütern g_{i-1}, g_i soll durch die zugesetzte Arbeit l_i bestimmt sein, im Schema:

$d(l_i) \rightsquigarrow (v_i(g_i) - v_{i-1}(g_{i-1}))$.

Durch Summierung über sämtliche Glieder heben sich rechts alle Werte außer dem Wert des Endproduktes fort und wir erhalten als Endschema:

$\sum_{i=1}^{n} d(l_i) \rightsquigarrow v_n(g_n)$,

d.h. der Wert des Endproduktes ist bestimmt durch die Summe der Produktionszeiten der Zwischenprodukte. (Vermutlich kann man auch an dieser Stelle die Feststellung treffen, daß die genaue Formulierung von Q_3 eines der systematischen Hauptprobleme der Theorie von MARX ist.)

Mit $Q := Q_1 \cap Q_2 \cap Q_3$ erhalten wir die gesamte Querverbindung und können den Kern K in der üblichen Weise anschreiben (die Verweise auf die Theorie *Marx* lassen wir einfachheitshalber stets fort):

$K = \langle M_p, M, M_{pp}, Q \rangle$.

14.5.4 Intendierte Anwendungen und empirische Behauptung.

Potentielle Kandidaten für intendierte Anwendungen des Kerns sind solche Tauschsysteme, d. h. solche Elemente von M_{pp}, von denen sich vermuten läßt, daß sie durch Ergänzung um theoretische Komponenten A und v als Elemente von MWS, d. h. als Marxsche Waren produzierende Systeme, gedeutet werden können.

Ähnlich wie NEWTON scheint sich auch MARX darum bemüht zu haben, *weitgehend unabhängig vom begrifflichen und gesetzmäßigen Aufbau seiner Theorie* diejenige Teilmenge von M_{pp} genauer zu umreißen, die zu I gehören soll. Dieses mutmaßliche Faktum bildet übrigens ein zusätzliches Motiv dafür, eine Rekonstruktion der Marxschen Theorie innerhalb des strukturalistischen Rahmens zu versuchen. Allerdings besteht zwischen diesen beiden Denkern auch ein wesentlicher Unterschied im Vorgehen zur Bestimmung von I. NEWTON benützte, wie wir festgestellt haben, die Methode der paradigmatischen Beispiele; MARX dagegen verwendete diese Methode sicherlich *nicht*.

DIEDERICH und FULDA schildern auf S. 61/62 von [Marx] eine durch anschauliche Beispiele illustrierte, interessante Strategie, um aus Texten von MARX herauszubekommen, ob es sich um (Teil-)Charakterisierungen der intendierten Anwendungen handelt. Es geht dabei um solche Passagen bei MARX, in denen Ausdrücke für Begriffe *in viel eingeschränkterer Bedeutung* genommen werden als dort, wo es um die Formulierung der Theorie selbst oder ihrer Bestandteile geht. Als schematische Kurzformel zur Beschreibung des Verfahrens von MARX ließe sich vielleicht die folgende verwenden: Für die Zugehörigkeit eines TS zu I ist maßgebend der Charakter der Tauschbeziehungen zwischen den Gütern sowie die Art und Weise der die Güter produzierenden Tätigkeiten.

Im folgenden soll jedenfalls vorausgesetzt werden, daß mit Hilfe von *geeigneten pragmatischen Bestimmungen* die Zugehörigkeit eines Elementes von TS zu I ermittelt werden kann. Abermals gilt, daß derartige Bestimmungen keine scharfen Umgrenzungen liefern, wie dies bei einer Definition der Fall wäre, so daß auch diesmal die prinzipielle Offenheit der Menge I stets erhalten bleibt.

Jetzt können wir auch das *Basiselement*

$T = \langle K, I \rangle$

in der bekannten Weise angeben sowie die *grundlegende empirische Behauptung* formulieren:

(E) $I \in \mathbb{A}(K)$ (bzw. $I \subseteq \mathbb{A}(K)$ bei Wahl von I als Menge von Anwendungs*arten*)
      mit $\mathbb{A}(K) := r^2(Pot(M) \cap Q)$.

Diese empirische Fundamentalbehauptung besagt im vorliegenden Fall:
„Die zu *I* gehörenden Tauschsysteme werden nach Ergänzung um theoretische Komponenten *A* und *v* zu Marxschen Waren produzierenden Systemen, welche zusammen die Querverbindungen der Identität, der Extensivität und der mehrstufigen Produktion erfüllen."

Die Theorie von MARX macht dann nicht mehr, wie in den meisten herkömmlichen Interpretationen, Aussagen über *metaphysische* Wesenheiten, die innerhalb der Theorie konstante Bezeichnungen, wie „abstrakte Arbeit" und „Wert", erhalten, sondern über *empirisch vorfindbare ökonomische Systeme* der Art *TS*, die als in bestimmter Weise theoretisch ergänzbar und nach erfolgter Ergänzung deutbar – nämlich als das Arbeitswertgesetz und die drei Querverbindungen erfüllend – aufgefaßt werden. *Aus einer prima facie metaphysischen Behauptung wird eine empirische Hypothese.*

Genauer müßte auch hier bloß vom *Schema* einer empirischen Hypothese gesprochen werden. Denn das Gesetz *AWG* und die Querverbindung *Q* wurden nicht genau formuliert; vielmehr wurde jeweils im früher angegebenen Sinn nur das *Schema für* ihre Formulierung hingeschrieben.

14.5.5 Erste Spezialisierung: Einführung der Ware Geld. Geld wird bei MARX als spezielle Ware eingeführt. Dafür gilt als *Spezialgesetz* ein Prinzip, welches man „*Geldaxiom*" taufen könnte, nämlich:

(S_1) $\quad \vee G'[G' \subsetneq G \wedge \wedge g(g \in G \rightarrow \vee g'(g' \in G' \wedge v(g) = v(g')))]$
mit G' für Geld.

Danach existiert also eine Menge G' von Gütern, die sog. *Geldgüter*, so daß es zu jedem Gut ein wertgleiches Geldgut gibt.

Da in (S_1) die theoretische Funktion v vorkommt, liefert die Hinzufügung von (S_1) zu den Bestimmungen im Definiens von *MWS* eine Einschränkung M der Modellmenge M:

$M^1 \subsetneq M$.

Dagegen kann man festsetzen: $M_p^1 = M_p$ und $M_{pp}^1 = M_{pp}$.
Wir haben es also mit einem typischen Fall einer Kernspezialisierung zu tun:

$K^1 \sigma K$.

Intendierte Anwendungen, in denen Geld vorkommt, mögen I^1 heißen. Hier gilt analog zum Fall von M: $I^1 \subsetneq I$.
Wir erhalten also eine Spezialisierung T^1 von T:

$T^1 \sigma T$.

Die Einfügung einer naheliegenden Hypothese über die Entstehung des Geldes macht das Geld zu einem *produzierten* Gut, dessen Wert durch die Produktion bestimmt wird und das daher seinerseits für die Güterpreise, d.h. für die Tauschbeziehungen von Geld und anderen Gütern, bestimmend ist.

14.5.6 Zweite Spezialisierung: Einführung der Ware Arbeitskraft.

Analog zu G' ist die Arbeitskraft eine Ware G'', die auf einem Markt, dem Arbeitsmarkt, gehandelt wird. Auch jedes $g'' \in G''$ erhält einen Wert, der dem Aufwand bei der Produktion von g'' entspricht, also der Zeit der unter den Bedingungen abstrakter Arbeit stattfindenden Verrichtungen bei der Produktion von g''.

Der Sinn dieses letzten Satzes is zunächst *dunkel*. Er wird deutlicher durch den Hinweis, daß Produktion hier als *Reproduktion R* zu verstehen ist. R ist eine zweistellige Relation zwischen (üblichen) Gütern und Arbeitskräften.

gRg'' besagt: *die Arbeitskraft g'' reproduziert sich durch das Gut g*. Dabei ist g eine Zusammenfassung vieler Einzelgüter: Lebensmittel; Kleidung; Unterkunft u. dgl. Die leitende intuitive Vorstellung ist hier die, daß der Genuß der Güter g durch denjenigen Arbeiter, der seine Arbeitskraft g'' für die Produktion zur Verfügung stellt, bewirkt, daß eben diese Arbeitskraft g'' vollständig wiederhergestellt wird.

G'' sei die Menge der Arbeitskräfte. Damit solche Arbeitskräfte mit anderen Gütern wertgleich getauscht werden können, muß es zu jeder Arbeitskraft $g'' \in G''$ ein reproduzierendes, wertgleiches Gut $g \in G$ geben, das selbst keine Arbeitskraft ist. Dabei müssen noch die beiden Quantoren $\vee G''$ und $\vee R$ vorangestellt werden: ersterer, um G'' als Gütermenge einführen zu können; und letzterer, da R theoretisch ist. Das auf diese Weise gewonnene Spezialgesetz kann man *„Axiom über die Reproduktion der Ware Arbeit"* nennen:

$(S_2) \quad \vee G'' \vee R [G'' \subsetneq G \wedge R \subseteq G \times G'' \wedge \wedge g''(g'' \in G'' \to \vee g(g \in G \setminus G'' \wedge gRg'' \wedge v(g) = v(g'')))].$

Nach MARX muß man sich die Einführung der Ware Arbeitskraft als abhängig von der vorherigen Einführung des Geldes denken. Wegen der Forderung nach Gültigkeit des nichttrivialen Prinzips (S_2) ist die durch diese zweite Spezialisierung gewonnene Modellmenge M^2 daher eine echte Teilmenge von M^1. Allgemein erhalten wir die Kernspezialisierung:

$K^2 \sigma K^1$.

Damit geht gleichzeitig einher eine Einschränkung von I^1 auf I^2, wo Arbeitskräfte als Waren vorkommen. Mittelalterliche Tauschsysteme würden demgegenüber häufig zu $I^1 \setminus I^2$ zu rechnen sein; sie waren vorkapitalistisch und kannten daher noch keine Arbeitsmärkte im modernen Sinn.

Vermutlich müßten in beiden Spezialisierungen weitere Querverbindungen berücksichtigt werden, insbesondere in der zu K^2 führenden Spezialisierung, da die der Reproduktion der Arbeitskraft dienenden Warenkörbe Interdependenzen zwischen Tauschsystemen stiften.

Anmerkung. DIEDERICH erwähnt auf S. 156ff. von [Rekonstruktionen] einen Alternativ-Aufbau, in welchem Geld und Arbeitskraft nicht erst durch Spezialisierungen eingeführt, sondern von vornherein in den Basiskern aufgenommen werden. Er gibt keine Gründe dafür an, warum bei diesem Vorgehen diese beiden Entitäten als *theoretische* Komponenten einzuführen sind. Vermutlich würde es bei solchem Vorgehen genügen, die Relation R, die dann ebenfalls in die Grundbegriffe einzubeziehen wäre, als theoretisch aufzufassen.

14.5.7 Grundzüge der Kapital- und Mehrwerttheorie.

Unter einem Kapitalisten versteht MARX die damals zu beobachtende *dreifache Personalunion* von Geldbesitzer (Finanzier), Besitzer der Produktionsmittel und Unternehmer. Der Kapitalist kauft Waren und verkauft sie wieder, um seinen Geldbesitz zu vermehren. Der *Mehrwert* ist definiert als die Differenz zwischen der beim Verkauf erzielten und der beim Kauf ausgegebenen Geldmenge.

Eine Erklärung der Mehrwertbildung durch die Prozesse innerhalb der Zirkulationssphäre allein würde voraussetzen, daß einige Warenbesitzer ständig andere beim Tausch übervorteilen, d. h. entweder ‚unter dem Wert kaufen' oder ‚über dem Wert verkaufen'. Das nicht nur lokale, sondern *generelle* Auftreten von Mehrwert bliebe damit unverständlich.

Das gewissermaßen Raffinierte an der Marxschen Theorie des Zustandekommens des Mehrwertes liegt darin, daß sie gerade *nicht* von einer Hypothese der Art Gebrauch macht, eine Partei übervorteile eine andere, sondern davon ausgeht, daß durchaus ‚alles mit rechten Dingen zugeht'.

Um dies zu verstehen, muß man von der Zirkulationssphäre in die Produktionssphäre hinuntersteigen. *Nach MARX werden stets nur wertgleiche Güter getauscht.* Der Kauf und Wiederverkauf kann daher nur dann zur Mehrwertbildung führen, wenn sich unter den gekauften Waren mindestens eine befindet, die *wertschöpfend* ist. Diese eine Ware ist die *Arbeitskraft*. Die mehrwertschaffende ‚produktive Konsumption' dieser Ware sieht genauer so aus: Der Unternehmer entlohnt den Arbeiter marktgerecht, da er ihm den Wert seiner Arbeitskraft bezahlt. Die erworbene Arbeitskraft wird im Produktionsprozeß in der Weise ‚angewendet', daß der Unternehmer den Arbeiter mit Hilfe von Maschinen und Werkzeugen Rohstoffe bearbeiten und dadurch Güter produzieren läßt. Diese Güter eignet er sich zu Recht an, da er alles bei ihrer Produktion Benötigte: Rohstoffe, Arbeitsmittel und Arbeitskraft, zuvor erworben hat. Durch Verkauf des Produzierten erhält er das für diesen Erwerb benötigte ‚vorgeschossene Kapital' zurück und darüber hinaus einen *Profit* oder *Mehrwert*.

Dieser kapitalistische Elementarprozeß läßt sich knapp folgendermaßen beschreiben: Als neue nicht-theoretische Begriffe benötigt man zwei Klassen von ökonomischen Subjekten, nämlich *Kapitalisten*, repräsentiert durch den ‚Gesamtkapitalisten' b', und *Arbeiter*, repräsentiert durch den ‚Gesamtarbeiter' b''.

b' besitzt zu Beginn des Prozesses das Geldgut g'_a vom Betrag $|g'_a|$. Dabei ist $|\ |: G' \to \mathbb{R}^+$ eine Funktion, welche Geldmengen in festen Einheiten mißt. b'' besitzt die zu veräußernde Arbeitskraft g''_a. Am Ende des Prozesses besitzt b' das Geldgut g'_e vom Betrag $|g'_e|$, während b'' die Arbeitskraft g''_e besitzt. Da g''_e die Reproduktion von g''_a darstellt, ist $|g''_e| = |g''_a|$. Hingegen gilt $|g'_e| > |g'_a|$ mit $m' := |g'_e| - |g'_a|$ als Mehrwert.

b' kauft für den Teil g'_{av} von g'_a, das sog. *variable* Kapital, das Gut g''_a. Und für den Teil g'_{ac} von g'_a, nämlich für den Rest $g'_{ac} := g'_a - g_{av}$, auch *konstantes* Kapital genannt, kauft b' das Gut g_a, d.h. Rohstoffe und Arbeitsmittel (Maschinen plus Werkzeuge). Der Zusammenhang von Zirkulations- und Produktionssphäre läßt sich dann mittels des Schemas von Fig. 14-1 anschaulich wiedergeben.

Zirkulationssphäre: $\quad |g'_a| = |g'_{av}| + |g'_{ac}| < |g'_e|$

$\qquad\qquad\qquad\qquad\quad\;\downarrow\quad\;\;\downarrow\quad\;\;\uparrow$

Produktionssphäre: $\qquad\;\; g''_a \oplus g_a = g_e$

Fig. 14-1

Dabei ist $\oplus$ der *Produktionsoperator*: Die Anwendung von g''_a auf g_a liefert als Ergebnis das produzierte Gut g_e. Da b' sowohl g''_a als auch g_a besitzt, ist b' auch Eigentümer dieses durch Wertschöpfung entstandenen Gutes g_e. Die Pfeile nach unten und nach oben symbolisieren Kauf bzw. Verkauf.

g_e ist ‚*mehr wert*' als die dafür benützte Arbeitskraft g''_a, die verbrauchten Rohstoffe und Abnutzung der Arbeitsmittel zusammengenommen: Mit dem Verkauf von g_e erzielt b' den Erlös $|g'_e|$, also das Anfangskapital plus den Mehrwert oder Profit.

Daß nirgends eine Übervorteilung stattfindet, entnimmt man in Fig. 14-1 der Tatsache, daß stets Wertgleichheit zwischen Ausgangspunkt und Endpunkt jedes Pfeiles besteht. Das Gleichheitszeichen auf der unteren Ebene der Produktionssphäre symbolisiert dagegen *keine* Wertgleichheit! Vielmehr steht es für die Wendung: „liefert als Ergebnis".

Man kann das obige Diagramm verfeinern durch Einfügung von zusätzlichen Wertgleichheiten und -ungleichheiten; vgl. DIEDERICH, a.a.O. S. 169; um diese Verfeinerungen vornehmen zu können, müssen die dort auf S. 166f. definierten vierstelligen Relationen benützt werden.

Anmerkung. DIEDERICH vertritt a.a.O. auf S. 171 ff. die Auffassung, daß auch dieser Teil der Marxschen Theorie in den allgemeinen Rahmen, den wir in 14.5.2 bis 14.5.4 schilderten, einbezogen werden könnte. Wie dies genau erfolgen sollte, ist nicht ganz klar. Vermutlich müßte man wegen des jetzt benötigten größeren begrifflichen Apparates diesen von vornherein in die Basistheorie einbeziehen. Ebenso müßte man dann wohl auch von der angedeuteten Alternativrekonstruktion Gebrauch machen, in der die beiden Spezialisierungen von 14.5.5 und 14.5.6 als Bestandteile der Basistheorie aufzufassen wären. Einige Begriffe könnten dabei auf einfachere zurückgeführt werden. Dazu nur ein Beispiel: Die bei der Anwendung der Arbeitskraft g'' auf g konkret verrichtete Arbeit sei $\lambda(g'', g) \in L$. Dann ist der Produktionsoperator auf die Produktionsfunktion f von 14.5.1 zurückführbar.

$$g'' \oplus g := f(\lambda(g'', g)).$$

14.5.8 Zur kritischen Diskussion der Kapital- und Mehrwerttheorie.

Wie immer man auch weitere Details einfügen mag, man stößt in jedem Fall bei der skizzierten Theorie auf Schwierigkeiten, deren erste sich in der Form eines *prima-facie-Widerspruches* formulieren läßt: Wenn einerseits ‚alles mit rechten Dingen zugeht' und keine Partei eine andere übervorteilt, wie kann es da zu Mehrwert und Ausbeutung kommen? Wenn andererseits der Mehrwert ein vom Arbeiter erzeugter Wert ist, um den er vom Kapitalisten ausgebeutet wird, und wenn Kapital definiert wird als ‚Mehrwert heckender Wert' – mit „hecken" im Sinne von „aushecken" – oder auch als die Gesamtheit der Güter und Geldmengen, die sich in den Händen einer Besitzerklasse befindet und dazu dient, die Arbeiterklasse auszubeuten, muß man dann nicht zwangsläufig zu dem Schluß kommen, daß der Arbeiter *übervorteilt* worden ist, so daß also *nicht* ‚alles mit rechten Dingen zugegangen ist'? Wie ist dieser Widerspruch zu beheben?

Eine weitere Schwierigkeit ist die folgende: Die skizzierte Theorie von MARX *erklärt* insofern *nicht* das Zustandekommen des Mehrwertes, als sie vom marktwirtschaftlichen Gegenargument getroffen würde, daß der freie Zugang zu den Märkten zu verstärktem Wettbewerb und damit zum Absinken der Güterpreise auf die Kosten – die ‚angemessene' Entlohnung von unternehmerischer Leistung und Risikowagnis sowie normale Verzinsung des eingesetzten Geldkapitals eingeschlossen –, also zur Elimination des Mehrwertes führen würde.

Selbst bei wohlwollender Grundeinstellung zu MARX müßte man aus diesem letzten Einwand den Schluß ziehen, daß seine Theorie bestenfalls das Phänomen des Mehrwertes *beschreibt* und in einer bestimmten Weise *deutet*, dagegen weder die Existenz noch die Höhe des Mehrwertes erklärt. Dasjenige, was MARX *das Geheimnis der Plusmacherei* nennt, wird somit höchstens lokalisiert, aber nicht als Paradoxie zum Verschwinden gebracht.

Im Prinzip sind sogar zwei Formen der Mehrwertelimination zugunsten der arbeitenden Gesamtbevölkerung denkbar:

Erste Möglichkeit: Die Löhne steigen so stark, daß der Mehrwert in sie Eingang findet und daher auf die Arbeiter verteilt wird.

Zweite Möglichkeit: Die Endpreise der Güter sinken auf die Produktionskosten des jeweiligen Grenzproduzenten und der (absolute) Mehrwert verschwindet zugunsten eines Mehrkonsums aller Lohn- und Einkommenbezieher.

Daß *beides nicht* eintrifft, kann man im Marxschen Denkrahmen nicht mehr durch ausschließliche Bezugnahme auf ökonomische Gesetzmäßigkeiten erklären. Man muß vielmehr einen Teil der *soziologischen* Theorien von MARX, insbesondere seine *soziologische Theorie des Privateigentums*, mit heranziehen.

Die Vertreter der Marktwirtschaft gehen von der nach MARX irrigen Annahme aus, daß alle an diesem Wirtschaftsprozeß beteiligten Personen dieselben Startbedingungen haben. Dies ist nicht richtig, da die Kapitalbesitzer eindeutig privilegiert, die Arbeiter hingegen eindeutig benachteiligt sind. Der Grundgedanke des hier einschlägigen Aspektes der soziologischen Theorie von MARX lautet: Das Eigentum an produzierten Produktionsmitteln, also das Recht auf unbeschränkte Verfügung über diese Mittel, verleiht dem Unternehmer eine *ökonomische Machtposition*, aufgrund deren er sowohl auf dem Arbeitsmarkt als auch auf dem Markt der von seinen Arbeitern produzierten Güter eine monopolartige Stellung einnimmt. Dies ist sozusagen eine ‚unsichtbare Form von Macht'; Der Druck, der auf die Arbeiter ausgeübt wird, geht nicht auf spezielle Intentionen einzelner Kapitalisten zurück, sondern auf eine Eigentümlichkeit dieses Wirtschaftssystems. Deshalb ist die sich an die deskriptive Theorie anschließende Kritik von MARX eine *System*kritik und nicht eine Kritik am ‚unmoralischen Verhalten einzelner kapitalistischer Individuen'.

Die tatsächliche Situation in bezug auf die erste obige Möglichkeit sieht so aus: Unbestritten ist, daß die Entscheidungen des Kapitalisten, ebenso wie die jedes anderen Teilnehmers an der Marktwirtschaft, nicht von Sympathie, sondern von *Eigennutz* geleitet sind. Deshalb braucht er keinen Lohn zu bezahlen, der über dem Tauschwert der Ware Arbeitskraft liegt. Und da der Arbeiter einerseits auf produzierte Produktionsmittel (Maschinen) angewiesen ist, um mit seiner Arbeitskraft überhaupt etwas anfangen zu können, andererseits über keine solchen Mittel verfügt, muß er, wenn er nicht verhungern will, ‚seine Haut zu Markte tragen' und sich mit denjenigen Gütern als Lohn zufrieden geben, die ihm in *diesem* Entwicklungsstadium innerhalb *dieser* Gesellschaft als Reproduktionsgüter zuerkannt sind.

Während diese Erklärung immerhin noch aus einem *gemischten* Appell an ökonomische und soziologische Gesetze besteht, verhindert die Machtsituation *allein* die Realisierung der oben erwähnten zweiten Möglichkeit: Da sich die produzierten Produktionsmittel *in der Verfügungsgewalt einiger weniger* befinden, ist durch diese künstliche Knappheit der Zugang zu unternehmerischen Positionen stark eingeschränkt, so daß die Marktpreise erheblich über denjenigen Preisen liegen, die ausreichen, um die Kosten nebst unternehmerischer Leistung des Grenzproduzenten zu decken. (Hier drängt sich ein Vergleich mit der Differentialrententheorie von D. RICARDO geradezu auf.)

Diese Andeutungen sollten nur zeigen, daß der ökonomische Teil der Mehrwerttheorie von MARX nicht, wie manche meinen, ‚von vornherein wertlos' ist, sondern nur *wesentlich unvollständig*. Die einfachste Vervollständigung dürfte im Rückgriff auf die geschilderte soziologische These bestehen, wonach das Eigentum an produzierten Produktionsmitteln eine vorher unbekannte Form von gesellschaftlicher Macht erzeugt.

Streng zu unterscheiden von dieser Vervollständigung ist die *Bewertung* der Erzielung von Mehrwert *als Ausbeutung*. Hier setzt MARX – ungeachtet seiner heftigen und ironischen Polemik gegen die utopischen Sozialisten – eine *normative Theorie der distributiven Gerechtigkeit* voraus, wonach der Arbeiter leistungsgerecht entlohnt werden *sollte,* so daß insbesondere der gesamte Mehrwert nur auf die arbeitende Bevölkerung verteilt wird.

Der Übergang zur Revolutionstheorie beruht auf einer zweiten soziologischen Einsicht von MARX: Ökonomische Gesetze sind keine Naturgesetze, sondern Gesetzmäßigkeiten, die *nur innerhalb einer vom Menschen gewählten Wirtschaftsverfassung*, also bei Geltung bestimmter menschlich konstruierter

Konventionen, auftreten und somit stets auf eine derartige Verfassung zu relativieren sind. Die Verfassung der Natur ist vorgegeben; daher können die Naturgesetze vom Menschen auch nicht außer Kraft gesetzt werden. Ökonomische Gesetze lassen sich dagegen ändern und sogar ganz außer Kraft setzen, indem die zugrunde liegende Wirtschaftsverfassung mehr oder weniger radikal variiert wird.

14.5.9 Zur Frage der prognostischen Leistungsfähigkeit der Theorie von Marx. Ob der Theorie von MARX in dem Sinn Wissenschaftlichkeit zugesprochen werden kann, daß sie sich prinzipiell für Voraussagezwecke eignet, gehört zu den umstrittensten Fragen der Marx-Interpretation. Mit Sicherheit können wir hier nur folgendes behaupten: Um Prognosen von der Art machen zu können, wie sie MARX selbst mit großer innerer Überzeugung vertrat, reicht der hier skizzierte ökonomische Teil seiner Theorie in keinem Fall aus. Für *seine* Voraussagen mußte er ein kompliziertes Zusammenspiel von ökonomischen und soziologischen Theorien sowie von zusätzlichen philosophischen Hypothesen als gültig unterstellen. Insgesamt werden dabei mindestens die folgenden fünf Klassen von Annahmen benötigt, zwischen denen man klar unterscheiden sollte und die hier *nur aus diesem Grunde* kurz angedeutet seien:

(1) Die Mehrwert- und Kapitaltheorie, angereichert um die oben angedeutete Theorie der ökonomischen Macht.

(2) Dasjenige, was am Ende von 14.5.8 die zweite soziologische Einsicht von MARX genannt worden ist.

(3) Die ebenfalls dort angeführte normative Theorie der distributiven Gerechtigkeit.

Der stillschweigende Rückgriff auf eine solche ist schon äußerlich daran erkennbar, daß MARX den kommunistischen Endzustand nicht wie ein ‚interesseloser' Naturforscher einfach prognostiziert, sondern daß er dieses Stadium der menschlichen Geschichte als ein *moralisches Drama* auffaßt, in welchem er eindeutig *Partei* ergreift. Die revolutionäre Praxis *ist* seine Form der Teilnahme an diesem Weltdrama.

Ganz unabhängig von dieser persönlichen Haltung von MARX läßt sich leicht zeigen, daß *jedes* Konzept von *Ausbeutung* nur relativ auf ein Prinzip der distributiven Gerechtigkeit explizierbar ist. Dieser Aspekt der Theorie von MARX ist daher sicherlich nicht *rein* deskriptiv, sondern besteht zumindest in einer *deskriptiv-normativen* Teiltheorie.

(4) Seine Überzeugung von der Unzulänglichkeit aller ‚systemimmanenten' Verbesserungen, etwa bestehend in der Stärkung der Position der Arbeiter durch Schaffung von Gewerkschaften oder in der Schwächung der Stellung der Kapitalisten mittels Bildung von Kapitalgesellschaften, d.h. Trennung von Unternehmer einerseits, Eigentümer und Financier andererseits.

(5) Seine spekulativ-metaphysische Selbstentfremdungstheorie.

Hier einige Andeutungen zu dieser letzteren:

Ausgangspunkt war die *Hegelsche Dialektik* als das bestimmende Grundprinzip der Selbstentwicklung des göttlichen Geistes bei seinem Gang durch die

Welt. Ein für das Verständnis von MARX wichtiges Zwischenglied bildet die neue Interpretation der Hegelschen Philosophie durch FEUERBACH. Nach dessen Auffassung ist die Philosophie HEGELS in einer Geheimsprache formuliert, die zuerst entchiffriert werden muß. HEGEL hat, ihm selbst unbewußt, in einem mythischen Bild die Geschichte beschrieben, die der *Mensch* durchmacht: Der selbstentfremdete Hegelsche Gott ist nichts anderes als *ein mystifiziertes Porträt des Menschen, der die Entfremdung von seinem eigenen wahren Wesen erleidet*. (Nach FEUERBACH besteht die Selbstentfremdung bekanntlich darin, daß der Mensch ein Idealbild von sich entwirft, es als Gott verherrlicht und darunter leidet, daß er diesem Ideal gegenüber ein nichtiges Wesen ist.)

Der gemeinsame Fehler von HEGEL und FEUERBACH besteht nach MARX darin, daß für beide der Prozeß der Selbstentfremdung eine *rein geistige* Angelegenheit ist. Der Unterschied besteht bloß darin, daß sich bei HEGEL dieser Vorgang im Denken Gottes vollzieht und positiv-optimistisch eingeschätzt wird, während er bei FEUERBACH im menschlichen Denken stattfindet und negativ-pessimistisch beurteilt wird. Die von FEUERBACH beschriebene Selbstentfremdung ist für MARX bloßes Symptom tieferliegender, ‚realer' Entfremdungsvorgänge.

Um hier klarer zu sehen, muß man nach MARX die ‚auf dem Kopf gehende' Hegelsche Theorie um 180° herumdrehen. Die Dialektik wird dadurch zum Grundprinzip des *dialektischen Materialismus*. Und der individualpsychologisch beschriebene innere Konflikt des selbstentfremdeten Menschen wird zu einem nur mehr soziologisch erfaßbaren Konflikt innerhalb der antagonistischen Gesellschaft, die in *Klassen* aufgespalten ist: zum Konflikt zwischen *Arbeit* und *Kapital*.

Die in den drei letzten Absätzen skizzierte Selbstentfremdungstheorie von MARX wird ausführlich beschrieben in dem unten zitierten Werk von R. TUCKER.

Vom logischen Standpunkt aus müßte man in dieser gesellschaftlichen Variante der Lehre von der Selbstentfremdung zweierlei unterscheiden:

(a) eine Art von Zwangsneurose, die nach der Erfindung des Geldes die Menschen in Gestalt der *Geldanbetung* mit dem Geld als neuem Weltgott befiel und an der heute die *Kapitalisten* und nicht die Arbeiter leiden;

(b) die Entwürdigung des ausgebeuteten *Arbeiters*, der sich an eine fremde Macht verkauft hat und unter dem dadurch erzeugten Verlust der persönlichen Identität leidet.

Gegen all das liegt der Einwand nahe, daß eine derartige spekulativ-metaphysische Theorie keiner rationalen Rekonstruktion fähig ist. Darauf wäre zu erwidern: Hier ist zu differenzieren. ‚Spekulativ' ist die Theorie nur deshalb, weil MARX, in diesem Punkt ganz HEGEL folgend, absolute Sicherheit und perfektes Wissen, in seinem Fall zum Unterschied von HEGEL: perfektes Zukunftswissen, beansprucht; und dieses wiederum, weil er ein solches Zukunftswissen für seine *Erlösungsreligion* benötigte, nämlich für das mit der kommunistischen Weltrevolution endende teleologische Heilsgeschehen.

Den Begriff der Erlösungsreligion sollte man nicht auf solche Religionen beschränken, nach denen *der Glaubende selbst* in den Zustand der Erlösung gelangen wird, sondern auch auf solche ausdehnen, nach denen die Erlösung *künftiger Generationen* geweissagt wird und für die überdies die Erlösung keine unvorstellbare jenseitige, sondern eine mit Sicherheit zu erwartende und wenigstens in Umrissen klar vorstellbare künftige Wirklichkeit der *diesseitigen* Welt ist.

Die Frage nach der *formalen Struktur der Theorie* kann jedoch von diesem Stück Mystik vollkommen losgelöst werden. Für deren Präzisierung wären vor allem folgende Aspekte zu rekonstruieren:

(i) Die Umkehrung der Hegelschen Philosophie in Gestalt der *materialistischen Geschichtsauffassung*, der gemäß die technologische Struktur der Produktion die Wirtschaft, die Rechtsordnung, die politische Ordnung und die weltanschaulich-religiöse Landschaft bestimmt: die Theorie des Geistigen als eines *Überbaus*, der sich auf den ‚materiellen Lebensverhältnissen' als seiner letzten Grundlage erhebt.

(ii) Das *Prinzip der Dialektik* mit seinem Dreiklang These-Antithese-Synthese.

(iii) Die Spezialisierung der Dialektik zur geschichtstheoretischen *Klassenkampflehre*, wonach alle Geschichte eine Geschichte von Klassenkämpfen ist.

Außer Betracht bleiben könnte dagegen die von all diesen theoretischen Aspekten zu trennende *praktisch-religiöse* Komponente, nämlich der *Humanismus* von MARX. Immerhin könnte man versuchen, diesen mittels einer modernen Moralauffassung zu charakterisieren und dadurch dem Verständnis näherzubringen: Nach G. J. WARNOCK hat die Moral die Aufgabe, den Beschränkungen der menschlichen Sympathie entgegenzuwirken. Nach MARX verschwinden diese Beschränkungen nach der kommunistischen Revolution im Verlauf der ‚Menschwerdung des Menschen'. (Auch in diesem Punkt knüpft MARX unmittelbar an FEUERBACH an: Der von der Religion emanzipierte und damit von der Selbstentfremdung befreite Mensch wird nach FEUERBACH seine Bewunderung nicht mehr auf Gott richten, sondern auf den Mitmenschen, an den er seine Liebe verschwenden wird. Diesen das höchste Menschenideal verwirklichenden Menschen bezeichnet bereits FEUERBACH als den *Gemeinmenschen* oder *Kommunist*.) Ebenso wird in der nachrevolutionären, klassenlosen Gesellschaft jeder Sanktionsmechanismus zur Aufrechterhaltung einer Minimalmoral, d.h. jede Rechts- und Staatsordnung, überflüssig.

14.5.10 Rekonstruktionsalternativen. Selbst nach Abspaltung der Humanismus-Philosophie sind bei MARX drei Theorie-Schichten zu unterscheiden:

(1) die *rein ökonomischen* Theorien, wie z.B. vermutlich die Wertlehre, die Lehre vom tendenziellen Fall der Profitrate oder die Krisentheorie;

(2) die *soziologischen* Annahmen, die zusammen mit (1) zusätzliche Folgerungen ermöglichen, darunter die Mehrwert- und Kapitaltheorie;

(3) die in 14.5.9, (i) bis (iii) angedeutete *Globaltheorie*, welche beansprucht, Erklärungsmodelle für alle Vorgänge in der menschlich-geschichtlichen Welt zu liefern.

Nach der von uns oben vertretenen Auffassung ist es zwar – im Unterschied zu DIEDERICH und FULDA – nicht möglich, (2) vollkommen von (1) zu trennen. Dagegen kann (3) von (1) und (2) abgespalten werden. Von vielen Marx-Interpreten scheint demgegenüber die Auffassung vertreten zu werden, daß man (3) nicht von (1) und (2) loslösen könne, da dies die fehlerhafte Auffassung impliziere, (3) bilde nichts weiter als einen ‚theoretischen Überbau', der nachträglich zu den soziologisch-ökonomischen Theorien hinzugefügt werde. Vielmehr bilde (3) eine *globale Rahmentheorie*, die allen speziellen Theorien (1) und (2) zugrunde liege. Eine Begründung für diese nach unserer Auffassung wenig plausible Annahme, wonach eine Teilrekonstruktion Marxscher Theorien gar nicht möglich ist – da zumindest für *seine* Theorie der Hegelsche Ausspruch Gültigkeit besitzt: „die Wahrheit ist das Ganze" –, müßte in einer Rekonstruktion von (3) plus dem Nachweis bestehen, daß diese wesentlichen Eingang findet in die ebenfalls rekonstruierten (1)–(2)-Theorien.

Literatur

DIEDERICH, W. [Rekonstruktionen] *Strukturalistische Rekonstruktionen*, Wiesbaden 1981.
DIEDERICH, W. "A Structuralist Reconstruction of Marx's Economics", in: STEGMÜLLER, W. et al. (Hrsg.), *Philosophy of Economics*, Berlin-Heidelberg-New York 1982, S. 145–160.
DIEDERICH, W. und FULDA, H.F. [Marx] „Sneed'sche Strukturen in Marx' ‚Kapital'", *Neue Hefte für Philosophie*, Nr. 12 (1978), S. 47–79.
HOOK, S. *Revolution, Reform and Social Justice. Studies in the Theory and Practice of Marxism*, Oxford 1975.
MARX, K. *Das Kapital. Kritik der Politischen Ökonomie*, 3 Bde., Berlin 1970/1971.
MORISHIMA, M. *Marx's Economics*, Cambridge 1974.
SCHUMPETER, J.A. *Kapitalismus, Sozialismus und Demokratie*, 2. Aufl. Bern 1950.
DE LA SIENRA, A.G. "The Basic Core of the Marxian Economic Theory", in: STEGMÜLLER, W. et al. (Hrsg.), *Philosophy of Economics*, Berlin-Heidelberg-New York 1982, S. 118–144.
TUCKER, R. [Marx] *Philosophy and Myth in Karl Marx*, 2. Aufl. Cambridge 1972.
WARNOCK, G.J. *The Object of Morality*, London 1971.
WOLFSON, M. *A Reappraisal of Marxian Economics*, New York-London 1966.

Autorenregister

Adams, E.W. 261, 262ff., 267
Aristoteles 311

Balzer, W. 6, 7, 9, 12, 15–17, 39, 41, 70–72, 87, 89, 95, 106, 108, 131, 136, 154, 158, 160, 163, 166, 168, 177–181, 188, 189, 267, 286, 297, 298, 304, 309, 362, 376–395, 413–432
Balzer, W. und Göttner, H. 362–376
Bourbaki, N. 6, 21, 138, 154, 229, 267, 307
Brentano, F. 417
Brezinka, W. 415, 432

Carnap, R. 80, 109, 289, 303, 365

de La Sienra, A.G. 449
Diederich, W. 13, 15, 16, 449
Diederich, W. und Fulda, H.F. 432–449
Dieudonné, J. 21
Dummett, M. 295, 314, 331, 334, 335, 346

Erné, M. 102

Feferman, S. 306, 309
Feuerbach, L. 447, 448
Feyerabend, P. 16, 81, 96, 122, 123, 126, 191, 299, 327, 331, 345, 346
Freud, S. 13, 413–432
Fulda, H.F. 13

Gähde, U. 7, 15, 55, 96, 158, 164–177, 181, 188, 189, 192–226
Glymòur, C. 16, 314, 331
Gödel, K. 312
Goodman, N. 313, 331, 333, 334, 346, 364, 376
Göttner, H. 12, 362, 376
Grünbaum, A. 432

Hacking, I. 332
Haller, R. 294, 297
Händler, E.W. 13, 16
Hankoija, E. 346
Haslinger, F. 12, 384, 390, 391, 394, 395
Hatcher, W.S. 154
Haukioja, E. 339

Hegel, G.W.F. 447
Hempel, C.G. 81, 123, 293, 297, 337, 346, 348, 351, 353–356, 358
Hilbert, D. 14, 140
Hook, S. 449
Hübner, K. 82–96, 124–126
Hucklenbroich, P. 16, 88–91, 96, 291
Husserl, E. 417

Jakobson, R. 12, 362–376
Jeffrey, R. 12, 395–413

Kamlah, A. 166, 189
Kepler 75, 247
Kuhn, T.S. 2, 5, 11, 16, 79–81, 94, 95, 111, 115, 116, 118–121, 123, 126, 134, 191, 207, 298, 299, 302, 308, 310, 327, 339–359

Lakatos, I. 5, 96, 115, 120–123, 126, 190, 215, 226
Lang, S. 163, 189
Lorenzen, P. 291
Ludwig, G. 8, 14, 17, 227, 229, 267
Lukasiewicz, J. 84

Marx, K. 432–449
Mayr, D. 8, 227, 253–265, 267
McKinsey 260
McKinsey et al. 69
Morishima, M. 449
Morris, C. 109
Moulines, C.-U. 5, 6, 8, 9, 15, 16, 95, 109, 127, 136, 154, 158, 166, 168, 227–253, 267, 286, 297, 391

v. Neumann-Bernays-Gödel 141
Neurath, O. 293, 294, 297
Newton, I. 27, 67–70, 75, 193, 201, 247, 386, 434
Niiniluoto, I. 17, 137, 154, 314, 332

Pearce, D. 10, 14, 17, 81, 123, 137, 154, 189, 298–310
Peirce, C.S. 9, 265–267, 313
Popper, K.R. 90, 96, 118, 120, 122, 127, 291, 292, 337, 344, 345, 413

Prawitz, D. 334, 336, 346
Putnam, H. 32, 86, 187, 266, 267, 295–297, 312, 314, 316, 319, 332, 336, 338, 339, 346, 355

Quine, W.V. 3, 9, 71, 120, 127, 141, 154, 213, 215, 226, 265–267, 355, 359

Ramsey, F.P. 43
Rantala, V. 14, 17, 137, 154
Rawls, J. 11, 79, 333, 334, 346
Rescher, N. 294, 297
Ricardo, D. 445
Rubin, H. 260, 267
Rudner, R. 349

Scheibe, E. 15, 18, 137, 154, 246, 247, 250, 268
Schlick, M. 293, 294, 297
Schubert, H. 259, 268
Schumpeter, J.A. 449
Shoenfield, J.R. 21
Sneed, J.D. 1, 6, 7, 9, 11, 15, 27, 32, 34–42, 53–55, 70–72, 79, 82–86, 89, 91, 94, 95, 105, 106, 108, 118, 131, 136, 154, 155, 157, 164, 165, 169, 171, 173, 287, 297, 311–332, 339–346, 360, 395–413
Stegmüller, W. 15, 96, 105, 106, 108, 127, 136, 141, 154, 226, 296–298, 303, 310, 312, 332, 346, 348, 359, 395, 400, 413
Suppes, P. 20, 82, 140, 228, 260, 267, 268, 322

Tarski, A. 311
Tucker, R. 447, 449
Tuomela, R. 17, 137, 154, 166, 189
Tuomi, J. 339, 346

Ullian, J.S. 120, 127, 355, 359

Varga von Kibéd, M. 141, 154

Warnock, G.J. 448, 449
Wittgenstein, L. 2, 27, 94, 115, 334f., 429
Wolfson, M. 449

Zandvoort, H. 5, 106–108
Zermelo-Fränkel 141

Sachverzeichnis

A.-Theorie-Element 235, 239, 249
Abschwächung einer speziellen Querverbindung 205 f.
Absoluter empirischer Gehalt 430–432
Abstrakte Arbeit 435
Abstrakte Netze als endliche gerichtete Graphen 284
Abstrakte Netze und empirische Theorienkomplexe 283
Abstrakte Netze von Theorie-Elementen, hierarchische 285
–, mit Schleifen 285
Abstrakte Übersetzung 301
Abstraktes Netz verbundener Theorie-Elemente 282
Actio-reactio-Prinzip 68, 196
Adäquatheit von Kriterien für T-Theoretizität 181 ff.
Akt 420
–, unbewußter 417–419
Anfangsverteilung 378
Anti-Fundamentalismus 291 f.
Antinomie 84
Antinomie von Russell 87
Antisymmetrisch 103
Antithetische Konstruktion 375
Anwendungen, Arten von 30, 47
–, einer Theorie 26–30
– –, als partielle Modelle 47 f.
–, gesicherte 111
–, homogene 116
–, individuelle 30, 47
–, intendierte 2, 26–30
Anwendungsoperation 64 f.
Anwendungsrelation α^* 196
Approximation 8
–, auf der nicht-theoretischen Ebene 232
–, auf der theoretischen Ebene 232
–, beliebig verschärfbare 243
–, innertheoretische 233 ff.
– –, erstes Grundproblem der 233, 235
– –, zweites Grundproblem der 236–239
–, intertheoretische 239 ff.
–, vier Typen von 228
Approximative Reduktion 244 ff.

Approximative ϱ_2^1-Reduktion 245
Äquivalenzklasse bezüglich Bedeutungsähnlichkeit 363 f.
Arationalität der naturwissenschaftlichen Verfahren 353 f.
Arbeiter 442
Arbeitskraft 441
Arbeitswertgesetz 436
Arbeitswertlehre 436
Archimedische Gleichgewichtstheorie 22 ff.
Archimedische Statik 22 ff.
AS, Modell von 22
–, partielles Modell von 44
–, potentielles Modell von 22
AS_p 23
AS_{pp} 44
Assoziationsrelation 420
Ausbeutung 445
Ausstattung, globale 378
–, individuelle 378
Äußeres Band 273
Außerordentliche Forschung 119
Autodetermination 430
–, Regel der 29
Axiom über die Reproduktion der Ware Arbeit 441
Axiome, metatheoretische 151 ff., 269 ff.

Band 271–274
–, äußeres 273
–, eindeutig bestimmendes 285 ff.
–, i-determinierendes 273
–, internes 273
–, interpretierendes 285 ff.
Band von M'_p nach M_p 272
Band von T' nach T 272
Band (Link) 9, 271 ff.
Bänder-Axiome 277
Basis, eindeutige 103
–, zusammenhängende 103
Basiselement der Miniaturtheorie T^* 195, 197
Basiselement von LT 372
Basiselement von $Marx$ 439

Basistheorie 78, 374
Bedeutungsänderungen bei Theorienwandel 326
Begriff 146
Begriffe, theoretische 27, 31 ff.
Behauptung, empirische 4
Behauptung einer Theorie, empirische 57, 60
Beinahe exakt 243
–, beiderseitig 243
–, linksseitig 243
–, rechtsseitig 243
Beispiele, paradigmatische 27 f., 116
Bewußtsein 419
Bewußtseinsvorgang 417 f.
Boolesche Algebra 397

Cauchy-Filter 257
–, äquivalente 257
Charakterisierung des i-ten Terms 151
Constraint 3, 98

Desiderata von Theorien 355
Deskriptiv versus normativ 111
Deskriptive versus normative Betrachtungsweise 121
Diagonale 230
Dialektik 448
Dichotomie, korrekte 56, 169, 174–177
Differenzenskala 163
Direkte Axiomatisierung 48
Dritte epistemologische Herausforderung von Kuhn 348 ff.
Druck 281
Duhem-Quine-These 190

Eichtransformationskardinalität 170
Eigenschaften, von Hypothesen 355
–, wünschenswerte 355
Eindeutigkeitsforderung 162
Eindeutigkeitsproblem für die Theorie $Jeff$ 404–406, 408
Einheitliche Theorie von R. Jeffrey 396 ff.
Elementarfilter 256
Elementarfilterbasis 256
Empfehlungen, strategische 355
Empirisch gleichwertig 234
Empirisch nachprüfbar 315
Empirisch widerlegbar 315
Empirische Aussagen, logische Form der 317, 320, 323
Empirische Behauptung von T 4, 100
Empirischer Fortschritt 114
Empirische Gesetze, realistische Auffassung 320

–, strukturalistische Auffassung 327
Empirische Nachprüfung 35 f.
Empirischer Rückschritt 115
Empirische Struktur 44
Empirische Uniformität auf M_p 235
Empirische Widerlegung einer Theorie 217
–, Vagheit des Begriffs der 217
Empirischer Theorienkomplex 278
Endverteilung 378
Entfremdung 447
Entscheidungskalkül, rationaler 401
Entscheidungstheorie, rationale 12, 395 ff.
Entsprechung von Theorie und empirischer Behauptung 65 f.
Epistemischer Fortschritt 114
Ergänzung 159
Ergänzungsoperation 168
–, zulässige 167
Erhaltungssätze einer Theorie 215
Erlanger Schule 291
Erlebnis 418, 420
–, negatives 420 f.
Erlebnisse, mögliche 419
Erlösungsreligion 447 f.
Erste epistemologische Herausforderung von Kuhn 347
Erweiterter Strukturkern der Miniaturtheorie T^* 197
Evolution einer Theorie 113
Experimentum crucis mit negativem Ausgang 216
–, Nichtexistenz eines 216 f.
Extensivitätsconstraint der Theorie $Marx$ 438

f-Transport 148 f.
Falsifizierbarkeit und Immunität 217
Filter 256
Filterbasis 256
Forschungsprogramm, fortschrittliches 5, 115
Fortschritt, empirischer 114
–, epistemischer 114
–, theoretischer 114
$Freud$ 421 ff.
–, empirische Behauptung von 429 f.
–, empirischer Gehalt von 430 f.
–, intendierte Anwendungen von 429 f.
–, Modell von 422
–, partielles Modell von 427
–, potentielles Modell von 422
–, Querverbindung von 427–429
–, Spezialisierungen von 424 f.
Freud-theoretisch 425 ff.
Fundamentalgesetz 3

Sachverzeichnis

Fundamentaldogma des wissenschaftlichen Realismus 91
Fundamentalismus 290 f.
Funktional 380

Galilei-Invarianz 169, 170
Gebrauchstheorie der Bedeutung 334 f.
Geldanbetung 447
Geldaxiom 440
Gemeinschaft von Forschern 110
Geschichtsauffassung, materialistische 448
Geschwindigkeitsaxiom 261
Gesetz vom abnehmenden Grenznutzen 389
Gesetze der Miniaturtheorie T^* 196
Gesetzesconstraint 196
Gleichgewichtsverteilung 385–388
Globale Ausstattung 378
Globale η-Meßmethode mit Skaleninvarianz 175
Globale Meßmethode 161
Globale Meßmethode mit Skaleninvarianz 164
Globale Nutzenfunktion 379
Globale Strukturen, Denken in 51, 75, 306–308
Globale Verteilungsfunktion 378
Globales Meßmodell 161
Globales Meßmodell mit Skaleninvarianz 164
Gödel-Bolker-Transformation 404 f.
Graph, endlicher gerichteter 284
Gravitationssystem, Newtonsches 248
Grenzmodell 264
Grenznutzen 388
Grenzwert von potentiellen Modellen und von Modellen einer Theorie 265 ff.
Gründe, harte 120, 122
–, weiche 120, 122

Halbordnung 103
Handlungen 396
Harmonische Oszillatoren 196
Hauptbasismenge 144, 146
Hausdorff-Raum 255
Hegelsche Dialektik 446
Hilfsbasismenge 144, 146
Historische Ordnung 112
Holismus 190–226, 292, 294
–, sehr starke Version des 281
Holistische Kernsätze 296 f.
Hookesches Gesetz 196

i-determinierendes Band 273
i-determinierendes potentielles Modell 172

Identitätsconstraint der Theorie *Marx* 438
Immunisierung, vernünftige 231
Immunisierungssprechweise 231
Immunitäten der Miniaturtheorie T^* 200–204
Indirekte Axiomatisierung 51
Individuelle Ausstattung 378
Individuelle Nutzenfunktion 379
Induktion 80, 348
–, philosophische Skepsis Kuhns in bezug auf 350 ff.
Induktionsproblem 11, 81
–, prospektiver Aspekt des 355 f.
–, retrospektiver Aspekt des 356–358
–, Transformationen des 349 ff.
–, Trivialisierung des 356
Induktionstheorem, für empirische Uniformitäten 235
–, für Reduktion 133
–, für zulässige Unschärfemengen 238
Inelastische Stoßprozesse 196
Informelle Formalisierung 21
Informelles mengentheoretisches Prädikat 25
Inkommensurabel 134
Inkommensurabilität 298–309
–, Definition von 306
–, verträglich mit Reduzierbarkeit 299, 306 ff.
Inkommensurabilitätsproblem 10, 81
Instrumentalismus 314–316
Internes Band 273
Intuitionistische Mathematik und Bedeutungstheorie 334 f.
Invarianz, zwei Arten von 158
Invarianz unter kanonischen Transformationen 150
Invarianzen einer Theorie 215

Jeff 397
–, empirische Behauptung von 401, 403
–, intendierte Anwendungen von 397, 399
–, Modell von 401
–, partielles Modell von 397 f.
–, potentielles Modell von 400
–, Querverbindung von 403
–, Spezialisierungen von 407–409, 411, 412
Jeff-theoretisch 409–411
Jeffrey-Struktur 401

k-Form 142
–, Deutung als Konstruktionsregel 142
Kapital- und Mehrwerttheorie 13
Kapitalist 442
Kardinalzahloperator 168

Kausale Theorie der Referenz 314
Keplersystem 247
Kern der Miniaturtheorie T^* 195
Kern des Basiselementes von *Jeff* 404
Kern des Basiselementes von *Marx* 439
Kern des Basiselementes von ÖKO 392
Kern einer Theorie, erweiterter 70
Kern für ein Theorie-Element 99
Kern für eine Theorie, verallgemeinerter 159
Kern K einer Theorie 62
Kern von LT 371
Kernspezialisierung 101
Klasse aller partiellen potentiellen Modelle für K 160
Klasse echter Modelle für M_p 152
Klasse partieller potentieller Modelle 98
Klasse potentieller Modelle für eine Theorie 152
Klasse von Modellen 98
Klassenkampflehre 448
Klassische Partikelmechanik 260
Klein von der Ordnung U 257
Kleines Einmaleins des Strukturalismus 63, 101
Kohärentismus 292, 295
Kohärenz, äußere 135
–, innere 135
Kohärenztheorie der Wahrheit 294
Kombination 363
Kombinationsprinzipien, poetische 363 f.
Kommunist 448
Kommunizierbarkeitsargument 335
Konfliktthesen 328 f.
Konnex 103
Konvergenz von Filtern 258
Konvergenzbegriff 258
Korrespondenztheorie der Wahrheit 294
KPM, Modell von 260
–, potentielles Modell von 260
Kraft, als KPM-theoretische Funktion 92, 171
Kuhn-Loss-Eigenschaft 207

Lebensabschnitt 428
Leitermenge 6, 138
Leitermenge einer k-Form 142
Link 271
Literarische Gattung 364, 376
Literaturtheorie 12
Logik der Approximation 238
LT 362 ff.
–, empirische Behauptung von 373 f.
–, intendierte Anwendungen von 371 f.
–, Modell von 367
–, partielles Modell von 369
–, potentielles Modell von 365
–, Querverbindung von 370
–, Spezialisierungen von 374 ff.
LT-theoretisch 368 f.

M-i-Äquivalenz 179
M-i-Invarianz 180
Machtposition, ökonomische 445
Makrologisch 73, 229
Markträumung 385
Marx 435
–, empirische Behauptung von 439 f.
–, intendierte Anwendungen von 439
–, Modell von 437
–, partielles Modell von 436
–, potentielles Modell von 436
–, Querverbindungen von 438
–, Spezialisierungen von 440 ff.
Marx-theoretisch 435
Marxsches Waren produzierendes System 437
Masse, als KPM-theoretische Funktion 92, 171
Materialistische Geschichtsauffassung 448
Mathematik, informelle 1
Matrix 98
Maximen, methodologische 338, 355
Mehrstufigkeitsconstraint 438
Mehrwert 442
Menge der intendierten Anwendungen der Miniaturtheorie T^* 195
Menge intendierter Anwendungen für K 99
Mengentheoretische Struktur 144
Mengentheoretische Struktur mit Relationstypen 143
Messung, theoriegeleitete 2, 31 ff., 161 ff.
Meßmethode 180
–, globale 161
Meßmodell 40, 87, 156, 168 f.
–, globales 161
Methode der paradigmatischen Beispiele 94
Methoden, der informellen Mathematik 20 ff.
–, metamathematische 20 ff.
Methodenmonismus 349, 338 f.
Methodenpluralismus 350, 338 f.
Mikrologisch 73, 229
Mikroökonomie 376, 412
Miniaturcharakter von T^* 195
Miniaturtheorie AS 22
Miniaturtheorie T^*, realistische 192
– –, genaue Beschreibung 195–197

– –, Ramsey-Sneed-Satz der 198
Minkowski-Kraft 261
Modell, partielles (potentielles) 4, 98
–, potentielles 4, 98
Modelltheoretische Sprechweise 24

Nachbarschaft 255, 258
Nachfragefunktion 380
Nachkonstruktion, rationale 19 f.
Netz, im abstrakten Sinn 103
Neurosentheorie 13
Neurosentheorie von Freud 424
Newtonsche Mechanik 249
Newtonsches Gravitationssystem 248
Nichtdefinierbarkeitsforderung 183–187
–, als negatives Kriterium 186
–, exakte Definition der 184
–, schwache Fassung 183
–, starke Fassung 183
Norm und Praxis 336, 337 f.
Normale Nutzenfunktion 388
Normalwissenschaft 95, 111
Normalwissenschaft als Theorienevolution 117
Normalwissenschaftler 119
Normative Behauptung der Theorie *Jeff* 401
Nullproposition 407
Nutzenfunktion, globale 379
–, individuelle 379
Nutzenmaximierung 383

ÖKO 377
–, empirische Behauptung von 393 f.
–, intendierte Anwendungen von 393
–, Modell von 383
–, partielles Modell von 392
–, potentielles Modell von 381
–, Querverbindung von 392
–, Spezialisierungen von 384–391
ÖKO-theoretisch 391
Ontologischer Bezug 325, 318 f.
Ordnung der Zeitpunkte 419

P-Theorie-Element 110, 112
P-Theoriennetz 110, 112
Paradigma, Festhalten am 342
Paradigma im Sinne von Kuhn 116 f.
Paradigmatische Beispiele von *LT* 371 f.
Partielle Modelle, Kandidaten für 174, 167 f.
Partielle Ordnung 103
η-partielle Strukturen 174
Partielles potentielles Modell 4, 98
Partikelkinematik 260

Partikelmechanik 260
Physikalische Aussagen, Auslegung 323
Popper-Schule 291
Potentielle Modelle, definitorisch zurückführbar auf Modelle 270
Potentielles Modell 4, 98
Potenzfunktion 100
Prädikat, eine Theorie ausdrückendes 2, 21, 24
Prädikatverschärfung, zulässige 169
Präferenzordnung der Revisionsalternativen 213
Präferenzrelation 397, 398
Präferenzstruktur 397, 398
Pragmatisch 109
Praxis und Norm 336, 337 f.
Preisfunktion 435, 378 f.
Preisgabe einer allgemeinen Querverbindung 207 ff.
Preisgabe eines speziellen Gesetzes 208–212
Problem der theoretischen Terme 84
Produktionsfunktion 435
Profit 442
Projektionsfunktionen 383
Projektionsrelation von *LT* 365
Propositionen 396 f.
Pseudodiagonale 235
Psychisches 420
Putnams Herausforderung 32, 53, 165

Quasi-linguistische Sprechweise 24
Quasi-Reduktion 131, 245
Quasiordnung 103
Querverbindung 3, 98
–, explizit definierbar durch Bänder 275
–, spezielle der Miniaturtheorie *T** 196
–, transitiv 99, 153
Querverbindung der Assoziationsgleichheit 427
Querverbindung der Konstanz der Präferenzen 403
Querverbindung der Stabilität der Nutzenfunktion 392
Querverbindung der Wahrscheinlichkeitskonstanz 403
Querverbindung von *LT* 370
Querverbindungen 56–66
–, Veranschaulichung der spezifischen Leistungen von 58–61

Rahmentheorie 3, 78, 342, 374
Ramsey-Form einer Aussage 46
Ramsey-Lösung des Problems der theoretischen Terme 43 ff.

Ramsey-Satz 2, 3, 45, 105
Ramsey-Sneed-Satz der Miniaturtheorie
    T^* 198
–, Falsifikation des 2002
Rationale Nachkonstruktion 20
Rationale Rekonstruktion 20
Rationalitätszugeständnis 323
Realisierung 146, 421–423
Realismus, begründungssemantischer 295, 313
–, metaphysischer 295, 311–313, 295 f.
–, wissenschaftlicher 10, 316–320
– –, Minimalkonzept des 317–320
Realistische Miniaturtheorie 7
Redukt 49
Reduktion, approximative 244
–, exakte und approximative 129
–, Induktionstheorem für 133
–, minimale Adäquatheitsbedingungen 129 f.
–, schwache 132, 134
–, starke 134, 132 f.
–, strenge 6
–, zwischen Theorie-Elementen 132 f.
–, zwischen Theorien 300
–, zwischen Theoriennetzen 134
Referenz, realistische Auffassung der 319 f.
–, strukturalistische Auffassung der 325
Reflective equilibrium, siehe Überlegungs-Gleichgewicht
Reichhaltige Präferenzstruktur 407
Rekonstruktion, logische 317, 320 ff.
–, rationale 19 f.
Relation 146
Relationstyp 143
Relativer empirischer Gehalt 430–432
Relativismus-Einwand 343
Relativistische Variante der Kraft 261
Relativistische Version des zweiten Newtonschen Axioms 261
Reproduktion 441
Restriktion einer Unschärfemenge 234
Restriktionsfunktion 49, 194
Restriktionsoperationen, mögliche 167
Resultate 396
Revisionsalternativen für die Miniaturtheorie T^* 205–212
Rückschritt, normalwissenschaftlicher 119
Ruhemasse 261

Scheitern an der Erfahrung 218
Selbstentfremdung 447
Selektion 363
Semantik, epistemische 336
–, wahrheitsfunktionelle 336, 311 ff.

Separierter Raum 255
Separierter uniformer Raum 256
Signifikanzkriterium, empiristisches 337 f.
Sneed-Intuition 182
Sneedification 345
Sneeds informelle Semantik 82
Sonett 375
Soziologische Theorie des Privateigentums 444
Spezialgesetz 3, 67 ff.
–, zulässiges 169, 176
Spezialgesetze, Erfassung durch Prädikatverschärfungen 67–72
Spezialgesetze als Hilfsmittel für die Theoretizitätsdefinition 187–190
Spezialisierung 71, 101
Spezialisierungsketten 406
Speziell relativistische Mechanik 261
Spezielle Wissenschaftstheorie 82
Sprache, formale 20, 24 f.
Spracherlernargument 335
Sprachverhaltensargument 335
SRM, Modell von 261
–, potentielles Modell von 261
Statistisches Schließen 352
Stone-Geary-Nutzenfunktion 390
Streng konvex 389 f.
Struktur, uniforme 229
Strukturalismus 320 327
Strukturen, ontologische 300
–, η-partielle 174
–, semantische 300
Strukturspecies 6, 139, 150
Strukturtyp 145
Sublimierung 425
Substitutionsrate 388
Systemmengen, geschichtliche 124

T-theoretisch 2
T-theoretisch im Sinn der Entscheidungstheorie 409 ff.
–, im Sinn der Kapital- und Mehrwerttheorie von Marx 435
–, im Sinn der Literaturtheorie 368 f.
–, im Sinn der Neurosentheorie von Freud 425 ff.
–, im Sinn der tauschwirtschaftlichen Theorie 391
T-theoretische Terme 2, 31 ff., 84, 176, 181
T-Theoretizität 31–56
Tauschrelation 435
Tauschsystem 436
Tauschwert 381
Tauschwertbedingung 382
Tauschwirtschaft 376 ff.

Tauschwirtschaft mit Markträumung 385
Tauschwirtschaft mit normaler Nutzenfunktion 389
Tauschwirtschaftliche Theorie 377ff.
Teilstruktur 159
Term 146
Terme, T-theoretische 2, 31 ff., 84, 176, 181
Theoretische Eigenschaften 330 f.
Theoretische Ergänzung 45
Theoretischer Fortschritt 114
Theoretische Individuen 330 f.
Theoretische Terme, Problem der 34–43, 83–92
Theoretisierung 85, 102
Theoretizität, auf eine Theorie zu relativierender Begriff von 36 ff.
–, empiristisches Konzept von 31 f.
–, neues Konzept von 31–56
Theoretizitätskriterium, rein formales von U. Gähde 167–171, 173–177
Theoretizitätskriterium von Balzer 181
Theoretizitätskriterium von Gähde 176
Theoretizitätskriterium von Sneed 32 f., 172 f.
–, Formulierung mit Hilfe von Bändern 276 f.
–, hypothetischer Charakter des 54 f.
–, in der Sprache der Meßmodelle 173
Theorie, Identitätskriterien für eine 92 f.
–, mißratene 52 f.
–, neues Paradigma von 72 ff.
–, präsystematisch vorgegebene 23
–, tauschwirtschaftliche 12
–, vorläufige Explikation 46–53
Theorie von Kepler 249
Theorie-Element 4, 100
–, zulässiger theoretischer Bereich eines 105
Theorie-Elemente, Netz von 71
Theorie-Schichten bei Marx 448
Theoriegeleitete Messung 169
Theorienartige Entitäten, außersprachliche 76 f.
– –, sprachliche 76 f.
Theorienbegriff, systematische Entsprechungen 74–79
Theoriendurchtränktheit der Beobachtungen 40
Theorienevolution 5, 113, 342
–, fortschrittliche 114
Theorienevolution im Sinne von Kuhn 117
Theorienimmunität, Quellen der 80, 81
Theorienkomplex 4
–, empirische Behauptung eines 279

–, empirischer 278
–, theoretischer Gehalt eines 279
Theoriennetz 4, 71, 102
–, empirische Behauptung eines 106
–, Erweiterung eines 104
–, Verfeinerung eines 104
Theorienproposition der Miniaturtheorie T^* 197
Theorienveränderung 113
Theorienverdrängung 119
Theorienwahl 357 f.
–, Rationalitätskriterien für 350 ff.
–, subjektive Komponente bei der 343
Theorienwandel 5, 113
Total 103
Totale Halbordnung 103
Transformationen, kanonische 150
Transport, siehe f-Transport
Trivialisierung des Induktionsproblems 356
Typ einer mengentheoretischen Struktur 144
Typen globaler Netzstrukturen 290
Typisierte Klasse 145
Typisierte Klassen von mengentheoretischen Strukturen 138

U-Nachbarschaft 240
Überbau 448
Überlegungs-Gleichgewicht 333 ff.
Übersetzung, abstrakte 301
–, H-erhaltende 305
– –, bedeutungskonforme 305
– –, H-F-Kommensurabilität erzeugende 305
Umgebung 258
Umgebungsfilter 256
Umstände 396
Unbewußtes 420
Uniformer Hausdorff-Raum 256
Uniformer Raum 255
–, Vervollständigung eines 259
–, vollständiger 258
Uniformität 229
–, empirische 235
Uniformität auf M_p 230
Unschärfemenge 229
–, zulässige 237

V-Nachbarschaft 240
Variationsbereich eines Textes 366
Verallgemeinertes empirisches Theorie-Element 160
Verbundene Theorie-Elemente 274

Verdrängung einer Theorie durch eine andere 342
Verdrängungsaxiom 423
Verhältnisskala 163
Verknüpfungsgesetz 23, 93, 151, 152, 386
Vernünftige Immunisierung 231
Verschmierte intertheoretische Relation,
–, Approximation, intertheoretische Verschmierung 238 f.
–, linke 242
–, rechte 242
Verteilungsfunktion, individuelle 378
Vervollständigung von Räumen 254
Verwirklichen 419
Voraussetzung im streng logischen Sinn 33, 89

Wahrheitsantinomie 87
Wahrheitsbegriff 311–313
–, epistemologisierter 336
–, realistischer 311 ff.
Wahrscheinlichkeits-Nutzen-Struktur 400
Ware Arbeit 441
Waren produzierendes System 436
Weg 284
–, Länge eines 284
Werte, ökonomische 434
Wertfunktion 434
Wertgesetz 436
Wertträger 434
Wertzuordnung 434
Wirtschaftsverfassung 445
Wissenschaftliche Gemeinschaft 113
Wissenschaftliche Rationalität 126
Wissenschaftstheorie, allgemeine 82

Zeitspanne 419
Zirkel, epistemologischer 36, 87
Zirkulations- und Produktionssphäre, Zusammenhang von 443
Zulässige Ergänzungsoperationen 167
Zulässiges Spezialgesetz 176
Zweite epistemologische Herausforderung von Kuhn 347
Zweites Axiom von Newton 212
–, empirische Unwiderlegbarkeit des 212
–, mathematische Wahrheit des Ramsey-Sneed-Satzes des 212

Probleme und Resultate der Wissenschaftstheorie und Analytischen Philosophie
Von Wolfgang Stegmüller

Band 1
Erklärung – Begründung – Kausalität
2., verbesserte und erweiterte Auflage. 1983.
XX, 1116 Seiten
Gebunden DM 268,–. ISBN 3-540-11804-7
(Studienausgabe Teile A–G lieferbar)

Aus den Besprechungen zur 1. Auflage:
"...In the present work Stegmüller not only functions as an expert reporter and interpreter, but also provides quite a number of important new insights, partly based on penetrating critical analyses of previous contributions to the logic of scientific explanation and related problems of *Begründung* (justification)... This reviewer has found a great number of suggestive and valuable insights in this book, whose clarity, precision, pertinency and timeliness, can hardly be overestimated."
The Journal of Philosophy

Band 3
W. Stegmüller, M. Varga von Kibéd
Strukturtypen der Logik
1984. XV, 524 Seiten
Gebunden DM 155,–. ISBN 3-540-12210-9
(Studienausgabe Teile A–C lieferbar)

Band 4
Personelle und Statistische Wahrscheinlichkeit
"... Stegmüller has presented a remarkably rich collection of material in a field where it has become increasingly difficult to keep an overview.... one need not fight through the book, it can be read continuously despite its difficult subject.... All this recommends Stegmüller's volume as a textbook, but... it goes far beyond the scope of a mere textbook."
Philosophia

1. Halbband
Personelle Wahrscheinlichkeit und Rationale Entscheidung
1973. Neuauflage in Vorbereitung
(Studienausgabe Teile A–C lieferbar)

"...This volume is a remarkably clear, highly scholarly, and masterfully written work, equally valuable for introducing the beginner to its field and for raising and clarifying important problems for advanced philosophical discussion..."
The Journal of Philosophy

2. Halbband
Statistisches Schließen – Statistische Begründung – Statistische Analyse
1973. vergriffen.
(Studienausgabe Teile D–E lieferbar)

"...In Stegmüller's very lucid and systematic exposition almost all the relevant literature has been assimilated. Both working statisticians and philosophers of science will get new insights and stimulation for further research when reading it."
Theory and Decision

Springer-Verlag Berlin Heidelberg New York Tokyo

W. Stegmüller
Neue Wege der Wissenschaftsphilosophie
1980. VI, 198 Seiten
DM 54,-. ISBN 3-540-09668-X

W. Stegmüller
The Structuralist View of Theories
A Possible Analogue of the Bourbaki Programme in Physical Science
1979. V, 101 pages
DM 29,50. ISBN 3-540-09460-1

"These two ... books of Wolfgang Stegmüller give an impressive account of the strength and vividness of the so-called structuralist approach in the philosophy of science. ... Structuralism ... provides us ... with **tools** for reconstruction which are widely applicable, penetrative, and flexible enough to lead us eventually to a deeper understanding not only of a number of concrete theories and their interrelations, but also of what theories and their dynamics consist of on a more general level."
Erkenntnis

W. Stegmüller
The Structure and Dynamics of Theories
Translated from the German by W. Wohlhüter
1976. 4 figures. XVII, 284 pages
Cloth DM 82,-. ISBN 3-540-07493-7

"...the second volume of Stegmüller's *Theorie und Erfahrung* is one of the most important contributions to philosophy of science since the appearance of Kuhn's *The Structure of Scientific Revolutions.*"
Philos. of Science

Philosophy of Economics
Proceedings, Munich, July 1981
Editors: **W. Stegmüller, W. Balzer, W. Spohn**
1982. VIII, 306 pages
(Studies in Contemporary Economics, Volume 2)
DM 48,-. ISBN 3-540-11927-2

Contents: Neoclassical Theory Structure and Theory Development: The Ohlin Samuelson Programme in the Theory of International Trade. Empirical Claims in Exchange Economics. Ramsey-Elimination of Utility in Utility Maximizing Regression Approaches. Structure and Problems of Equilibrium and Disequilibrium Theory. A General Net Structure for Theoretical Economics. General Equilibrium Theory – An Empirical Theory? – The Basic Core of the Marxian Economic Theory. A Structuralist Reconstruction of Marx's Economics. 'Value': A Problem for the Philosopher of Science. The Economics of Property Rights – A New Paradigm in Social Science? – Subjunctive Conditionals in Decision and Game Theory. The Logical Structure of Bayesian Decision Theory. Computational Costs and Bounded Rationality. How to Make Sense of Game Theory. On the Economics of Organization. How to Reconcile Individual Rights with Collective Action. – List of Contributors and Participants.

Springer-Verlag
Berlin
Heidelberg
New York
Tokyo

MIX
Papier aus verantwortungsvollen Quellen
Paper from responsible sources
FSC® C105338

If you have any concerns about our products,
you can contact us on
ProductSafety@springernature.com

In case Publisher is established outside the EU,
the EU authorized representative is:
**Springer Nature Customer Service Center GmbH
Europaplatz 3, 69115 Heidelberg, Germany**

Printed by Libri Plureos GmbH
in Hamburg, Germany